Franz Föttinger
4853 Steinbach am Attersee

leykam: *seit 1585*

CLEMENTINE SKORPIL

Wo das Licht herkommt

Roman

leykam: *Belletristik*

Copyright © Leykam Buchverlagsgesellschaft m.b.H. Nfg. & Co. KG,
Graz – Wien 2021

Kein Teil des Werkes darf in irgendeiner Form (durch Fotografie, Mikrofilm oder ein anderes Verfahren) ohne schriftliche Genehmigung des Verlages reproduziert oder unter Verwendung elektronischer Systeme verarbeitet, vervielfältigt oder verbreitet werden.

Covergestaltung: Annalena Weber, Buchdesign, Hamburg
Coverfoto: by zyldou on shutterstock.com
Lektorat: Gundi Jungmeier
Satz: Gerhard Gauster
Druck: Finidr, s.r.o.
Gesamtherstellung: Leykam Buchverlag
www.leykamverlag.at

ISBN 978-3-7011-8208-4

Die Drucklegung des vorliegenden Gefördert von der
Bandes wurde unterstützt durch: Stadt Wien Kultur

Bundesministerium
Kunst, Kultur,
öffentlicher Dienst und Sport

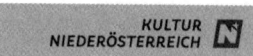

Inhalt

Wo die Sonne untergeht
7

Wo die Sonne aufgeht
232

Wo die Sonne untergeht

1. Ohne Lieb und ohne Wein

*»Der einfache Mann wird das Einfache suchen,
und er wird sagen, es ist gut.
Der Edle aber wird suchen und suchen,
bis er seine Mitte findet.«*
Fei Lipu: »Gespräche über das nördliche Baumland«
Abschnitt 1.1

Er flieht vor sich selbst, sagt Theodor über Franz Keller. Franz ist der Nervöse mit den dunklen Augen, der Stupsnase und dem langen Kinn. Er erscheint, wenn die Vorlesung begonnen hat, setzt sich neben mich in die letzte Reihe, breitet Papier, Stifte, Feder aus, holt immer Neues aus seiner alten Ledertasche wie die Gaukler auf den Märkten, die den staunenden Mädchen eine Münze hinter ihrem Ohr hervorzaubern. Ich rücke zur Seite, raffe meine Schreibutensilien zusammen, bevor sie in Franz' speckigem Federetui verschwinden. Theodor sitzt deshalb immer vorn, er ist heikel mit seiner Aachener Stahlfeder, einem Wunderwerk neuer Schreibtechnik, bei dem die Tinte wie von selbst von der Feder auf das Papier fließt. Viel öfter, als er meine Gänsekiele einsteckt, fehlt Franz, versumpft zwischen Bier, Wein und Schnaps in den Bodegas der Stadt. Dann zieht ihn Theodor an seinem Zopf heraus, wischt Schlamm und

Erde von Rockschößen und Beinkleidern, Gesicht und Hals, hängt Franzens Kleider zum Trocknen auf, bürstet die letzten Reste des Schlicks aus. Zwei, drei Tage hockt Franz dann rotäugig und muffelnd neben mir. Während meine Feder über den Bogen kratzt, wandern seine Blicke zum Fenster.

Ich fliehe nicht vor mir selbst, sondern vor meinem Geschlecht und der Bestimmung, die mir mit diesem Geschlecht eingeimpft wurde. Aus Rom rannte ich davon nur mit dem, was ich am Leib trug. Pass und Schmuck raffte ich in letzter Minute zusammen. Zitternd wartete ich bis zum Morgengrauen, wagte nicht, mich ins Bett zu legen, kauerte die Knie umschlingend auf dem Stuhl in meiner Dachkammer und starrte an der Schräge vorbei in den Nachthimmel, bis das erste Licht müde aus der Finsternis kroch. Ich lief zum Kutschenstandplatz, war nicht die Erste. Ein Kardinal und ein junger Mann gaben Anweisungen, wie ihre Gepäckstücke zu verladen seien. Beide hatten eine Neigung zu konturloser Fettleibigkeit, das Kinn rutschte in den Hals. Die Äuglein verloren sich im umliegenden Polster. Kardinal und Neffe wollten zum Hafen. Ich fragte, ob ich mitfahren könne. Es sei kein Platz in der Kutsche, sagte der Neffe und hob einen Vogelbauer in die Höhe.

»Oh, das Vögelchen«, sagte ich. »Das kann ich auf den Schoß nehmen.«

Zum Hafen, ja, zum Hafen wollte ich und dort das nächste Schiff besteigen. Ich hoffte auf Frankreich oder England. Deutschland gar, Bremen oder Hamburg. Von dort wäre ich weiter nach Berlin gereist. Oder Le Havre, schließlich Paris, Stadt der Sorbonne, an der die größten Ärzte ihr Wissen preisgaben.

Die Kutsche rollte an, ich saß eingepfercht zwischen Schachteln, Kisten und Koffern. Wie lang wollte der Kardinal in der Fremde weilen, wie viele Messgewänder brauchte er? Ich umklammerte den Vogelbauer, mühte mich, Schläge und Poltern abzufangen. Wurde einem Vogel übel? Wurde er ohnmächtig? Aufgeregt schlug er mit den Flügeln, hob sich wenige Zoll von der Stange, flatterte in seinem Käfig, stieß sich an den Stäben, tschilpte in höchsten Tönen.

Kaum waren wir unterwegs, begann der Neffe, Dosen und Taschen umzuschlichten, zu meinen Füßen wuchs der Turm in gefährliche Höhen, drohte zu kippen und mich und den Vogel zu begraben.

»Du weißt, ich esse nicht viel, aber oft«, sagte sein Oheim.

Der Neffe hatte endlich den Korb gefunden, förderte Schüsseln und Teller zutage. Der Kardinal hielt eine Wachtel am Bein, zernagte das Vögelchen und dann noch eines. Ich fand es ungebührlich, ja rücksichtslos, dass der gelbe Sittich dem Verspeisen von Vettern und Basen beiwohnen musste. Der Vogel tschilpte.

»Sind Sie satt?«, fragte der Neffe, während er sich das restliche Brot in den Mund stopfte.

»Ach, woher«, sagte der Kardinal. »Wer könnte von drei Bissen satt sein? Haben wir sonst nichts mehr?«

Der Neffe listete auf: Fleischpastete, Makrele

geräuchert, Wachteleier, zwei Dutzend, Pandoro. Den Kardinal verlangte es nach einer Scheibe vom Schweinernen. Das Schneidbrett schwankte auf den Knien, das Messer rutschte ab, fuhr ins Leere. Der Neffe wickelte den Braten in grobes Leinen, zog gekochte Krabben aus dem Korb. Der Kardinal saugte an rötlichen Scheren, warf leere Panzer auf den Boden, schoppte weißes Fleisch zwischen die glänzenden Lippen.

Der Körper sei nach einem Stufenplan geordnet, hatte Monsignore Maur im Knochencolloquium gesagt. Die nicht stoffliche Seele steuere das Stoffliche, die weichen Organe, die härteren Muskeln, die ganz harten Knochen. Wer das Stoffliche gesund erhalten will, muss das Nichtstoffliche reinigen. »Lernen Sie zu entsagen«, donnerte er durch den Hörsaal, ein kleiner, dürrer Mann mit Hakennase und fliehendem Kinn. »Beginnen Sie mit der Nahrung. Hören Sie auf, Fleisch zu essen. Gewöhnen Sie Ihren Körper daran, Hunger und Durst zu ertragen. Hungern Sie abends, meine Herren, mittags, morgens. Und dann!« Sein Blick heftete sich an die Decke, bohrte sich durch sie hindurch. »Dann gewöhnen Sie Ihren Körper daran, auf die Triebe des Unterleibs zu verzichten! Denken Sie daran: Ihre nicht stoffliche Seele steuert das Harte und das Weiche!«

Ich sah hinaus, der Morgen spuckte die Menschen aus, junge Frauen warfen den Hühnern Körner vor die Krallen, sie pickten in den Sand, ich umarmte den Vogelkäfig. Was, wenn das Schiff mich an die Küste Afrikas schwemmte oder durch die Meerenge von Gibraltar in den Atlantik flutschte und von dort weiter nach Amerika? War das nicht der Kontinent der großen Hoffnung? Das Land für alle, die neu anfangen wollten? Je näher wir dem Hafen kamen, desto mehr ahnte ich, dass mich das Schicksal genau dorthin, in das Land des selbstgemachten Glücks, bringen würde. Warum es gerade einen verfressenen Kardinal und seinen ihm ebenbürtigen Neffen in das großteils protestantische Amerika ziehen sollte, überlegte ich mir nicht. Theologische Fragen wurden von praktischen übertüncht. Würde ich mir die Überfahrt leisten können? Würde der Kapitän meinen Schmuck als Bezahlung akzeptieren? Wie lang dauerte die Fahrt? Was würde geschehen, wenn Mannschaft oder Passagiere mein wahres Sein entdeckten? Ich war nachlässig geworden, unvorsichtig. Hatte zu sehr auf meine Camouflage vertraut. Endlich hatte ich geglaubt, auf festem Grund zu stehen, auch wenn die Scholle klein und morastig war. Dass es eine Scholle im Eismeer war, auf der ich trieb, merkte ich zu spät. In Amerika würde ein neues Leben beginnen, als Mann oder als Frau, wer vermochte das zu sagen? Die Reise über das Meer musste ich als Mann überstehen. Eine Frau allein auf einem Schiff, da konnte ich mich ebenso gut ins Crobotendörfl an die Bordsteinkante stellen und den Rock heben. Und wenn ich auch nicht über die Maßen hübsch und anziehend wirkte, sich mein Busen kaum merklich wölbte, mein Hintern eher fest als rund war und meine Wangen schon zu lang gespannt waren, um meinem Antlitz jene weibliche Weichheit, jene vollen Lippen zu schenken, die Frauen schön machen, so verfügte ich dennoch über die notwendigen Organe. Auf hoher See ist das ausreichend.

Das Meer breitete seine Weite vor uns aus, schon glaubte ich, Salz und Fisch zu riechen. Die Kutsche blieb stehen, es dauerte, bis die Gepäckstücke auf der Pier standen und wir daneben. Fischerboote schaukelten in den Wellen, in denen Unrat und Gras auf- und niedergeworfen wurden, ohne zu versinken. Zwei kleinere Briggs und ein einziger Dreimaster lagen vor Anker. Ich legte den Kopf in den Nacken. Würden die Masten halten, bis wir drüben waren? Würde ein Sturm aufkommen, der uns auf offenem Meer in die Tiefe spülte, wo wir von Walen, Haien, Seeschlangen verschlungen würden? Wie lang würde ich schwankenden Schrittes über rutschige Planken gehen und den Horizont nach rettendem Land absuchen? Dann aber, dann war ich auf immer sicher. Niemand mehr würde mich vertreiben, in dieser riesigen Wildnis, die es dort zu erkunden gab. Die Engländer und die Amerikaner, sagt man, suchten nach schnellen Kurieren, verschlagenen Spionen, um Nachrichten weiterzuleiten und auszuspähen, wo die feindlichen Truppen standen. Einen schnelleren, unauffälligeren Mann wie mich werden sie nicht finden. Ich soll mich verkleiden? Oh, ich bin in Verkleidung aufgewachsen. Manchmal dünkt mich, ich wäre darin geboren.

Das Schiff segelte nach Lissabon.

Der Kapitän inspizierte meine Ware, nickte, hielt den Ring gegen das Sonnenlicht, der Smaragd schillerte wässrig grün. Er biss in das Gold, fragte nach meinem

Gepäck. Der dicke Neffe machte sich wichtig, erzählte, dass ich ganz ohne Reisekiste dahergelaufen gekommen sei. Dass sich einer wie ich keinen Ring mit solch einem Klunker leisten konnte, dass das Diebesgut sei, der Kapitän gut daran täte, meinen Leib zu visitieren. Bevor mir der Kapitän an die Wäsche ging, verlangte ich, den Kardinal zu sprechen.

Er saß in einer gemütlichen Kajüte an einem massiven Tisch. Seine dicken Finger glitten über die Pelzverbrämung eines roten Mantels. Der Vogelbauer stand auf einem Kästchen neben dem Bett. Ohne Unterlass stieg der Sittich auf der Stange hin und her, pfiff schrill, als ich eintrat. Dann drehte er sich um, sah hinaus auf den braunen Bauch einer kleinen Brigg, schloss den Schnabel, froh, der schaukelnden Kutsche entronnen zu sein. Hast du es nicht gesehen, Vögelchen? Das Kästchen ist auf dem Boden festgenagelt. Armer Sittich.

»Ihr solltet Euch von Eurem Sohn verabschieden, Hochwürden«, sagte ich.

»Was erlaubst du dir?«

»Ich studiere Medizin. Die Flecken auf Eurem Handrücken sind die Beulen der Franzosenkrankheit. Bald werdet Ihr nur noch lallen. Dann ist es vorbei.«

Der Kardinal schluchzte, Tränen tropften auf das Pelzchen. Er war auf dem Weg nach Santiago de Compostela, alldorten ein Eremit Heilwasser vom letzten Abendmahl gegen die Lustseuche verkaufte.

»Ach, ist das die neueste Legende über die wundersame Heilung von der Syphilis? Tut, was Ihr für richtig haltet, aber medizinisch gibt es nur die Quecksilbertherapie.«

Der Kardinal jaulte wie ein getretener Hund, die Finger krallten sich in den toten Silberfuchs.

»Wollt Ihr die Behandlung überstehen, sollte Euer Sohn an Eurer Seite sein. Ihr werdet seinen Beistand brauchen. Redet mit ihm.«

Der Kardinal nickte, die Finger lösten sich aus dem Tierhaar, der Kardinal klopfte auf den Pelz, er hatte verstanden.

»Und legt beim Kapitän ein gutes Wort für mich ein.«

Nachts hielt der Sohn die Hand des Vaters. Tagsüber hielt ich die Hand des Sohns. Wir saßen an Deck, rauer Seewind strich uns um die Nase, zerrte am Zopf der Perücke. Der Sohn des Kardinals war bei einer Tante groß geworden. Seine Mutter war bei seiner Geburt gestorben, wo sich der Vater aufhielt, war ungewiss. Die Familie der Tante wohnte in Florenz. Selten kam Onkel Eduardo aus Rom und brachte Heiligenbildchen und Zuckerwerk für die Kinder. Erst als der angebliche Waisenknabe die Universität besuchte, erfuhr er, dass Eduardo nicht sein Onkel, sondern der leibliche Vater war. Wenige Monate nachdem Vater und Sohn die gemeinsame Liebe zu gotischen Kathedralen, gutem Essen und weichen Sitzmöbeln entdeckt hatten, zeigten sich die fatalen Flecken. Hautfäule, behauptete der Kardinal, die er mit heiligem Wasser und Exerzitien zu heilen gedenke. Auf hoher See gestand der kirchliche Würdenträger, was es mit der faulen Haut auf sich hatte. Ich tröstete den Sohn, so gut ich es vermochte, erzählte, was ich über die Behandlung wusste, wie wichtig es war, das Quecksilber richtig zu dosieren. Zwischendurch kotzte ich über die Reling.

Beim Abschied umarmte mich der Sohn, der nun wieder Neffe war, drückte mich an seine weiche Brust, die tränennasse Wange an meine gepresst.

»Ich bin eine Frau«, flüsterte ich ihm ins Ohr. Er ließ mich abrupt los und folgte seinem Vater.

Der Vogelkäfig blieb auf der Hafenmauer stehen, der Sittich trieb tot im Wasser. Auf der Überfahrt hatte der Kardinal vergessen, ihn zu füttern. Achtlos hatte ihn der Neffe ins Meer geworfen.

2. Das Leben ist ein Traum

»Die Kinder mögen spielen, die Adulten aber schaffen.«
Fei Lipu »Gespräche über das nördliche Baumland«,
Abschnitt 3.17

Was war das für ein Sommer. Alle erinnern sich an diesen Sommer. Angefangen hat er schon im Frühjahr. Weil er nämlich nicht angefangen hat. Noch im Juni hat uns Wasser ins Gesicht gespritzt, im April und sogar noch im Mai war es gefroren, Graupel, dann Regen. Und nimmer aufgehört hat es zu regnen. Statt dass die Mutter mit der Kathi in der Stube gesessen wäre und die Wintermäntel ausgebessert und ausgebürstet und in die Truhe gelegt hätte, haben wir die Mäntel morgens angezogen und bis zum Abend nicht mehr ausgezogen. Selbst drin im Haus war es klamm. Der Holzstoß an der Hauswand war bis auf das letzte Scheit verbrannt und was der Vater aus dem Wald geholt hat, war nass und ist noch vor der Ofentür vermorscht. Ostern kam im März am Ultimo. Die Fastenzeit ist uns noch länger vorgekommen als sonst. Der Pfarrer hat die veilchenfarbene Stola umgehängt gehabt wie wir unsere Wintermäntel. Und die Stimmung im Dorf war violett. Zur Abendmesse an Sonnwend haben wir alle das Gleiche gebetet, die Männer auf der einen, die Frauen auf der anderen Seite. Dass es endlich aufhören möchte zu regnen. Nur die Lechner Annerl neben mir hat was anderes gebetet. Sie war wieder guter Hoffnung, aber gehofft hat sie, dass der Herrgott das Kindl wieder zurücknimmt. Weil das Dutzend schon voll war und der Hof keinen Platz hatte für die vielen Kinder, die meisten auch noch Mentscha. Das mit dem Dutzend hat nicht gestimmt. Der Bartel ist in den Brunnen gefallen, als er vier war. Und die Mirli, die so alt war wie mein Bruder Karl, hat vor Weihnachten so viel Schleim und gelbe Galle gespuckt, dass sie der Deibel geholt hat.

Als es dann im August noch immer wie aus Schaffeln geschüttet hat, haben sie sich das ausgemacht. Sie sind beim Frühschoppen zusammengesessen, der Vater und der Vater vom Geisberger Seppl. Traurige Frühschoppen waren das in dem Sommer. Und dann hab ich gebetet.

Es hat wirklich aufgehört zu regnen. Die Anni ist niedergekommen, der Bub hat die Nabelschnur um den Hals gewickelt gehabt und war ganz blau und obwohl die Hebamme ihn fest gehaut hat, also richtig durchgehaut hat sie ihn, hat er nicht geatmet. Die Anni hat einen bösen, stinkigen Wochenfluss gehabt, und wir haben geglaubt, dass sie dem Buben nachgeht, aber sie ist wieder gesund geworden. Jetzt ist sie trocken und hat eine Ruh. Und im Sommer drauf war der Bauch flach. Der Hafer auf dem Feld ist wieder reif geworden und mich hat er gestochen. Nur der Seppl war kerngesund. Er hat nicht gehustet, nicht gespuckt, und in den Brunnen gefallen ist er auch nicht.

Ich erwache. Es ist der 17. April. Der 17. April. Jessas, ich muss zum Schiff. Schnell. Ich springe auf, ich habe nicht gepackt, ich brauche eine Reisekiste, ich habe keine Kiste. Das Schiff wird ohne mich auslaufen. Ich muss packen ohne Kiste. Da: Apfelsteige. Sie hat keinen Deckel. Trotzdem packen. Was soll ich mitnehmen? Ich habe keine Kleidung. Bücher. Ich werfe Bücher in die Kiste. Papier, Feder, Tintenfass. Tinte ausleeren. Ich schütte sie hinunter auf die Straße. Sie kommt nicht am Boden an, klebt an der Hausmauer, ein langer schwarzer Klecks auf der gelben Wand. Gleich wird die Zimmerwirtin in der Tür stehen. Es ist nicht die Wirtin, es ist Karl. Ich laufe hinunter. Schnell zum Hafen. Wie spät ist es? Keine Turmuhr, keine Glocken. Ich stehe vor dem Eingang zur Bibliothek. Falsche Richtung. Der Hafen ist ganz unten. Ich mache kehrt. Höre endlich Glocken. Es sind die Glocken der Sé Velha. Wieder falsch. Ich drehe um, andere Straße. Ich laufe, laufe. Wo ist die Kiste? Ich habe sie stehen lassen, muss zurück, die Kiste holen. Die Straße endet, da steht ein Haus. Vorher war hier kein Haus.

Ich erwache. Es ist hell. Mein Lebtag lang bin ich früh aufgestanden. Zu Haus ist die Mutter ins Zimmer gekommen, zum Fenster gegangen, hat es geöffnet und die Läden nach außen gestoßen. Im Winter hat uns die kalte Luft die Nasen vereist, im Sommer lag milchiges Licht im Zimmer.

»Steh auf, Philli, es geht auf fünfe«, hat die Mutter gesagt. Da war es Viertel nach vier.

Heute ist nicht der 17. April. Es ist Mai, Ende Mai. Dienstag, 28. Mai anno 1776, nicht 1777. Ich wasche mir das Gesicht. Albträume kenne ich kaum. In den schlimmen Nächten träume ich von der Universität. Ich bin beim Examen durchgefallen, weil ich eine Frau bin. Ich darf nicht in die Studiensäle, weil ich eine Frau bin. Ich darf mich nicht inskribieren, weil ich eine Frau bin. Sie reißen mir die Robe vom Leib. Sie lachen mich aus. Ich renne und renne und bleibe doch, wo ich bin. Anderntags träumte mir, ich sei in Wien. Ich ging mit Jakob den Graben entlang. Plötzlich saßen wir in einer feinen Kutsche, fuhren in die Vorstadt hinaus, stiegen einen Hügel hinan. Über uns mühten sich Pegasoi durchs dunkle Firmament. Wir schauten hinunter auf einen breiten Strom, ein Schiff versank vor unseren Augen. Ich drehte mich um, Jakob war verschwunden.

Selten, ganz selten träume ich vom Fliegen.

Am 17. April 1777 werden die Anker gelichtet. Die Sonne ist aufgegangen. Die Schiffsleute sind an Bord, der Kapitän steht am Bug. Ein junger Mann klettert hinauf in die Wanten. Ich balanciere mein Gepäck an Bord. Mit ohrenbetäubendem Knirschen und Rattern wird der schwere Anker hinaufgezogen. Das Schiff taumelt. Der Kapitän gibt Befehle in einer fremden Sprache, an die ich mich nicht gewöhnen werde. Das offene Meer empfängt uns mit steifer Brise, himmelwärts ist es blau mit kleinen weißen Wolken, das Schiff pflügt durch weiße Gischt, unter grünen Wellen lauern Riesentintenfische mit langen Greifarmen. Nach wenigen Stunden werden wir Afrikas ansichtig. Baumlose Gebirge, Steppen mit versengtem Gras, blickdichte Wälder zur Linken, grüne Wogen bis zum Horizont, hinter dem in weiter Ferne

Amerika verborgen liegt – so werden wir den schwarzen Kontinent umrunden, bis wir auf seinen südlichsten Zipfel stoßen, der uns mit gutem Wind nach Goa schießt, alldorten wir rasten werden. Weiter nach Macao, jenem Eiland, das das Tor zum Tatarenreich ist. Die Insel wird von Menschen aller Herren Länder bewohnt. Von quirligen Südchinesen ebenso wie von tüchtigen portugiesischen Händlern und tranigen Malaien, kleinwüchsigen Ceylonesen und durchtriebenen Kashmiri, die allesamt darauf aus sind, den Reisenden im Glücksspiel ihr Geld aus der Tasche zu ziehen. In Macao hält mich nichts, ich will nach Beijing, der Nördlichen Hauptstadt. Für die Tataren sehen wir alle gleich aus.

Warum ich aus Coimbra verschwinde? Da ist kein langes Wiegen nötig. Vier, fünf Freunde in der einen Waagschale, die Kirche, die Gerichte, die Universität in der anderen. Sie wollen mich in die Pfanne hauen. In Antwerpen haben sie wieder eine erwischt. Sie werden sie henken, wegen falschen Zeugnisses und Sodomie. Schiffspassagen sind gefährlich, keine Fluchtmöglichkeit. Vor Monaten ging ich zum Hafen, suchte nach jenem Schiff, das im April kommenden Jahres ins Tatarenreich aufbrechen wird. Der Kapitän blieb reserviert. Zivile Passagiere mitzunehmen, lohnt die Mühe nicht. Ich fragte nach dem Preis. Selbst wenn ich all mein Erspartes zusammennehme und den Schmuck versetze, werde ich keine 300 Louis d'or aufbringen. Er studierte meinen Pass: Philipp Moosleitner. Sein Erster Offizier hieß mich an den Fockmast stellen. Schätzungen mit quergestelltem

Daumen. Größe stimmt. Besondere Merkmale, Narben? Keine. Ich ging von Bord, gönnte mir süßen Malagawein. Die Nornen zogen meinen Faden weiter. Das Leben wird nicht aus Wolle und Flachs gesponnen, sondern auf Papier geschrieben. Ein Pass sagt mir, wer ich bin.

An lauen Sommerabenden bin ich mit der Hinteregger Berta und der Stanzi vom Schmied auf der Wiese hinter dem Haus gesessen. Groß war das Haus, jedenfalls größer als das vom Schmied. Der Großvater hat es gebaut. Dicke schiefe Wände, weiß verputzt. Waren keine Maurer und Zimmerleut unter den Vorfahren. Der Vater konnte aufrecht durch die Tür gehen. Der Bader, der Riesenlackel, musste sich ducken, wenn er der Mutter das Kräuterelixier gegen die Gicht brachte. Sind aber selten Leute gekommen, die mehr als sechs Fuß maßen. Die Stanzi und ich haben Gänseblümchen ausgerupft und Kranzeln geflochten. Wir haben Brombeeren genascht und im weichen Moos nach Heidelbeeren gesucht. Blumengeschmückt sind wir auf dem umgefallenen Baumstamm gehockt, beinüberkreuzt, wie es die Türken machen. Stanzi hat geredet. Über die verrückte Cilli und ihre griesgrämige Katze. Und über die Kaiserin. Die frisst den ganzen Tag, während bei uns Armen das Brot kaum bis zum Abend reicht. Ich hab die Hosen meiner Brüder aufgetragen. Erst für die Schul sollte ich ein Kleid bekommen. Ich wollte ein rotes mit einer weißen Bluse. Das Kleid war blau, an den Seiten braun, ausgebleicht von tausendmaligem Auswringen. Vor mir hat es meine Cousine Maria getragen und vor ihr die Susanne. Und alle haben ihre klebrigen Kinderhände in die Schoß gewischt, ich auch, da, wo das Kleid schon braun war.

Vor neun Jahren bin ich davon. Sie haben gesagt, ich werde die Frau vom Seppl, dem Sohn vom Geisberger Joseph. Er war ein böser Bub. Hat den Hasen den Stummelschwanz angezündet und gelacht, wenn sie wie verrückt herumgehoppelt sind. Den Küken hat er die Flügel gebrochen. Am hochheiligen Pfingstsonntag hat er Frösche bei lebendigem Leib zerschnitten. Ich hab ihn angeschrien, ihm auf den Oberarm gehaut. Da hat er das Messer zu mir gedreht. An solcherlei mutwilliger Bosheit hatte er seine Freude.

»Den heirat ich nicht«, hab ich zum Vater gesagt. »Eher lauf ich davon.«

Der Vater hat gesagt: »In drei Tagen bist du wieder da, früh genug für die Verlobung.«

Die Mutter ist vor dem Stall gestanden, hat nach dem Wetter geschaut. Kommt ein Gewitter, wird die Milch sauer. Der Himmel war blau, nur harmlose Schäfchenwolken. Sie hat sich auf den Schemel gesetzt und gemolken. Ich soll keine Faxen machen. Lieber froh sein, dass ich auf einen großen Hof komm. Der Geisberger hat nicht nur eine Magd, sondern zwei und einen Knecht. Da brauche ich nicht mehr arbeiten, nur anschaffen. Ich arbeite lieber, hab ich gesagt.

In der Früh hat sie mich zum Milchholen geschickt. Eilen soll ich mich, sie will dem Vater noch eine Rahmsuppe machen, bevor er aufs Feld geht. Ich hab den Kübel vollgemacht, bin zum Haus gelaufen, gestolpert, der Länge nach hingefallen. Die Hände hab ich mir aufgeschürft, aus der Nase ist das Blut geronnen. Die Milch ist über den Weg gelaufen. Der Vater ist gleich krawutisch geworden. Seine riesige Hand klatschte auf meine Wange, erwischte mein Ohr. Im Fallen hörte ich die Mutter schreien. Selbst schuld, wie oft hab ich gesagt, schau, wo du hinsteigst.

Auf dem Schulweg hat mir der Alois den Ranzen getragen, ich habe meine Hände im Bach gekühlt. Der Lehrer sprach über die Tiere des Waldes. Diese Stunden waren mir die liebsten. Die Fibel hatte ich oft genug gelesen, dass ich sie auswendig sagen konnte. Schnell hatte ich verstanden, dass das Multiplizieren ein schnelles Addieren des Immergleichen ist, dass es auch ein schnelles Subtrahieren geben muss, mit dem das Große in Kleines geteilt wird. Von den Waldtieren hatte ich nur gewusst, ob sie essbar waren oder bloß Feinde. Alois stand an der Tafel mit hochroten Ohren, sagte das Einmaleins her. Bei sechs mal sieben begann er zu stottern, hörte nicht mehr auf bis zu den Zehnern. Ich sah aus dem Fenster, hinaus ins Grün, am Feldrain stand das Reh mit dem Kitz, tief drin im Wald schlief der Dachs in seinem Bau. Ich merkte erst, dass der Lehrer neben mir stand, als sein Rohrstock meine Haut zerfetzte. Der Hermann konnte die Siebenerreihe so wenig wie Alois. Den Hans, Hermanns älteren Bruder, hat der Lehrer nicht gestraft. Zu Hause behauptete die Kathi, ich hätte ihr blaues Band aus der Lade genommen. Sie hatte es vor einer Woche bei der Bandlkramerin gekauft. Die Bandlkramerin konnte mir mit ihren Bändern und ihren Geschichten über alle anderen gestohlen bleiben. Das fehlende Stück Apfelbrot hat der Karl gegessen. Die Mutter ließ mich auf dem Besenstiel knien. Mein Gewicht zermalmte meine Knie. Ich dachte: Jetzt könnt ihr allein weiterbeschuldigen, wen ihr wollt.

Neben mir schnarchte der kleine Bernhard. Ich schob seinen Kopf von meiner Schulter, stieg aus dem Bett. Er grunzte. Mit der Stoffschere aus der Speis schnitt ich mir den Zopf ab. Schau her, Vater, mit den schirchen Haaren heiratet mich der Seppl nimmer. Ich zog Karls verschossene Hosen an. Vier ältere Brüder habe ich und einen jüngeren. Nach dem Karl kam der Alois, dann Lukas, Johann und nach mir Bernhard. Der Kleine ist mein Liebling.

Ich schlug Brot, Käse und ein hartes Ei in ein Tuch. Nicht genug für den Weg nach Wien. Gebührt hätte es ihnen, dass ich das Apfelbrot mitnehme. Zum Schluss steckte ich den Zettel mit den Dörfern ein, die ich bis Wien zu passieren hatte. Die Dörfer hatte ich von der Karte in der Schul abgeschrieben. Schon damals mochte ich Karten.

Es war eine helle Nacht kurz vor Vollmond. Ich floh durch das Küchenfenster.

Ich möcht sagen, dass das Durchsfenstersteigen gefährlich war, weil die Kathi neben der Küche geschlafen hat und sie leicht aufwachte. Ich bin schnurstracks losgelaufen. Nach Anzbach, wo die Tante Gusti wohnte. Ich schlich zu ihrem Haus. Als ich erwachte, zwitscherten die Vögel. Es ging auf fünfe. Die Knechte schliefen noch. Hinter dem Schulhaus setzte ich mich ins Gras, aß das

Ei. In den Wald dürfen wir nicht hinein, am Waldrand und auf den Wiesen fand ich Beeren und Hammelmöhren und den guten Sauerampfer. Hinter Hutten ließ mich einer auf einem Wagen mitfahren. Auf der nächsten Anhöhe blickte ich hinunter auf Dörfer, die so aussahen wie jene, durch die ich gerade gekommen war. In Pichlberg saß ein Knecht mit Pfeife vor dem Ausgedinge. Die Wienerstadt werde ich nie erreichen. Sie ist von einem reißenden Fluss umgeben, über den es keine Brücke gibt, im Auwald lauern die Wölfe. Viele kräftige Männer sind von ihnen angefallen und zerfleischt worden. Da hab ich einen Schrecken gekriegt. Dann ist mir eingefallen, dass unser Pfarrer Wiesinger oft nach Wien gefahren ist und dort in der großen Kirche zu St. Stephan die Messe gehört hat – zur Erbauung. Und der Schmied hat in der Hauptstadt die Nägel für die Hufeisen gekauft, die gab es nur dort. Der Lehrer war auch schon in Wien und wenn ich lang nachgedacht hätte, wären mir noch viele andere in den Sinn gekommen. Ich geh da hin, hab ich mir gedacht, zur Erbauung.

Stadt-Hutten war enttäuschend. Ein paar einsame Katen zwischen den Streuwiesen, niemand, der mir ein Stück Brot schenkte, Wien lag noch einen Tagesmarsch entfernt. Ich folgte dem Lauf des Wienflusses. Die Fischer aßen ihren Fang selbst. Bloß ein verschrumpelter Apfel lag am Wegesrand. Abends rollte ich mich unter einer Haselstaude zusammen. In der Finsternis fielen Beelzebub und Deibel über mich her. Am schwarzen Himmel kreisten die Nachtvögel.

Jemand kam mit einem Fuhrwerk. Wer wandert zu nachtschlafender Stund auf dem Treppelweg dahin außer Räubern und Mördern und der Muhme Ludmilla? Böse Buben haben ihr nach der Kirchweih die Beine abgesägt, als sie im Heu eingeschlafen ist. Kathi hat es uns erzählt, am Abend auf der Ofenbank. Seither fährt die Ludmilla auf einem Wägelchen herum, das sie mit den Händen schiebt. Wenn sie ein Kind findet, fällt sie es von hinten an, würgt es, beißt es tot, reißt es in Fetzen wie ein wildes Tier. Jetzt beißt mich die Ludmilla tot und dann fahr ich hinab in die Höll.

Ich faltete die Hände. Morgen früh kehre ich um. Ich werde nicht weinen, wenn mir der Vater die Detschn gibt. Ich geh in den Stall zum Ausmisten. Und beim Versteckenspielen und Vater, Vater leih mir d'Scher werde ich nicht betteln, dass ich zu den Buben hinausdarf. Ich entsteine die Marillen, schneide mit der Kathi das Kraut für den Sauerkohl. Am Waschtag schlepp ich das heiße Wasser kübelweise in die Waschstube, ich schwemme die Hemden und Röcke und Hosen von meinen Brüdern, bis keine Seife mehr drin ist und das Wasser klar. Ich nehm von allein das Stopfholz und die Nadel und flicke alle Socken. Und ich sag nicht mehr die Rechnungen vor, wenn der Alois und ich die Aufgab machen.

In der Haselstaude über mir tschilpte ein Sperling. Vor meiner Nase blühte blaues Vergissmeinnicht. Ich steckte zwei Blüten ins oberste Knopfloch.

Am Hintereingang des Klosters Mariabrunn standen bucklige Frauen und Männer, armselig, zerlumpt, mit leeren Augen, langen Bärten, dreckigen Füßen. So sah ich aus, nur kleiner. In der Bettlersuppe schwammen zwei Karottenscheiben und wenige müde Salbeiblätter.

Endlich Wien. Ich war verrückt vor Hunger, konnte nicht mehr laufen, hatte Blasen an den Füßen, stolperte durch fremde Gassen. Auf einem Wagen lagen Rüben, daneben ein Krautkopf. Ich streckte die Hand aus. Die Kaiserin frisst den ganzen Tag, sagte die Stanzi auf der Wiese. Mein Bauch wölbte sich nach innen.

Hinter den Turmspitzen der großen Kirche ging die Sonne unter. In der Dämmerung begann es zu nieseln. Schafskälte und Nässe tränkten den dünnen Stoff von Hose und Jacke. Ich drückte mich an ein Tor, das in die Mauer versenkt war. Jemand öffnete, ich knallte auf meinen Hintern, sah hinauf – in das Gesicht eines alten Mannes in einem langen Rock.

»Bub, was machst du da?«

»Nix.«

Er schleifte mich durch enge Gassen, zog mich in ein Gebäude. Die Küche war so groß wie unser Haus.

»Jessas, wen haben wir da?« Dicker Pfarrer mit großen Händen.

»Anselm, das ist der ...« Dünner Pfarrer zu mir. »Wie heißt du?«

»Moosleitner«

»Der Moosleitner ...«

»Philipp.«

»Der Moosleitner braucht eine warme Milch. Gehab

dich wohl!«

»Wie viele verdreckte, verlauste Dummköpfe wird er noch anschleppen? Bass! Heiße Milch. Mit Honig natürlich! Süße Milch für den König der Straße. Will der Herr Florentiner Leber dazu?«

Ich zog den Kopf zwischen die Schultern, vor mir eine schwarze Wand – Anselms Rücken.

Die Milch schlug Blasen, Anselm fluchte. »Florentiner Leber – wo gibt es sowas? Dafür braucht es das serbische Gemüse. Da sag mir einer, wo ich es hernehm, im frühen Sommer.«

Er goss Milch in einen Becher, holte den Honigtopf. Goldgelb sank der dicke Honig ins Weiße.

»Kann ich noch hierbleiben?«

Er brummte, es war unfreundlich, glaub ich.

»Du bist mir ein Kerl«, sagte Anselm. »Schnarcht bis Mittag. Und jetzt wieder hungrig, was?«

Er schöpfte Eintopf in einen Napf. Ich suchte mit dem Löffel nach Leber und serbischem Gemüse.

»Was stocherst du herum?«

Ich kaute.

»Bist nicht von hier, was? Wo kommst du her? Waisenhaus?«

Ich kratzte den Napf aus.

»Kannst du sprechen oder bist du taub?«

Jetzt schon.

»Waisenhaus, was? Traurige Sache. Was sie die Kinder dort quälen und schlagen. Ich sage: Eine ordentliche Ohrfeige zur rechten Zeit macht einen demütigen

Christenmenschen aus einem jungen Spund. Aber nicht zuschlagen, wenn die Galle übergeht. Strafe will überlegt sein. Eine Frage der Angemessenheit.«

Er kaute ein Stück Brot.

»Dieser Schweizer, dem sie nachlaufen wie einer läufigen Hündin! Wenn das nicht bloß eine Mode ist: Der Mensch wird durch Erziehung verdorben. Ei der Daus! Wer soll ihn geradebiegen, wenn er ins Kraut schießt. Der Spülstein ist nebenan.«

Ich trug die Schüssel zur Abwasch.

»Schau an! Versteht mich doch, der Knabe. Was willst du machen, Bub?«

»Arbeit suchen.«

»Was willst du arbeiten?« Er zwickte mich in den dürren Arm. »Einer wie du ist hier besser aufgehoben.«

»Aber das Schulgeld.«

»Was? Was hast du gesagt?« Sein Hieb in die Seite machte mich taumeln. »Du musst den Mund aufmachen. Verstehst du? So!«

Er quetschte mir die Wangen, als wären es Bretter in der Schraubzwinge.

»Brauchst kein Schulgeld zahlen. Der Präfekt ist ein barmherziger Mann. Kannst du lesen und schreiben?«

»Ich war auf der Landschul.«

»Latein?«

»Agnus dei qui tollis peccata mundi. Credo in unum deum.«

»Wollen's hoffen! Im nächsten Schuljahr kannst du anfangen. Sofern du die Prüfung schaffst.«

»Prüfung?«
»Bass! Wir nehmen nur die Besten.«

Ich schrubbte mit fettverkrusteter, schiefborstiger Bürste grindige Kessel. Mutters Brennnessel-Zinnkraut-Tinktur hätte gutgetan, es gab bloß ein verbeultes Stück grauer Seife. Alle Küchen haben ihre Geheimnisse. Bei uns hat es süß gerochen, nach Milch und Äpfeln. Hier roch es nach frischen Kräutern, etwas Herbem, Scharfem. Serbischem Gemüse? Bloß die Töpfe hingen über dem Herd wie überall. Ich fegte die Küche. Knorriges Reisig kratzte über rauen Stein. Zehntausend Schritte schwerer Mönche haben sanfte Täler in den Boden gedrückt. In den Ecken kugelte sich der Staub zu dicken Knäueln. Ich leerte Kehricht in den Bottich. Beim Geschirrwaschen musste ich achtgeben. Zu schnell rutschen nasse Becher aus der Hand und zerschellen auf dem Boden. Beim Kehren ist gut nachdenken. Sollte ich hier in die Schule gehen? Mit lauter Buben? Oder eine Lehre beginnen als Kesselschmied oder Nadelmacher, Weißgerber, Flickschuster, Glasbläser, Armbrustmacher? Verkaufen konnte ich. Stell den Alois auf den Wochenmarkt. Da kommt die Frau vom Hufschmied und verlangt drei Pfund Karotten, Suppengemüse, zwei Pfund Birnen und vier Pfund Rinderknochen für Markknödel. Ein Pfund Knochen kostet sieben Kreuzer. Alois kann die Siebenerreihe nicht. Bis er alles addiert hat, ist der Mittag um. Schneiderin oder Kammerzofe hätte ich werden können, das kam mir nicht in den Sinn.

Die Kathi hat gesagt, ich soll ruhig sein, nicht so viel schwätzen, dann wird mich der Seppl in Ruh lassen. Die waren jetzt traurig, dass ich nicht mehr da war, weinten sich die Augen aus. Ich hab das mit dem Seppl nicht ausgemacht! Die Hasen und die Frösche haben nicht geschwätzt, Kathi, nur jämmerlich gequiekt, wenn sie der Seppl malträtiert hat.

Anselm fischte duftendes Brot aus dem Ofen. »Vor zehn Tagen hat sich ein anderer Bub für das Konvikt angemeldet. Bis Mariä Lichtmess wird entschieden, wer von euch bleibt. Lass dir die Haare schneiden, schaust aus wie ein Vagabund. Was weinst du wie ein Mädchen?!«

»Sie werden den anderen nehmen.«

»Woher will der junge Herr das wissen?«

»Ich kann den Barbier nicht bezahlen.«

Anselm drückte mich auf einen Stuhl.

»Das Handwerk ist eine Frage des richtigen Werkzeugs! Schließ die Augen.«

Ich spürte Schweres auf meinem Kopf, dann Leichteres.

Er trällerte ein Soldatenlied, während ich den Rest meiner Mädchenfrisur zum Kehricht warf.

Anselm stellte den Milchtopf in den Schrank.

3. Auf's Gassl bin i ganga, war's Fenster verfrorn

*»Der Langsame macht sich zur Beute,
der Edle lässt die Beute laufen.«*
Fei Lipu: »Baumland«, Abschnitt 16.3

Die Stadt brüllt in der Hitze, Fuhrwerke, Marktschreier, kreischende Möwen, die Sonne versengt die Gemüter, bei Tag und bei Nacht, kein Windhauch, keine Kühle, kaum Schatten. Die Luft flirrt, die Steine der Häuser atmen Hitze, die Menschen wringen ihre schweißnassen Tücher aus, die Herren zerren an den Krägen ihrer Hemden, die Damen fächeln, was das Zeug hält. Nacht für Nacht fressen mich Gelsen, die hier Mosquitos heißen.

Auf der Universität zu Coimbra wird Tatarisch nicht unterrichtet. Dann schreibe ich mich für Astronomie ein. Das studieren hier alle, sagte der Mann an der Inskriptionsstelle.

»Wofür habt Ihr eine Neigung?«
»Die weite Welt.«
»Kartographie.« Er knallte einen Stempel in meinen Studentenpass. Pater Alfonso hat hier das Sinesische gelehrt. In der Bibliothek steht sein Buch. »Grammata sineses« ist eine Anleitung zum Schreiben. Die Zeichen zu schreiben ist eine Sache, sie zu memorieren eine andere. Ich trat mit dem Buch am Arm in den Hof der Universität, er war voll mit schwarzen Talaren und Hüten. Im Studentenheim des großen Königs Dom Dinis war ein

Platz frei geworden. Keine Schlafsäle, bloß zwei Leute in einer Kammer. Und billig ist es obendrein. Der Mann drängte mich, eine Anzahlung zu leisten. Ein blonder Studiosus neben mir unterschrieb.

Die Universität thront über der Stadt. Von hier sieht es aus, als wüchsen die weißen Häuser aus dem Berg heraus, zusammengedrängt wie Pfifferlinge auf feucht-moosigem Waldboden. Der Hügel fällt sanft zum Mondego ab. Ich schlendere durch die engen Gassen diesseits des Flusses. Pater Alfonsos Hütte klammert sich an den äußersten Stadtrand. Bescheiden sind sie geworden, die Jesuiten, seit Clemens XIV. sie verboten hat. Keine Säulengänge, keine Risalite, keine bunten Fassaden, kein Stuck unter dem Fenstersims. Ich klopfe an eine niedrige Tür. Ein hagerer Alter mit grauem Haarkranz in verschossenem braunem Habit schenkt verdünnten Wein ein. Wir klären Herkünfte: ich aus Wien, er aus Köln. Alfonso hat in Leiden Mathematik studiert, sich dann den Phänomenen der Erdgeschichte zugewendet. Im 45er-Jahr ist er mit Ignaz Sichelbarth in den Fernen Osten gereist.

»Ignaz hat sie verstanden, die chinesische Art zu malen: das Wesen der Dinge zu zeigen, das qi, das sie durchströmt, den Geist. Das nennen sie nach der Natur malen. Kraft in Schönheit verwandeln. Schau her, das hat mir Ignaz geschenkt.«

Ich sehe ein braunes Pferd.

»Gezähmte Natur, gebannt auf Seide und weißes Papier, während die wahre Natur Ostasien verwüstete. Ich war dabei. Ich hab gesehen, wie der Deixel Feuer gespien hat. Damals, in Japan.«

Japan?

»Der Berg hat schon fast ein Jahr gespuckt. Dann ist die große Welle gekommen, hat alles verschluckt, die Häuser mit ihren Papierwänden, die Menschen, ganze Dörfer.«

Er birgt das Gesicht in den Händen.

»Frauen sind mit Kindern auf dem Arm den Hügel hinaufgelaufen. Sie haben geschrien. Ich habe die Münder gesehen, weit aufgerissen. Das aufgewühlte Meer hat getobt. Wir sind zur Pagode gerannt, ich hab einen Kleinen am Arm gepackt und mitgezerrt. Als wir oben waren, leckte die Welle am Fuß des Turms. Der Himmel war nur Asche, später kam schwarzer Regen nieder.«

Der Wein ist fast durchsichtig, hellgrün, er schmeckt nach vergorenen Limetten. Etwas Herbes mischt sich ins Saure.

»Ich hab nach Westen geschaut. Von dort müssen sie kommen, die apokalyptischen Reiter. Neben mir hat der Kleine nach seiner Mutter gerufen, geweint. Ich hab ihn hochgehoben, jeder Frau gezeigt, keine hat ihn erkannt.«

Alfonsos Arme sinken auf den grob gemaserten Tisch.

»Du kommst ein halbes Jahrhundert zu spät. Es sitzen Idioten auf Petris Stuhl. Nur durch Anpassung sind die Großen an den Kaiserhof gekommen! Matteo Ricci, Adam Schall von Bell – ein Kölner übrigens. Castiglione, Ignaz und die anderen. Die Tataren haben von uns gelernt, wir von ihnen, alles war gut.«

Ich denke an lange Debatten in römischen Weinhäusern.

Die Bräuche der Chinesen sind Traditionen, keine echte Religion, sagten die einen. Götzendienst, sagten die anderen.

Der Pater ist aufgebracht: »Ein sinnloser Streit von theologischen Schwätzern. Brüten in ihren kühlen Amtsstuben im Vatikan über den Berichten aus allen Weltteilen. Und Benedikt? Glaubt ihnen statt den verdienten Männern am Kaiserhof in Peking und wirft en passant eine Bulle: Ex quo singulari. Falsch vom ersten bis zum letzten Buchstaben.«

Baldriantee täte jetzt gut oder ein stilles Gebet.

»Lass uns ein wenig schreiben«, sage ich zur Besänftigung.

Die Tataren stapeln Buchstaben zu langgezogenen Schnörkeln. Alfonsos Finger folgt langen Reihen von oben nach unten. Die Tataren, Mandschu nennt er sie, haben ihre Zelte verlassen, ihre Sitten vergessen. Dieser Tage wird Tatarisch selbst am Hof kaum mehr gesprochen. Im Chinesischen gibt es Tausende Zeichen, kompliziert ineinandergeschachtelte Mosaike. Pater Alfonso nimmt einen dünnen Pinsel, taucht ihn in Tinte. Zwei Prinzipien sind zu beachten: Von oben anfangen. Immer von oben. Ein Zeichen kann viele Teile haben, aber nur zwei Seiten. Man beginnt mit der rechten.

Alfonso blättert in einem Buch mit zerfledderten vergilbten Seiten ohne Buchdeckel, das am Rand mit dunklem Bindfaden zusammengenäht ist. Es ist das Wörterbuch des Kaisers, darin alle Zeichen aufgelistet sind. Wie beginnen, wenn es kein A gibt? Mit 214 Grundzeichen. Das erste ist ein waagrechter Strich, das zweite ein senkrechter. Für Nummer 214, die Flöte, setzt Alfonso siebzehn Striche auf das Papier. Ich verzage. Alfonsos Lehrer, der hochgebildete Präsident der Pinselwald-Akademie, übte täglich viele Stunden, um zehntausend Zeichen schreiben zu können. So sind sie nebeneinandergesessen, Alfonso und der Gelehrte in seinem Studio, an einem Tisch mit zarter Perlmutteinlegearbeit und durchbrochenem geschnitztem Band an der Unterkante. Mit Pinseln und fein geschöpftem chinesischem Papier. Alfonso hat aus dem Tausend-Zeichen-Klassiker kopiert, der Gelehrte aus der Kaiser-Enzyklopädie. Wer die Zeichen bloß memoriert, ein Bild aus dem Gedächtnis malt, hat den Weg verlassen. Aus seiner Mitte heraus versinkt der Kaligraph in der Mitte des Zeichens. Kraft wird gebändigt, Geist wird Stoff.

Alfonso blickt versonnen zur Tür.

»In der Mitte versinken?«

Alfonso blättert in einem anderen Bändchen, fleckig und zerlesen.

»Die Mitte und das rechte Maß. Tschungjung.«

»Tschungjung.«

»Hier steht es: ›Wenn sich Freude, Zorn, Sorge, Vergnügen noch nicht entwickelt haben, wird es die Mitte genannt. Suche deine Mitte und lerne. Das ist der Weg.‹«

Blicke rasen über Zeichenhaufen, bleiben hängen.

»Ich habe dieses Buch gelesen, gelesen. Manches ist klar wie Quellwasser, vieles bleibt im Dunkeln.«

Er zerknüllt meine Abschrift der Grammata sineses. Verlage sind Gauner, auf den schnellen Gewinn aus. Die

Korrektoren wüste Gesellen, die wüstesten unter den wüsten Druckern. Die Chinesen kennen den Buchdruck schon lang. Ihre Schnitzer ritzen jede gewünschte Kaligraphie in hartes Holz und pressen sie auf dünnes Seidenpapier.

Herber Duft entfleucht den gilben Seiten, ich kenne diesen Geruch, suche in meiner inneren Landschaft, sie ist nicht in China, sie liegt in Österreich, westlich von Wien in Neulengbach. Es ist Leinöl, Firnis für stumpfe Bauernkästen. Die Hochzeitstruhe, die mit Karls Braut zu uns gekommen ist, runder Deckel, grüne Ranken mit dicken roten Rosen, kurz vor dem Verwelken. Claudia hat die junge Frau geheißen, ein hochtrabender Name für ein gewöhnliches Mentsch.

»Hast du zehntausend Zeichen erlernt?«
»Zehntausend ist eine magische Zahl. Die Ewigkeit.«
Die 214 Grundzeichen sollte ich schneller schreiben können.

In der Kirche Santa Cruz liegt weihrauchschwangere Kühle. Der heilige Antonius liest, das bummelige Jesuskind hockt auf seinem Arm. Ach, könnte es sich auf meinen setzen, ihn führen und lenken! Ich suche den Weg zur Mitte, Heiliger der Verlierer, hilf! Vergangenen Dienstag im Hörsaal. Während sich die Kreise der Meridiane und Breiten auf den Mercator-Karten zu langen Geraden strecken, bricht im Bauch das Inferno aus. Gleich wird sich der schwarze Mantel röten, ein verräterisches Rinnsal die Waden hinunterströmen und meine Knöchel netzen.

Ich dränge mich an zehn Leuten vorbei ins Freie zum Abtritt. Kein Stück Stoff in meinem Beutel. Jetzt franst der Mantel auf halber Wade aus. So sind meine Tage – eine Handbreit unter der Mitte.

Meine Knie schmerzen. Ich trete hinaus, am Himmel kündigt sich der Abend an. Es ist Freitag, ein freier Tag, Pater Alfonso ist allein. José, sein über die Maßen dummer Neffe, treibt sich mit seinen dummen Freunden in den Gaststätten am anderen Flussufer herum. Er zwickt und zwackt mich, wann immer er meiner ansichtig wird. Heute sind seine Freunde ohne ihn in den Spelunken. José sitzt in der Küche und trinkt Bier. Aus seinem Mund kollern drei Laute. Grammata Joséniensis: ão, s und sch. Pater Alfonso sagt etwas, José krümmt sich vor Lachen. Ich sage auf Latein, er soll mich in Ruhe lassen. Alfonso knallt einen grauen Humpen auf den Tisch, ich soll mehr trinken und mehr lachen. »Marquês Pombals Senhora ist aus Österreich«, sagt er und ob ich sie kenne, will er wissen. Ich kenne sie nicht und weiß doch alles über sie. Die Marktfrauen raunen ihren Namen, kaum dass sie mein Portugiesisch der richtigen Weltgegend zugeordnet haben. Marquesa Pombal, raunen sie, ist eine Orchidee. In ihren Fünfzigern ist ihre Taille so schmal, dass sie ihr Mann mit seinen Händen umfassen kann. Die Marquesa Pombal, sagen sie, braucht keinen Perückenmacher, sie rollt das eigene Haar in feste, dicke Schläfentollen.

»Soll klug sein«, sage ich.

José malt Kreise, Kringel, dicke schwarze Batzen, schiebt das Blatt zu Alfonso. Vögel? Bäume?

Wir sind das, wir drei. Gut getroffen, Jäger. Jetzt ist José des Malens überdrüssig. Breitbeinig steht er am Tisch, Fäuste aufgestützt, sein Gebrüll hallt in dem kleinen Raum. Alfonso drückt José nieder, führt seine Hand, sie schreiben drei Zeichen, Josés Namen auf Chinesisch: »Gott fügt hinzu«.

»Klug, sagst du? Wieso hat sie dann den indolenten Marquês Pombal geheiratet?«

»Er ist der Retter Lissabons!«

»Papperlapapp!« Die Äuglein des alten Mannes glühen unter den Augenbrauenbuschen. »Das Erdbeben war eine Strafe Gottes. Das hat der Marquês nicht verstanden. Ach! Genug der Sophisterei!«

Wir haben noch gar nicht angefangen. Marquês Pombal hat seine Einflüsterer durch Europa geschickt, sie haben in hellhörige Ohren gewispert. Dass das heilige Experiment in Südamerika so heilig nicht ist. Für Millionen verkauften die Jesuiten Tee, den sie aus den Siedlungen herauszogen. Die Menschen im Gottesstaat mussten schuften wie Ackergäule, dreihunderttausend sollen es gewesen sein. Das haben Pombal und seine Mitverschwörer ihren Königen eingetrichtert und die haben gehandelt. Umsiedlung hat das Programm zur Vertreibung geheißen. In den neuen Dörfern gab es nur noch einen Priester, keine Armee, keinen Schutz, keine Verwaltung, keine Medizin. Jetzt sind auch die Priester weg, seit der Papst die Societas aufgelöst hat.

Die Pinsel versinken in schwarzer Tinte. Tisch, Bett, Haus, einfache Wörter wie in der Landschul. Ich betrachte das Zeichen im Buch, ich male es ab, Strich für Strich, schüttle den Kopf, versuche es wieder. Bett und Tisch sind ungleich groß, sie stehen auf wackligen Beinen. Es sind nicht die Hände. Nie die Hände. Immer das Herz, das uns in die Irre leitet. Mein Herz stolpert. Der alte Pater ist es leid, mir zuzusehen. Er führt meine Hand, die Linien werden fließend. Ich lächle. Kann das Glück aus den Händen in das Herz strömen? Es gibt ein chinesisches Sprichwort: Wenn du zufrieden bist, schreibe das Zeichen noch hundert Mal.

»Wie ich höre, will Pombal auf seinem Landsitz ein Fest geben. Man sucht Personal. Lass dich in Dienst stellen, hofiere die Gräfin. Sie soll ihren Mann zur Vernunft bringen. Hab dich nicht so. Politik wird am Schreibtisch und im Bett gemacht.«

Selbst habe ich daran gedacht, in die Dienste der Gräfin zu treten. Sollen wir die Bibel lesen? Eleonora Ernestina von Daun, geboren und erzogen in Wien. Sie sind doch fromm, nicht wahr? So fromm wie Ihre großen Verwandten? Sie zogen für die Kaiserin in den Krieg, während Sie Schritt und Figuren der Gavotte einstudierten, artig mit Ihren Lehrern parlierten, im Morgengrauen in der Kapelle kniend beteten! Wir könnten lesen: die Bibel und Ihr Stundenbuch zur Abendzeit, wenn die Venus am Horizont erscheint, der gleiche Stern, der uns in unserer Heimat zur Nacht geleuchtet hat. Oder durch den Garten flanieren, über Wien reden. Was gibt es Neues bei Hofe? Ist es wahr? Frisst die Kaiserin den ganzen Tag? Ich hätte zu erzählen: von den sumpfigen Gassen der Vorstadt, in denen die Dauns allesamt nie gewesen sind. Von Kindern, die in den Hauseingängen am Spittelberg die schmutzstarren Kittel heben.

Pater Alfonso schnappt den Pinsel, wickelt seine gichtknotigen Finger drumherum, wirft ein »dao« auf das Papier. »Sprich mir nach: Dao, der Weg.« Er kratzt sich am Rücken. »Es kommt ein Wetter, ich spüre es. Schreib diese zwei Seiten ein Dutzend Mal. Es gibt fünfzigtausend Zeichen, du beherrschst noch keine hundert!«

Der kräftige José steht grinsend im Türrahmen. Ich hänge den mitteldicken Pinsel an den fehlenden Platz im Pinselhalter, schiebe das Papier zusammen, nehme meinen Beutel.

»Matteo Ricci konnte Tausende Zeichen«, sagt Alfonso. »Ars memorativa! Du weißt, wie das geht?«

»Nein.«

»Was lehren sie euch auf der Universität?«

Ich bin an der Tür. José weicht keine Handbreit. Ich deute hinaus, er macht einen Schritt zur Seite. Ich atme auf, zu früh, Josés Arm fährt aus, meine Rippen krachen gegen Holz, meine Lunge implodiert. Endlich draußen, keine Luft. Ich haste die Gasse entlang, atme flach und kurz, mir ist schwindlig, und das blöde Herz, ewig das Herz, stolpert schon wieder. Hinter mir keucht und schnauft José, wir rennen zur Nossa Senhora da Assunção, ich nehme zwei Stufen auf einmal, ziehe am eisernen Griff der Porta Especiosa. Frauen hocken wie Krähen in den Kirchenbänken, mechanisch schiebt ihr Daumen glattpolierte Perlen weiter, während ihre Lippen das Ave Maria murmeln. Mein Atem beruhigt sich, der Brustpanzer aus festen Binden unter dem Hemd hat mich beschützt.

»Philipp Moosleitner?«

Ich sehe in ein teigiges Gesicht, umrahmt von einer struppigen Hanfperücke, den Zopf in eine schäbige schwarze Bourse gefasst.

»Wer sind Sie?«

»Michael Herhausen aus Köln. Ich erzeuge Automaten. Habe mein Handwerk bei Vaucanson höchstselbst erlernt. Und bin nun dem Ruf des Marquês de Pombal gefolgt. Man munkelt, Sie wollen ins Reich der Mitte. Der Kaiser von China interessiert sich für Uhren und Gerätschaft aus Europa. Sie kennen Vaucansons Ente? Gestatten Sie mir, Sie Ihnen vorzuführen. Nicht die echte natürlich, einen Nachbau. Ich darf sagen, dass meine Ente – die Herhausen-Ente – sich weit lebensechter und runder bewegt als Vaucansons Federvieh. In ihrem Inneren ist ein Rohr aus Gummi. Ein Material – biegsamer als jeder Weidenstock, leider bricht es leicht.«

»Was soll ich tun?«

»Bringen Sie dem Kaiser meine Automaten. Wenn sie ihm gefallen, werden die Honoratioren des Hofs auf den Geschmack kommen, die Adligen, Minister, hohen Beamten, die Sekretäre in den Schreibstuben, die Händler in den Kontoren – binnen Jahresfrist werde ich jeden tatarischen Haushalt mit meinen Automaten bestücken.«

»Der Kaiser empfängt keine Europäer. Und die Automaten werden ihm geschenkt.«

»Selbstverständlich«, sagt Herhausen lächelnd. Brüsseler Spitze wandert aus seinem Ärmel, trocknet seine deutsche Stirn.

»Kann die Ente Eier legen?«

»Keine, die man essen könnte. Eines Tages wird sie das beherrschen. Automaten sind die Zukunft! Bald wird niemand mehr arbeiten. Die Menschen werden im Caféhaus sitzen und in den Himmel schauen, während Automaten Tee und Kuchen servieren.«

Die von Automaten zubereitet wurden.

»Die Menschen sehnen sich nach dem Neuen und sie fürchten es. Sobald das Neue sich anschickt, ihr Leben zu verändern, winden sie sich wie ein Wurm, faseln von Tradition und dem bewährten Herkömmlichen. Montaigne, der alte Sack. Haben Sie Montaigne gelesen?«

»Nein. Die Reise ist teuer, ich habe keine Mittel, sie zu bezahlen.«

»Der Marquês von Pombal wird Sie mit dem Notwendigen ausstaffieren und Ihnen ein Empfehlungsschreiben an den Kaiser von China mitgeben.«

»Die Briten bemühen sich seit Jahren, eine Delegation an den Hof zu schicken. Ein Empfehlungsschreiben des Herrn von Pombal wird kaum die gewünschten Effekte haben.«

Herhausens Wiehern hallt im hohen Raum wider, prallt von den kleeblattförmigen Säulen ab, verfängt sich im Kreuzrippengewölbe, kommt hundertmal lauter zurück.

»Pombal, verehrter Herr Moosleitner, kennt jeden wichtigen Mann von hier über London, Paris bis Wien und den Rest der Welt. Mit einem Schreiben seiner Durchlaucht wird Sie der Kaiser empfangen.«

Wir sehen nur die Oberfläche der Dinge und Menschen, nicht die darunterliegenden Geflechte, hat der Präfekt in Wien einst gesagt. Er war ein Mann der Geflechte, so wie Pombal.

»Der alte Pfaffe hält große Stücke auf Sie. Sie haben das Zeug, die Sprache zu lernen, bei der sich unsereins die Zunge bricht.«

»Dann werde ich ihn weiter aufsuchen«, sage ich.

»Warum auch nicht?«

»Pater Alfonso hat einen Neffen, José. Er verfolgt und drangsaliert mich.«

Herhausen begutachtet mich wie ein Rind, das er auf dem Markt zu kaufen gedenkt. »Sie wollen ins Reich der Mitte und lassen sich von einem Bauerntölpel ins Bockshorn jagen?«

Es gibt andere, die das besser können. Jemand hat einen Brief unter dem Türspalt durchgeschoben. Das Siegel ist leer. Ich weiß, was in dem Brief steht, ehe ich ihn gelesen habe. Die Briefe begleiten mich seit meiner Zeit in Wien. Manche sind säuberlich gefaltet und ordentlich zugeklebt in gestochener Handschrift, ein andermal sind es bloß Schnippel voll krakeliger Buchstaben, kreuz und quer über das Papier geworfen. Bekam ich ein solches Schreiben, war ich so allein und von Gott und den Menschen verlassen, dass ich nur die Toten bitten konnte, mir zu helfen. Damals habe ich angefangen, mein Inneres zu kartieren. Wie löst man ein Ortsproblem? Wo stehe ich?

Ein Freund hört dir zu, gibt dir einen Rat, hilft dir aus der Patsche. Was habe ich von meinen Toten bekommen? Trost bei Seneca, Antworten bei Aristoteles, Ordnung bei Descartes. Finde ich keine Lösung, brauche ich eine Methode. Mein Ortsproblem ist einfach gelöst: weg von hier, so schnell es geht. Wie lang werde ich den Briefschreiber hinhalten können? Werde ich den Herbststürmen trotzen, den Winter überstehen? Bis zum Frühjahr brauche ich 300 Louis d'or. Mit dem Geld könnte ich nicht nur Pater Alfonsos windschiefes Haus, sondern alle Häuser in seiner Gasse kaufen. Werden Sie das schaffen, Michael Herhausen? Werden Sie dem Marquês de Pombal eine solche Summe aus dem Kreuz leiern für eine Reise mit ungewisser Wiederkehr? Oder werde ich morgen schon in einer Postkutsche sitzen und im Stillen flehen, der Kutscher möge sich im Circus Maximus wähnen und den Pferden die Peitsche geben.

4. Wahre Freundschaft soll nicht wanken

>*Der heiße Sommer versengt das Herz,
>der weiße Winter verblendet die Augen.*«
>Fei Lipu, »Baumland«, Abschnitt 84.17

Es ging auf fünfe. Ich kroch aus der Decke, schlüpfte schnell in Hemd und Hose. Geheizt wurde erst im November. Vorbereitung auf das Leben nannten die Patres die kalten Schlafsäle. Ich schlug mich kräftig an Armen und Beinen, um Wärme in die Gliedmaßen zu bringen, sah hinaus in den eisgrauen Morgen. Die Rosskastanie im Hof schenkte mir Stachelkugeln und Zweiglein. Zu zweit saßen die Kastanien an ihren Bänken. Der Lehrer war aus dickem Holz. Louise dividierte, multiplizierte, deklinierte. Der faule Josef las stockend aus der Fibel vor. Der Lehrer schimpfte den Seppl, sein Stachelmantel zerbarst unter schweren Schlägen. Im Oktober blies der unbarmherzige Nordwind, Schule und Häuser fielen im Sturm zusammen.

Während der Frühmesse knurrte der Magen lauter, als der Pfarrer predigte. Anselm mochte keine Katzen. Glücklich jene, die ihren Gerstenbrei ohne Mäusekot essen. Anselm machte den Abwasch, ich saß mit Papier und Feder auf dem Küchenschemel, das Schneidbrett auf den Knien. Anselm neigte sich über das dicke Buch des Johann Heinrich Zedler, darin alle Dinge der Erde aufgelistet sind nach dem A B C.

»Muss ich das alles wissen?«

»Das meiste«, sagte Anselm. »Jessas, was soll ich damit?« Er zog eine Beerenraufe aus einem Leinensack, den einer an die Tür gestellt hatte. »Moosbeeren brocken?« Anselm stellte den Beerenbrockkamm in den Geschirrschrank.

»Donau. Einer der größten Flüsse in Europa. In den alten Büchern heißt er bald Danubius, bald Ister.«

Ich schrieb.

»Doch hat man dieses angemerket, dass er bei seinem Ursprunge Danubius ... hast du das? ... Danubius gegen seinen Ausfluss aber ins Meer Ister genennet, in der Mitten aber bald diesen, bald jenen Namen geführet.«

Mehl versank in braunem Brotteig, Anselms Hände walkten und werkten, während sein Blick zwischen Teig und Buch schwenkte. »Quellflüsse der Donau?«

Ich blätterte leise nach vorn, fand nichts im Heft.

»Brigach und Breg, Herrschaft noch einmal, hatten wir gestern schon. Nenn mir die Abschnitte der Donau westlich der Wachau.« Anselm drehte die Sanduhr um. »Die höchsten Alpengipfel in Österreich unter der Enns.« Die Zeit rieselte durch das Glas. Pater Anselm hatte nur ein Pferd im Stall. Es sollte gewinnen. Der andere, Xaver, stammte aus Tirol, er war Stiftling – einer, für den bezahlt wurde. Am Ultimo vor November schlossen sie uns ein. Pater Franziskus sprach vom Teufel, der auf dem Kahlenberg auf Seelen wartete. Seine monotone Stimme verlor sich im Kratzen der Federn und dem Stöhnen der Buben. Aufpassen musste ich wie ein Haftlmacher, dass mir kein

Wort hinunterfiel wie die Maschen beim Stricken. Ich sagte das Ave Maria, das Credo und die Zehn Gebote her. Inbrünstig, trug mir Pater Anselm auf, nicht nur geleiert. Sechsundzwanzig Buben bestanden die Prüfung, einer mehr als gewöhnlich.

Pater Hieronymus Leitner war ein schlanker Mann mit Bäuchlein, wir sollten ihn Magister nennen. Xaver hatte rosige Wangen und stramme Waden, ein schöner, feister Bub. Das kommt von der würzigen Bergluft im Tirolerischen. Magister Hieronymus Leitner spazierte durch die Reihen wie Moses durch das Rote Meer. Ein Aemulus musste gefunden werden, ein Rivale im Unterricht. Hubert in der letzten Reihe wurde mit Stefan in der zweiten zusammengespannt, Karl und Eduard, die saßen nebeneinander: »Das Tratschen wird euch vergehen.« Magister Leitner stöberte in den Prüfungsbögen. »Ah, Julius von Waiglein. Ich sehe. Für dich werde ich jemand anders suchen als deinen Sitznachbarn.« Sein Finger bohrte sich schmerzhaft in mein Kinn. »Du scheinst mir der Richtige zu sein.« Er ließ mich so unvermittelt los, dass ich meinte, vom Stuhl zu fallen. Julius also, Sohn eines Händlers und Lieferanten bei Hofe, dort hatte er Gehässigkeit gelernt. Xaver bekam den gutmütigen Franz zum Aemulus, den mit der Brille und den schlechten Zähnen.

Am zweiten Schultag holte Magister Leitner die Dekurionen. Wir waren ein Haufen schlimmer Buben. Die Dekurionen mussten helfen, die Braven, Klugen aus den oberen Klassen. Sie korrigierten unser Pensum, übergaben es dem Magister. Zuvor bekam sie der Aemulus.

Julius war ein von Waiglein: Er machte keine Fehler, so wenig wie seine älteren Brüder.

Wieder so eine jesuitische Lebensvorbereitung: Vormittags, wenn der Stoff wiederholt wurde, prüfte uns der Aemulus. Julius ließ mich unbekannte Verben und Substantiva flektieren. Er entschuldigte sich, wir hatten es schon gehört: Julius kannte die schwierigsten Wörter.

Wir lernten: vormittags Latein, nachmittags Griechisch, abends Schummeln. Franz und Xaver hatten eine simple Abmachung, ein von Waiglein braucht keine Abmachung. Magister Leitner meinte es gut mit uns, ab der zweiten Woche malte er das Menetekel der Versetzungsprüfung an die Wand. Nur die wenigsten schafften die Wiederholungsprüfung. Wer dann auch noch renitent war, ungerechte Beurteilung behauptete, wurde der Schule verwiesen.

»Wir sind streng«, donnerte Leitner vom Katheder, »aber sorgsam. Alle in einer Klasse sollen das Gleiche können. Und das werdet ihr!« Er klopfte den Dekurionen auf die Schulter, Zeugen des Fleißes oder der tätigen Reue. Die Schulglocke läutete, wir stürmten ins Freie. Julius oder ich? Nein: Xaver oder ich. Wie gemein.

Eine Horde Kinder stampfte in schweren Mänteln die Brandstätte entlang zur Tuchlauben. Nur Xaver trug seinen alten Wetterfleck und von Waiglein war in einen pelzverbrämten Zweireiher mit doppeltem Pelerinenkragen gehüllt. Beißender Wind zerrte an Mänteln und Nerven. Ein Vierspänner fuhr an uns vorbei. Aus einem der Bürgerhäuser drang leises Cellospiel. Ich blieb zurück, lauschte, wäre fast in den trödelnden Hans gelaufen. »Er ist es!« Der Satz wurde nach hinten durchgereicht. Ein prächtig gekleideter Prinz entstieg der Kutsche. Unsere Atemwolken wurden zu einer. Kurz verweilte der Prinz vor dem Haus, während eine Dame in rotem Mantelet ausstieg. Unter den Flügeln der prinzlichen Rockschöße blitzten pfirsichfarbene Beinkleider auf.

»Sein Gesicht«, flüsterte Matthias. »Glatt und seidig wie reife Maronen.«

»Und der Rubin auf seinem Turban war so! So!« Ein unsichtbares Hühnerei lag in Xavers Hand.

»Ach woher, er war höchstens so groß wie eine Nuss«, sagte von Waiglein, in seine Fäuste blasend. »Was ihr habt mit diesem Mohren! In London und Paris halten sich alle einen. Gar nichts Besonderes.«

»Sind sie überall schwarz? Am ganzen Körper?«, fragte Hans.

Von Waiglein lachte. »Natürlich nicht. Als Säugling sind sie überhaupt nicht schwarz.«

»Nein?«

Von Waiglein schnaubte. »Alle Menschen werden gleich geboren. Also sind alle weiß. Es ist die Sonne in Afrika. Sie verbrennt ihre Haut.«

Der freundliche Magister Moser stand jetzt neben uns. »Afrikaner sind fröhliche Menschen. Den ganzen Tag springen und tanzen sie.«

Die Jesuiten machten unseren klimatischen Nachteil mit starken Häusern, warmer Kleidung und Griesgram wett. Ein halbes Jahr wollte mich das Konvikt behalten.

Nie hatte mich der Advent traurig gemacht. Zu Hause fingen wir jetzt an, die Stube zu schmücken. Die Mutter und die Kathi stritten sich um die große Rein, mischten Zimt, Honig, Mehl, Milch, Eier für Kuchen und Lebzelten. Am 24. gab es Bratäpfel und Glühwein. Den brauchten wir für die Mette, da gefror der Atem vor den Gesichtern, während die Hände taub wurden und die Füße mit den schwarzen und weißen Rauten aus Stein eins wurden. Am nächsten Tag war die Haut rau wie grauer Schmirgel, wir hätten die Bretter mit bloßen Händen schleifen können. Was machte das schon an Weihnachten, dem Tag des großen Wunders, an dem sogar die Männer fröhlich waren und Weihnachtslieder sangen, kaum einen Ton treffend, es hat uns nicht gestört. Das Jesuskind lag in der Krippe, behütet von Josef und Maria, Ochs und Esel, Hirten und dem großen, hellen Stern. Weihnachten anno 1767 werde ich mutterseelenallein im Schlafsaal des Konvikts hocken und darauf warten, dass der Präfekt sich entscheidet.

Der Hans, der Fritz und der Hubert kamen wie ich aus den Dörfern und streunten lieber in den Wäldern und Wiesen herum, als die Deklination weiblicher Nomen zu üben. Auch ich sehnte mich nach meinem Zuhause, den milden Frühsommertagen. Ich lag in der Wiese, die Sonne schien mir auf den Bauch, ein Hase hoppelte vorbei, setzte sich am Waldrand hin, kaute an einem Löwenzahn. Im Spätherbst lief ich durch das tiefe Laub und wenn der Vater die Wiesen gerecht hatte, sprang ich in den großen Haufen, dass die Blätter wirbelten. Später saß ich mit brennenden Wangen und summenden Ohren im Schupfen, bis der Vater wiederkam. Wert war es das allemal. Und im Winter: Hinaus in den Schnee, mit beiden Füßen hineinspringen, herumtrampeln, eine Spur ziehen, einen Schneeball formen und gegen den glatten Stamm einer Buche werfen. Ganz still ist es, die Augen sind geblendet vom glitzernden Weiß. Die Finger sind Eiszapfen, wir klopfen Schnee aus Mantel und Haube und ein paar Flocken verfangen sich im Haar. Im hohen Winter geht es schnell mit dem Zuschneien. Nach unten in die weiße Pracht greifen, dem lästigen Bruder den Nacken einreiben und wieder ab in den Schupfen. Irgendwann scheucht mich die Kathi in die geheizte Stube und stellt mir dampfenden Gerstenbrei mit Apfelkoch hin. Ich löffle mit kribbelnden Händen und roten Wangen, während hinter dem Burghügel die Wintersonne verblasst.

Heuer werden mir die Ohren in der Christmette einfrieren und nirgends ein Stall, in den ich kriechen kann. Der Franz, der Fritz und der Hubert werden mit ihren Eltern das Wunder der Heiligen Nacht bestaunen.

Ich blätterte lustlos in dem von Pater Manuel Alvarez kompilierten Grammatikbuch. Sollte ich jemals ein Buch schreiben, wird es keines über Grammatik werden.

»Was ist mir dir?«

»Erntedank ist vorbei, Pater Anselm, der Winter naht. Ich habe keine Bleibe.«

»An Weihnachten wird dich keiner vor die Tür setzen.«

»Dann zu Mariä Lichtmess, wenn die Eisblumen am Fenster wachsen. Das Beste wäre, ich würde mir gleich Arbeit suchen.«

Anselm setzte drei Kreuze auf das frische Brot, sprach wieder von Pferden und Hürden. »Ich habe so manchen Knaben gesehen, der noch vor Weihnachten krank wurde und die Schule verlassen musste. Wer weiß, was bis Lichtmess passiert?«

Es duftete nach Anis und Kümmel, die hier nicht wachsen. Überhaupt, die Wege des Herrn: unergründlich. Ich selbst musste ihnen eine Richtung geben. Eine Krankheit! Keine schwere natürlich. Ein Husten, der in der frischen Tiroler Bergluft heilt. Zedlers Enzyklopädie kannte alle Kräuter gegen Husten und entzündete Bronchien. Wo fand ich ein Antidot zum Hustensaft? »Es ist nichts Seltsames«, sagte das Lexikon, »dass Kinder einen bösen, heftigen Husten haben.« Die Ursache liegt im Magen. Der weise Galen schrieb seitenweise über den Magen. Das Buch war auf Latein.

Die alten Frauen saßen grambegeugt in der Kirche, wir Zöglinge auf der anderen Seite. Anton stand ganz hinten, er war schon alt, in der letzten Klasse. Was hatte er angestellt, dass er bei den Primanern seinen Dienst versah? Ich stellte mich auf die Zehenspitzen, raunte ihm ins Ohr, er möge sich am Sonntag vor dem Mittagsmahl in der Bibliothek einfinden. Er hatte Besseres zu tun, als medizinische Werke zu übersetzen. Ach, Anton, das weiß ich doch. Er wendete schnell den Kopf, sah geradeaus, sang laut das Sanctus mit. Er habe kein Liebchen.

»Ich habe im Sommer die Betten gemacht«, murmelte ich. »Die Briefe sind herausgefallen.«

»Fremde Briefe liest man nicht.«

»Hab sie nicht gelesen. Sie dufteten nach Veilchen. Elf Uhr, pünktlich.«

Dem heißblütigen Anton mag die schwarze Galle übergehen, öfter wohl als unserem sanguinischen Hubert, und der stets müde Franz ist mit Weißschleim abgefüllt bis unter die Ohren. Ein Stoff kann kaum merklich wirken, aber auch deutlich wahrzunehmen sein, ein wenig und sehr schaden. Wo waren sie, die mäßig schädlichen Stoffe? Ich fasste wieder den Zedler, Anton trat von einem Bein auf das andere. Zedler, Band D: Darmträgheit. Anton hätte Xaver Rizinusöl in die Suppe gegossen. Wer die Scheißerei hat, braucht einen Abtritt, nicht frische Bergluft!

»Causae et curae«, Hildegardis de Pingva. Eine Heilige, die sich kein Blatt vor dem Mund nahm. Oft lag sie still auf dem Bauch, während ihre Seele hoch über den Wolken schwebte.

Sie hat nie Erdbeeren gegessen. Erdbeeren verursachen Schleim. Wer zu viel Schleim im Körper hat, hustet. Die Erdbeeren waren längst gegessen. Die sauren Säfte der Zwetschken vermehren den Melancholiestoff im Menschen.

»Deshalb also!«

»Was?«

»Meine Cousine Franziska isst nur Obst und ist immerzu traurig.«

Anton holte einen Stummelstift aus seinem Hosensack und schrieb »Zwetschken« in seine Handflächen. Der Magen, alldorten sich die sauren Säfte sammeln, ist der

Sitz der Traurigkeit. Welch seltsames Kalkül mag darin liegen, dass die Patres einen solchen Baum im Garten pflanzten. Er verwöhnt uns, sagten wir, wenn Anselm uns ein Kompott aus Zwetschken servierte.

Ich verrichtete Küchendienst, ließ mich in Dörrzwetschken belohnen, schlug die süßen Früchte in ein Tuch. Abends nach der Vesper saß Xaver im Hof. Der Wind wirbelte das letzte Laub einer Linde im Kreis. Ich setzte mich neben ihn auf die steinerne Bank. Wir redeten über das Wetter, den späten Herbst, die bunten Wälder in den Bergen, während die sauren Säfte der Zwetschken Xavers Magen zersetzten und den Melancholiestoff in den Körper jagten.

Gern wäre ich in den Gassen rund um das Stubenviertel flaniert, hätte den Gesprächen der Studenten zugehört, den Kaufleuten, die sich mit Handwerkern stritten, den fluchenden Kutschern, deren Wagen in den Gassen stecken blieben. Am liebsten wäre ich zum Lugeck gerannt, wo die Gaukler ein Stück über Barbarossa versprochen hatten. Raubersgeschichten, hatte Anselm gesagt, nichts für unverdorbene Bubenseelen. Ich saß im Hof, schielte zu Xaver, wälzte stille Sätze des Trosts. Die brauchte ich nicht. Xaver war satt und zufrieden.

5. Reich mir die Hand, mein Leben

> *»Einerlei, wie weit du gehst, am Ende zählt,*
> *ob du bei dir angelangt bist.«*
> Fei Lipu, »Baumland«, Abschnitt 43.5

Aus der Sammlung nie abgeschickter Briefe:

Lieber Bernhard,
hast Du jetzt ein Bett für Dich oder tröstest Du einen Kleineren neben Dir? Ist es ein Bub oder ein Mädchen, das das nasse Gesicht in den Polster drückt, während der Leibhaftige ums Haus schleicht und auf die Kinderseele wartet? Wie viele Kinder hat Karls Frau geboren? Hat Alois das Rechnen erlernt? Ist Lukas auf der Walz? Bist Du beim Tischler in die Lehre gegangen, wie Du es Dir gewünscht hast? Erinnerst Du Dich, wie Du zum alten Klaus in die Werkstatt gelaufen bist und Deine Nase in den Kleistertopf gesteckt hast, wie Du dem Klaus geholfen hast, Bretter auszusuchen, Holz zu schlichten? Wie war die Ernte im vergangenen Jahr? Habt ihr zu essen? Ist die Kathi noch am Hof oder hat sich doch noch einer gefunden, der sie heimgeführt hat? Ich bin nicht mehr in der Ewigen Stadt, manch einer fände das bedauerlich, ich nicht. Einer wie Du hätte dort gut zu tun in der Dombauhütte. Ist Dein Haar immer noch weizenblond? Dann bleib, wo Du bist, fahr nicht nach Rom.

Mein schwarzer Mantel liegt ausgebreitet auf dem Boden, am linken unteren Rand klafft die Wunde. Der Riss zieht sich eine Elle weit hinein. Ich male eine Kreidelinie rund um den Stoff, der Mantel wird zu kurz werden, wenn ich ihn rundherum abschneide. Ich verwische die Linie, zeichne neu, lasse die Kurve sanft zur Mitte abfallen und gegen Ende wieder ansteigen. Die Schere pflügt durch den Stoff, ich hocke mich im Türkensitz auf mein Bett, schlage den Stoff zweimal um, ziehe die Nadel durch sperriges Gewebe, stecke den weißen Fingerhut mit den zerkratzten Rosen auf den Mittelfinger, drücke gegen die Nadel. Mir ist, als wären Stunden vergangen, die Naht ist erst einen Zoll lang, mögen es zwei sein. Ich bin zu gleichen Teilen vor dem Seppl und dem Nähen weggelaufen. Jeden Abend hat die Mutter den Korb in die Stube getragen, sich dicht ans Fenster gesetzt, Socken gestopft, Nähte verstärkt, Fransiges eingefasst. Längst lagen wir in den Federn, da zupfte sie noch beim Schein der Kerze Fäden aus aufgetrennten Säumen. Am nächsten Morgen stopfte der Vater das Nachthemd mit den zerfetzten Ellbogen in den Korb, die Kathi sammelte zerschlissene Strümpfe aus den Schlafzimmern ein. Ich drehe den Stoff um. Beim Säumen große Stiche machen und wenig Stoff aufnehmen, sodass die Naht im Gewebe verschwindet, sich auflöst wie Salz in der Suppe. Ich bin kein Schneider.

Abends gebe ich der Wirtin die Schere zurück, sie wendet den Blick ab. Das Zimmer liegt im Viertel um São Bartolomeu, es ist klein, sauber, wenige Wanzen, ein gutbürgerliches Haus. Der gute Ruf ist schnell zerstört, wenn die

Polizei kommt und eine verhaftet, die sich gewerbsmäßiger Anmaßung schuldig gemacht hat. Ich zahle meine Miete pünktlich, trample nicht durchs Haus, trinke nicht und achte auf das Mobiliar. Mit Glück wird die Wirtin noch eine Weile den Blick abwenden. Das Fenster weist nach Norden, wenig Licht fällt durch die Scheiben auf Bett, Tisch, Stuhl und Bücherbrett, genug für mich und meine Apfelsteige. Die Bücher haben die Mieter vor mir dagelassen, raue Gesellen. Die Hübschlerinnen waren oft zu Gast, sie haben selten gelesen. Vor dem Schlafen blättere ich in den abgegriffenen Bänden, einer ist ein Roman in Briefen. Ich werfe den Brief an Bernhard in die kleine Truhe. Er kommt neben dem anderen Brief zu liegen, dem Brief ohne Siegel und Absender. Es ist eine bescheidene Bitte. Ich möge mich um eine Maria Anna kümmern, die im Fieber liegt. Wenige wissen von meinem Studium in Rom. Ein paar Studiosi haben gefragt, wie alt ich bin. Ja, ich bin älter als sie, hab mich zuvor den Lehren des Äskulap verschrieben.

Die junge Frau liegt wimmernd in ihrem Bett, kalter Schweiß perlt von ihrer Stirn, aus ihrem Unterleib strömen üble Dünste und gestocktes Blut. Die Krämpfe wollen nicht nachlassen, obwohl das Kind draußen ist. Ich bereite einen Tee aus Schafgarbe, Kamille und Mutterkraut, um die Plazenta zu lösen. Abends werden sie ihr Baldrian einflößen. Ich bete so sehr wie der unbekannte Vater, dass Maria Anna gesunden möge. Den Engelmacherinnen gehört das Handwerk gelegt.

Michael Herhausen hat mir Nachricht geschickt.

Pombal erwartet mich zum Fest, dem Höhepunkt des portugiesischen Gesellschaftslebens. Raketen mit Schwarzpulver werden leuchtend bunte Sterne im Nachthimmel verspritzen. Ein Lärm, dass die Banda gar nicht zu hören sein wird. Erst wenn Augen und Ohren wieder an die stille Dunkelheit gewöhnt sind, werden Flöten, Lauten, Tamburine die Feiernden zum Tanz locken. Die Männer an den Tischen werden ihre Gürtelschnallen weiter stellen und dann doch noch ein wenig von der Stockfischpastete nachschieben. Die Frauen löffeln Gefrorenes und lachen spitz, wenn die Hand des Galans die Stickerei am Ausschnitt streift. Ich tanze nicht, bin nicht bewandert im portugiesischen esprit de conduite.

In der Gaststube, in der sich schon der heilige Bartholomäus erfrischt hat, bestelle ich Limonade. Der Himmel verdunkelt sich. Den großen Schatten wirft Franz Keller. Er sollte die Advokatur seines Vaters in München weiterführen, Franz genügen die Zehn Gebote, zum Staatsdienst hat er keine Neigung, nicht einmal als Hofmaler will er sich verdingen. Was ist das schon für eine Kunst, den Prinzregenten schönzumalen! Einer, der nichts kann außer zeichnen und malen, wird Kartograph. Brotloser Maler zu sein reizt Franz auch nicht, zu sehr würden ihm Federbetten, warme Mahlzeiten, hübsche Stubenmädel und Bier fehlen.

»Was ist das?«, fragt er, nimmt einen Schluck aus meinem Becher, speit auf die Gasse.

»Pfui, Teufel! Essig!«

Keller reißt einen Stuhl an sich, fläzt sich drauf, bestellt

Bier, ich winke ab.

Franz rempelt mich an der Schulter. »Was bist du denn für ein Kerl?«

»Ein kleiner. Die vertragen nicht viel. Gehst du nicht zur Vorlesung?«

»Was können einem die Hohlköpfe beibringen?« Er wischt Schaum vom Mund und rülpst. »Trink!« Er schmettert den Krug auf die Tischplatte, Bier schwappt über, Schaumiges füllt meinen Mund.

»Kennst du Vaucanson?«

»Natürlich! Ist ein Schwager meiner Tante.«

»Dann ist deine Tante Französin.«

Keller dreht sich zu mir, es ist nicht das erste Bier an diesem Morgen. »Französin, Deutsche, Portugiesin? Was macht das schon? Die Menschen sind gleich geboren. Wir sind alle Franzosen.«

»Franzosen trinken Wein, kein Bier.«

»Wein, Bier, Schnaps – einerlei.«

»Hast du Vaucansons Ente gesehen?«

»Was scheren mich seine Enten?«

»Ente«, sage ich. »Die Automatenente.«

Der Krug wird zu schwer in Franzens Hand, er sieht mich trübäugig an, zwinkert.

»Automatenente? Nein.«

»Soll ich sie dir zeigen?«

»Du hast sie? Du hast diese Ente?«

»Nicht die echte. Es ist ein Nachbau. Aber noch besser als die von Vaucanson.«

»Wo ist sie? In einem Automatenstall oder was?«

»Bei einem Freund.«

»Ente«, sagt er. »Enten habe ich schon als Kind gezeichnet.« Franz mag Tiere. Die Ränder seiner Karten sind bevölkert mit allem, was kreucht und fleucht, Fliegen, Spinnen, an fröhlichen Tagen Schmetterlinge. Die Fliegen sitzen auf einem gemalten Rahmen – Trompe-l'Œil. So vertreibt sich Franz die Vorlesungszeit, so wie einst Hans in den Griechisch-Stunden Spottzeichnungen von den Magistri angefertigt hat.

Franz fällt mit dem Stuhl um, er rappelt sich auf. »Bring mich zu diesem Franzosen. Ich kann … ich kann Modelle zeichnen.« Er steht auf wackligen Beinen. »Du hast überhaupt nichts getrunken! Was bist du denn für ein Kerl?«

Gar keiner.

Alfonso ist zivil gekleidet, weißes Leinenhemd, dunkle Beinkleider, helle Strümpfe. Das graue Haar ist mit einem Band im Nacken gefasst. Es riecht nach Hafergrütze. Er rührt im Suppentopf, nimmt einen Löffel, kostet, salzt, zieht den Topf zur Seite, wischt sich die Hände in ein Tuch.

Ich ziehe die Bögen mit den Zeichen aus meinem Beutel.

»Fortschritte gemacht!«

»Ich kann ein paar Zeichen schreiben, mehr nicht. Woher weiß ich, wie die Wörter gesprochen werden?«

»Das ist die Kunst.«

Alfonso wandert auf und ab wie die Professoren in den Hörsälen, großes Drama für spärliches Publikum. »Manchmal gibt es Hinweise. Aber darauf kannst du dich nicht verlassen. Oft klingt ein Zeichen ganz anders als erwartet.«

»Wie soll ich es lernen?«

»So wie ich es gelernt habe. Du fragst mich, ich sage es dir, du schreibst es auf.«

»Warum hast du es mich bis jetzt nicht gelehrt?«

Alfonso bleibt stehen, öffnet die Arme, ein Leuchtturm an felsiger Küste. »Die meisten von euch Stutzern geben auf, wenn ihnen klar wird, dass sie jedes verdammte Wort einzeln lernen müssen. Ihnen Aussprache und Töne beizubringen: Ça ne vaut pas la peine.«

»Und die Grammatik? Den einfachen Satz: ›Ich schreibe ein Zeichen‹ kann ich nicht formulieren. Ich kann nicht konjugieren, nicht deklinieren! Nichts.«

»Gemach, gemach. Es gibt keine Grammatik, keine Syntax, kein Singular, kein Plural.« Das Feuer im Leuchtturm brennt. »Was ändert es die Wesenheit des Seienden, ob es eines oder viel davon gibt? Was ändert es, ob etwas gestern geschehen ist oder morgen erst sein wird, ob ich, du oder ein anderer es getan hat? Wir sind alle Geschöpfe des Einen und folgen seinem Willen. Nenn es dao oder Gott, shangdi oder den Himmel.«

»Wir hatten einen im Dorf, der hat den Mäusen bei lebendigem Leib das Fell abgezogen. Ich habe so etwas nie gemacht.«

»Für die Maus ist das einerlei.«

Herhausen wohnt in einem hellgrünen Herrschaftshaus am Mondego. Er sitzt in lindgrünem Anzug an seinem

Kirschholzsecretaire. Wohnte er nebenan, wäre sein Anzug apricot. Aus den Ärmeln und an Hals und Brust wuchern weiße Spitzen. Er ruft nach seinem Diener Lampe, der kommt mit Herhausens linkem Schnallenschuh ins Zimmer, schwarze Schuhwichse klebt an seinem Handschuh, Herhausen verlangt Café, das tut er immer, wenn Lampe Schuhe, Fenster, Dielen putzt. Lampe fährt den lehmverkrusteten Schuh aus, was muss Herhausen auch mit den hohen Absätzen durch den Morast waten. Herhausens Stirn glänzt feucht unter dem Puder, das Rosé der Wangen schwappt ins Feurige.

»Philipp möchte Café, wenn es mein Diener einrichten kann.«

»Ich bin gespannt auf die Ente«, sage ich, aber Lampe ist schon draußen.

Der Diener kommt wieder ohne Café, mit einer Kiste. Er klappt die Seiten herunter. Der Entenkopf glänzt goldbraun, der Schnabel messingfarben. Die Augen sind aus grünem Glas, Hals und Flügel aus glänzendem Messing. Hinter einem Gitter aus Draht greifen Zahnräder ineinander, dazwischen Rohre. Lampe hebt die Kiste auf den Schreibtisch. Die Ente quakt, Herhausen füttert sie. Wie von Geisterhand öffnet sie den Schnabel, Kügelchen verschwinden, Rädchen drehen sich, die Kügelchen rumpeln in den Rohren, plumpsen aus dem After heraus. Ich füttere die Ente. Sie schnappt nicht nach meiner Hand.

»Dieses Wunder habt Ihr gebaut?«

»Mein Mechaniker – nach meinem Plan!«

»Die Ente ist für den tatarischen Kaiser?«

»Nein. Bringen Sie ihm einen Androiden, das macht mehr Eindruck.«

Lampe stellt den Café auf den Beistelltisch, ich trinke keinen Café, er ist der Gesundheit abträglich. Herhausen sagt, Café wird von den Uramerikanern getrunken, um Geist und Körper zu stählen.

Auf dem Nachhauseweg klopft mein Herz, als wollte es auf der Stelle zerspringen. Ich weiß nicht, ob vom Café oder davon, dass mich Herhausen nach China schicken wird.

An Samstagen sind die Postkutschen ausgebucht. An diesem schon gar. Alles strebt nach Pombal zum Fest des Marquês. Mitten im Gerangel steht ein Herr in zerschlissenem Paletot unschlüssig vor dem Wagenschlag. Der Kutscher schubst mich hinein, ich höre den Mann fluchen. Wir fahren Richtung Süden, vorbei an der römischen Siedlung von Conimbriga. Da und dort ragt eine abgebrochene Säule aus arider Erde. Der Weg zieht sich hinan, die Kutsche ist schlecht gepolstert, der Dame neben mir wird schlecht, wir halten am Wegrand. Unter meinen Füßen verbranntes, braunes Gras. Die Hügel sind bedeckt mit knorrigen Bäumen und Sträuchern, die die Menschen kaum überragen. Nackter Fels bricht durch grüne Matten. Die Steinhäuser sind kleine Würfel mit winzigen Fenstern und flachen Dächern rund um einen Dorfplatz, in dessen Mitte ein Baum Schatten spendet. Später kommen wir an bizarren Höhlen vorbei, die gut und gern einer ganzen Bärenfamilie Platz böten.

Die Postkutsche hält vor dem breiten Tor. Damen steigen in Sänften um, Herren wandern den breiten Kiesweg zur Freitreppe. Die Diener stecken in zitronengelben Livrees, seidig glänzend, mein brauner Rock spiegelt an den Schößen, neben dem dritten Knopf hängt ein Stück eierschalenfarbener Borte herab. Ich streiche es nach oben, es bleibt nicht, wo es hingehört. Die Gästekarawane umrundet den Palast, folgt den Stimmen aus den Tiefen des Gartens. Mein Platz ist an den Ausläufern der langen Tafel. In der Mitte thront ein gewaltiger Aufsatz. Vier Putten braucht es, um die mit blühenden Päonien verzierte Schale zu tragen. Neben mir zwei Herren, die mich keines Blickes würdigen. Gegenüber hat ein Franzose mit hoher Perücke Platz genommen. Ich spreche nur Deutsch, Italienisch, Latein und Griechisch. Und Rotwelsch. Tant pis. Die Dame mit den Rebhuhnfedern auf dem Hut ist ohne ihren Mann gekommen, er liegt mit einer bösen Kolik darnieder. »Tant pis«, sagt der Franzose wieder. »Voulez-vous …«

Hinter uns knallt ein Korken, schäumender Wein perlt in hohe Gläser.

»Ah oui«, sagt meine Nachbarin, spannt ihren Seidenfächer vor Mund und Nase auf. Der Franzose kommt mit vollen Bechern vom Springbrunnen zurück. Spritziger Vinho Verde hebt die Laune.

Glockenlachen mischt sich in Bassbrummen. Die Dame im Taubengrauen reckt ihre üppige Büste in die Luft. Die Blicke der Herren versinken in ihrem Ausschnitt. Gefüllter Kapaun folgt auf Gänsepastete, Reh und Hirsch.

Die sechsstöckige Torte protzt mit kandierten Kirschen. Jetzt spielt die Banda ein aufwühlendes Stück, Tschinellen und Zimbeln krachen aufeinander, Holzrasseln klappern, treiben den Puls in die Höhe. Trompeten und Flöten seufzen, schrauben sich hinauf in höchste Höhen, immer schneller, immer rasender. Schwaden von Moschus, Schweiß und Gebratenem verlieren sich im weiten Firmament. Die Diener entzünden Fackeln, bunte Laternen wiegen sich in der sanften Brise, locken mich ins Boskett. In den Zweigen singen die Nachtigallen. Auch hier wird gejagt. Im Wäldchen wird ins Horn geblasen. Ich zweige falsch ab, bin wieder an einem toten Ende, doch nein, hier ist pralles Leben. Ich bin gefangen in senfgelben Ärmeln. Er drückt seine Lippen auf meine, zwängt seine Zunge zwischen meine Zähne, fasst mir an das Geschlecht – stößt mich zurück. Ich laufe, er fängt mich. Der Gelbe kennt das Boskett, schleift seine Beute in den Bau. Beim Dienstbotenaufgang hinein, Treppen hinauf, Gang entlang. Im Schlafzimmer Seiner Durchlaucht schleudert er mich vor das Bett.

6. Der Bruder Graurock und die Pilgerin

Edel ist es, das Leid des Feindes zu beweinen.
Fei Lipu, »Baumland«, Abschnitt 1.38

Flüssiges bricht das Fasten nicht. Anselm roch morgens nach Starkbier. Xaver kaute Brezeln mit Butter. Ich drückte meine Nase an der Fensterscheibe platt, draußen waberte Nebel um Frauen in dicken Röcken mit Dreiecksschürzen und Männer in wollenen Kniestrümpfen und schwarzen Mänteln. Zu Quatember erinnerte uns die heilige Luzia im strömenden Regen daran, die Gaben Gottes maßvoll zu nutzen. Die Tropfen klatschten uns ins Gesicht. Mein Bruder Karl sieht aus wie mein Vater und redet wie er. Bernhard läuft hinter Alois her, Alois dreht sich um, hebt ihn hoch, Bernhard birgt sein Gesicht in der Grube zwischen Hals und Schulter, sein Strubbelhaar kitzelt. Er hat mich lieber als die Kathi. Wenn er groß ist, heiratet er mich. Ich hätte lieber den Bernhard geheiratet als den Seppl. Warum denken wir immer an das Schöne, kaum dass wir weg sind, und vergessen das Grausliche? Neben mir heulte Matthias, Protegé des Grafen Esterházy. Sein Vater spielte Baryton, der Graf wollte Ruhe während der Orchesterproben. Selbst der lachende Hans trenzte leise. Nur Xaver blieb von Wind, Wetter und Heimweh unberührt. Pater Severin leierte die Perikopen des Johannesevangeliums herunter, wir stimmten in den Chor ein. Xaver sang mit fester Stimme, mit jedem Lied kräftiger, beinah fröhlich. Pater Christoph ließ uns Kniebeugen machen und steckte unsere Füße in Bottiche mit heißem Wasser. Eine Horde fiebernder Buben ist eine Plackerei. Ich zog die Bettdecke fest um mich, stopfte die Enden unter meinen Körper, zitterte wie Espenlaub, die eben noch warmen Füße wurden Eiszapfen. Wir nahmen Gottes Gaben in Maßen. Die Betten in Pater Christophs Krankenabteilung füllten sich, Xaver und Julius von Waiglein lagen nicht drin.

Ich büffelte zähneklappernd und Kamillentee trinkend. Wenigstens einmal wollte ich von Waiglein in den Concertationes besiegen.

»Simplex«, sagte er lächelnd.

»Unentschieden«, sagte Magister Moser, der wieder einmal Magister Leitner vertrat. Krank, hieß es, wenn morgens der Katheder leer blieb.

Draußen johlten die Buben. Vor dem Fenster fielen die ersten Schneeflocken. Wir bewarfen uns mit Schneebällen, kreischten, rutschten aus, kreischten noch mehr. Xaver blieb still. Er stand unter der kahlen Ulme, die Hände in den Taschen seines Umhangs vergraben. Urplötzlich hatte ihn die Zwetschkenmelancholie angefallen.

»Was ist mit dir?«

»Ich möcht nach Haus. Rauf auf die Berg. Jetzt ist's am schönsten. Und schleifen. Ich möcht schleifen, draußen auf dem See.«

»Was möchtest du?«

»Schleifen. Das hab ich bei meinem Vetter drüben in Bamberg gelernt. Man schnallt sich Kufen auf die Schuh und spaziert damit über das Eis. Herrlich ist das.«

Die Flocken wirbelten in fröhlichem Tanz um uns herum, Magister Moser holte uns zum Griechisch-Unterricht. Pater Hieronymus lag mit rheumatischem Fieber darnieder. Moser lehrte nach der neuen Methode: alles hundertmal wiederholen, neue Vokabeln eine Seite lang schreiben.

»Das mach ich nicht!«

Magister Moser war rund und hatte kleine Füße. Keuchend kam er zurück, Xaver war ihm entwischt. Nach der Vesper schlich ich ins Büro des Präfekten.

»Ich weiß, wo Xaver ist.«

»Lass hören!«

»Ich glaub, er ist zum Schleifen. Das ist eine Vergnügung, bei der man sich Kufen an die Schuhe macht und damit aufs Eis geht.«

»Aha. Wenn es dem Esel zu wohl ist, geht er aufs Eis tanzen.«

Er scheuchte mich hinaus, Moser herein. Ich wollte nicht lauschen, der Präfekt und Moser wurden laut.

»Natürlich kann das so nicht so weitergehen«, der Präfekt. Und dann Moser: » ... mitten im Schuljahr ... schlechtes Vorbild für die anderen ... noch Kinder.«

»Ich werde ein Urteil fällen! Bald!«

Sie fanden Xaver auf dem Kahlenberg. Sein Husten wurde von Tag zu Tag schlimmer, der ausgezehrte Leib hatte keine Kraft, sich zu wehren. Eine Krankenstation ist für kranke Buben, nicht für gesunde, sie ließen mich nicht hinein. Ich las die Vokabeln, las sie hundertmal, nach der neuen Methode. Es war, als hätte ich sie nie gelesen. Ich ließ den morgendlichen Brei stehen, die Predigt der Sieben-Uhr-Messe rauschte an mir vorbei wie der Labenbach an unserem Hof. Abends kniete ich mit gefalteten Händen vor dem Bett, Gnade kannst du nicht erflehen. Für einen Kindersarg braucht es kurze Bretter. Sie luden Xaver auf einen Karren, wir wankten hinterdrein. Gleich unter der Grube öffnete sich der Höllenschlund. Sonntag schleppte ich mich in den Beichtstuhl, murmelte meine Sünden. Ich habe getötet durch Gedanken und Handlungen. Ich hob den Kopf, sah müde graue Augen, ein Stück großer Nase, fleischige Lippen. Ich hatte einen Kameraden vergiftet, damit ich bleiben konnte. Der Pater nannte die Bedingungen der Absolution, schob das Fenster zu. Wie ich ins Büro des Präfekten gelangte, weiß ich nicht. Der Rektor war enttäuscht. »Geh!«

Ich nahm ein Taschentuch, legte Hefte, Stift, Kastanien und eines von den Bockerln hinein, die wir zum Anheizen gesammelt hatten. Anselm gab mir Brot und Käse, fragte nicht. Abends hatte ich das Universitätsviertel und dann die Wienerstadt hinter mir. Stapfte durch die schlammigen Wege des Crobotendörfls. An den Hausecken surrten Fliegen um verfaulte Kotze, im Rinnstein schillerte gelber Urin. Die Menschen stöhnten und ächzten in den schiefen Häusern, als würden sie verprügelt. Ich blieb stehen, zu gleichen Teilen angezogen und abgestoßen. In einem Toreingang stand eine Frau mit schwarzen Augen und wirrem Haar. Ein weißes Hemd hing an ihr herab.

Ihre Schenkel waren dünner als meine, Waden und Füße dreckverkrustet.

»Ich mach es dir auf Mexikanisch«, sagte sie. Zwei Kreuzer hätte es gekostet.

Brot und Käse gegen einen Strohsack neben einem zugigen Fenster. Geld wollte der Wirt, Brot hatte er genug. Ich landete vor den Füßen eines Mädchens, öffnete meinen Beutel.

»Sehe ich aus, als könnte ich mir kein Stück Brot leisten?«

Sah ich aus, als konnte ich mir kein Nachtlager leisten? Ja, so sah ich aus.

Zwei Zimmer hatte die Wohnung des Mädchens im Rottenhof hinter dem Stadtwall. Das Fenster in der Kammer ging auf einen Lichthof. Draußen senkte sich Abendgrau herab. Im Säulenofen glühten dicke Buchenscheite. In der Kammer standen die abgewetzten Stühle, der zerkratzte Schemel, es hingen keine Tapeten, kein Kreuz, keine Bilder an den Wänden. Ich warf mein Brevier ins Feuer.

Die Freier blieben im Salon, allesamt dreißig oder noch älter. Ihre staubigen Perücken, gelbfleckigen Unterhosen, lückigen Strümpfe hingen über der Sessellehne, am Fußende der Chaiselongue, Jacken und Hosen fielen zu Boden. Einer legte Geld auf die Kommode, einer feilschte um den Preis. Ich schrie. Er drehte sich um: rotes Gesicht, volle Backen, schmale Lippen, große Ohren. Um seine Brustwarzen kräuselte sich schwarzes Haar. Viele sterben am rheumatischen Fieber. Magister Hieronymus Leitner war vital und kräftig.

7. Komm, süßer Tod

»Der Mensch ist kein guter.«
Fei Lipu, »Baumland«, Abschnitt 78.14

Jetzt verstummen die Vögel.
Zähne klappern, das Herz poltert, jeder Knochen im Leib ist gebrochen. Draußen tobt das Fest, die Fackeln sind erloschen. Der Marquês neigt den Kopf Richtung Bett. Der Senfgelbe wirft mich auf die Matratze, ein anderer kommt, Knie drücken auf meinen Bauch, meine Brust, Knie werden auseinandergegrätscht, Brust wird zerquetscht, Atem geraubt, Stille erzwungen, Pranke auf dem Mund. Seile an Armen und Fußgelenken bringen mich in Form, gekreuzigt im Bett des Marquês. Einer stopft einen Knebel zwischen meine Zähne. Der Schlüssel wird in das Schloss gerammt. Kirschsaft auf weißem Batist. Ein Wal hat mich geschluckt wie einst den bangen Jona. Die Tür geht auf und zu. Zeit vergeht, die Tür öffnet sich.
Ich liege auf der Matratze, Totholz im finsteren Moor. Zehen, Waden, Beine spüre ich nicht. Der Unterleib löst sich auf, löst sich ab von mir. Sie sind gegangen, das Bett ist leer, nein, jetzt höre ich ein Schnaufen. Noch immer kein Dämmern. Zwischen meinen Beinen brennt Feuer. Heilige Maria, Mutter Gottes! Mein Atem hallt durch die Finsternis. Ich klammere mich an dem Leintuch fest. Weshalb beben Himmel und Erde, wenn ein kleiner Mensch fällt.

Der Morgen zieht heran. Fremde Vögel balzen um die Wette. Ich wende den Kopf zum Fenster. Zwischen langen, spitzen Blättern sitzen bunte Kerle, breiten die Flügel aus, gelbes Gefieder blitzt auf. Mein Paletot liegt auf dem Boden. Ich will aufstehen, der Marquês grunzt. Ein dürrer Kranz eisgrauen Haars hängt schlaff an seinem Kopf herab. Es ekelt mich. Was fürchte ich mich vor ein paar grauen Haaren, was bin ich für ein dummes Mentsch.

Der Marquês reibt sich die Augen, gähnt. Ich presse Luft aus mir heraus, es will mir nicht gelingen, mich leer zu atmen. Er räuspert sich, setzt den Wasserkrug an. Sein Blick fällt auf meine Kleidung. Seine Brauen heben sich, senken sich, seine Schultern fallen herab. Er betrachtet die blauen Ranken der Tapete, als sähe er sie zum ersten Mal.

»Boudoir«, sagt er.

Ich stehle mich in das Ankleidezimmer. Unter dem Diwan steht das Nachtgeschirr, es gibt nichts zum Abwischen. Mein Umhang hat einen Riss. Ich schlüpfe in meinen Anzug, hänge den Mantel über den Arm. Man setzt mich in einen Wagen. Der Kutscher treibt die Pferde an. Ich hocke am äußersten Rand der Bank, klammere mich am Griff der Kutschentür fest, Pomballand fliegt am Fenster vorbei, die Galle kommt mir hoch, ich fluche, murmle die garstigsten Wörter, die ich auf den Straßen rund um den Spittelberg aufgeschnappt habe. Schreien möchte ich, dass es mir die Lungen zerfetzt. Die letzten Höfe liegen hinter uns. Knorpelige Bäume, aus deren Rinde der Kork herausgeschnitten wird, stehen dicht an dicht. Dazwischen Pinien und Eichen mit schief verwachsenen Stämmen. Es riecht nach Harz und Kiefernnadeln. Ich pumpe den schweren Duft in mich hinein, lasse den Fahrtwind die Gedanken verblasen, die Tränen trocknen. Ein Raubvogel zieht seine Kreise am wolkenlosen Firmament. Der Wagen rollt, die Räder knirschen auf dem buckeligen Weg. Der Fahrtwind ist eine Memme, nichts hat er verblasen. Der Kutscher treibt die Pferde an, wild traben wir hügelauf, hügelab. Ich denke an graues Haar auf Pombals Eierkopf, ich muss lachen, lachen, lachen, bis ich Bauchschmerzen habe. Die Tränen laufen mir übers Gesicht. Ich schnappe nach Luft, sinke in die Polster der Kutsche, gleich fährt mir der Schmerz in den Unterleib, ich zucke zurück, fasse wieder nach dem Haltegriff. Haben sie Euch vom Sohn des Abdeckers erzählt, Herr von Pombal? Damals in Wien, als die hohe Diplomatie schon in den Federn lag, Intrigen in Verträge gegossen waren, der süße Tokaier und das Kartendeck gereicht wurden. Rosskadaver oder Leiche, dem Abdecker ist einerlei, wem er die Haut abzieht und aus welchen Knochen er Seife kocht. Sie haben den Sohn des Abdeckers gehenkt. Der Sohn des Abdeckers hatte selbst Söhne, sie schleichen in der Wiener Vorstadt herum und warten auf feine Herren. Ich kenne sie.

An den Ufern des Mondego zügelt der Kutscher die Pferde, ich torkle in meine Kammer, wasche mich, wasche mich, werfe mich aufs Bett, bleibe liegen, habe nichts im Magen, speie beißende Säure in das Nachtgeschirr. Der

Sohn des Abdeckers wird nicht kommen, niemand ist da, ich kaue allein an meinem Zorn. Und hinter dem Zorn lauert der Abgrund.

8. Als ich auf meiner Bleiche

»Wer hohe Berge erklimmt, sollte auf den Weg achten.«
Fei Lipu, »Baumland«, Abschnitt 12.24

»Und dieses hier?«
Süßlicher Äther verfing sich in den Flügeln meiner Nase.
»Zu blumig. Zu seicht. Sie ist eine Aster. Das haben Sie gesagt. Suchen Sie nach dem Herbst, Moosigem, Holzigem, vielleicht einer Spur Kampfer, nicht zu viel. Der Parfümeur in der Spiegelgasse kreiert herbe Düfte. Und geben Sie den Hut zurück. Die Modistin gehört erschlagen.«
»Albertine liebt große Hüte.«
»Groß, ja, aber doch nicht solche Ungetüme. Ein Vögelchen und ein Kranz Rosen reichen! Extravaganz ist eine Frage des rechten Maßes. Ginge ich mit solch einem Hut ins Kärntnerthor-Theater, ich käme mit einem Gecken zurück, nicht mit einem Herrn von Welt, wie Sie es sind.«

Zu gern hätte ich den hässlichen Hut gesehen, den der Freier seiner Frau gekauft hatte. Ein Gespann von vier Braunen, sagte Grete, zog einen Wagen um den dunklen Filz. Obendrauf saßen grüne und gelbe Kanarienvögel. Ich sah nichts. Tage später schälten sich Konturen aus milchigem Nebel. Pater Hieronymus hatte den Arm aufgezogen. Fix dachte ich, er würde es dabei bewenden lassen. Da sauste seine Hand herab, schleuderte meinen Kopf nach rechts, nach links, die Wangen brannten, als hätten mich tausend Tentakel der Feuerqualle gepeitscht. Die Watschen gingen auf mich nieder wie der Hagel auf sommerliche Felder. Ich zog den Kopf zwischen die Schultern, schützte ihn mit bloßen Händen, die Haut an den Fingern riss. Der Magister drosch auf mein Ohr, gelbe, purpurfarbene, rote Kreise und Kringel zuckten in dunkler Nacht. Du wirst mich nicht töten, du bist ein Mann Gottes, ewige Verdammnis, Tod und Teufel. Er hob den Fuß, ich rollte auf den Rücken, erster Lehrsatz der Wirtshausprügelei. Nie den Rücken offenlassen. Ist das Kreuz durchgetreten, kannst du gleich zur Hölle fahren. Vorher hängst du dir das Schild um den Hals: Einen Kreuzer für den Lahmen. Ich sah Blut auf dem Handteller, die Augenbraue war aufgeplatzt.

Grete blies in eine Flöte. Der Magister wurde von mir weggezerrt. Ich richtete mich auf, starrte auf lila Lavendel in einer weißen Steingutvase. Das schrille Pfeifen der Flöte explodierte in meinem Schädel. Der Magister war ein Hasenfuß. Erst an der Tür schrie er. »Eine Metze aus der Vorstadt wirft mich hinaus, dass ich nicht lache!«

Ich sackte zusammen, erwachte in der Hölle in stockfinsterer Nacht. Die Zunge lag wie ein voller Schwamm in meinem Mund, dick und schwer, ich brachte keinen Laut heraus. Ein Hammer schlug gegen meine Rippen. An den Schläfen pochte das Blut, ein gewaltiger Bohrer trieb sich durch meine Schädeldecke. Das erste bläuliche Licht erlöste mich von wirren Träumen, brachte die Schmerzen zurück. Ich lag auf kaltem Boden. Geklapper von Schuhen oder Hufen, ein Rumpeln und Brüllen – Fanfaren des Himmels.

»Leg ihn auf die Chaiselongue«, hörte ich Grete sagen. Sie betupfte mich mit kalten Lappen, gab mir zu trinken. Das Schlucken schmerzte wie damals, als ich den Scharlach hatte und blutig-eitrige Bröckchen spuckte. Grete hielt meine Hand, streichelte sie sanft: »Wird gleich besser.«

Ein Medikus stand schnaufend neben meinem Bett, betatschte mein geschwollenes Gesicht, verordnete Wundsalbe und Tee aus Echtem Mädesüß und Fenchel. Sollte ich in der Nacht zu sehr wimmern, möge sie mir einen Löffel Laudanum geben, einen, nicht mehr. Das Laudanum entfesselt die Dämonen.

»Warum nennen sie dich die Rote Grete?« Meine Stimme kratzte wie Schleifstein über der stumpfen Sense. Die Rote Grete war die mit der großen roten Masche um den Bauch – ein Schulmädchen am ersten Tag nach dem Erntedienst. Sie breitete eine Wolldecke über mich.

Der Arzt sollte recht behalten, in der Nacht zog mich der Schmerz in einen Mahlstrom. Grete steckte mir einen Löffel in den Mund, ich schluckte Bitterkeit. Später träumte mir, ich wäre auf Wolken gebettet, die Engel wiegten mich in den Schlaf, Bernhard winkte mir lächelnd.

Margarethe lag halb angezogen auf dem Bett. Ihre Lippen waren nachlässig bemalt, als hätte sich das Kind die Schminke der Mutter geborgt. An der Stirn blitzte es dunkelbraun durch das blond gepuderte Haar. Alabasterfarbene Haut spannte sich um hohe Wangenknochen, eine kleine Stupsnase, ein vorstrebendes Kinn mit einem Grübchen. Dieses Mädchen wurde angestarrt.

»Du liest Fabeln?«

»Lessings Fabeln. Die Tiere sind sehr gescheit. Kennst du Kneller, Addison, Pope?«

»Ein Pope ist ein griechischer Priester.«

»Ich glaube nicht, dass das gemeint ist.«

»Zedlers Lexikon. Da steht alles drin.«

»So viel Geld möchte ich haben, dass ich mir ein Lexikon leiste.«

Mit Zedlers Enzyklopädie hätte Grete jeden zudringlichen Freier erschlagen, die Stapel an Bancozetteln zu fünf Gulden neben der Vase mit Lavendel eigneten sich dazu nicht.

Gretes Mutter starb im Krankenhaus. Der Vater hatte das Geld für die Hebamme versoffen. Seine Schulden erbte Grete. Ihr Aufpasser zahlte die Miete. Ein halber Stapel Bancozettel à fünf Gulden blieb ihr, ein Viertel ging an den Aufpasser, der Rest an den Sohn des Abdeckers und seine Bande. Ich biss die Zähne zusammen, einer fehlte. Grete sah aus wie zehn, war aber vierzehn, hatte keine Milchzähne mehr.

»Mir tut alles weh. Als wäre ich unter einen Wagen gekommen.«

Grete brachte Kräutertee.

»Ich hätte lieber einen Löffel Laudanum.«

»Kriegst du nicht. Zu teuer. Was denn, was denn?!« Sie

kletterte zu mir ins Bett. Ich legte meinen Kopf an ihre Brust, sie schlang die Arme um mich. Grete fühlte sich warm und knochig an, leicht wie die Kätzchen, die wir im Stall gefunden hatten.

Ich hasste die Freier. Sie verrichteten ihr Geschäft und legten die Bancozettel neben die Steingutvase. Wer nicht zahlte, bekam es mit dem Aufpasser zu tun. Aufpasser passen auf, aber sie essen und schlafen, allein und zu zweit, und sie trinken zu viel. Und dann steht es im »Wienerischen Diarium«: »Die Leiche einer Hübschlerin aus der Vorstadt wurde im Rinnstein gefunden. Ihr Name ist unbekannt.« Die Freier sagten nicht, wie sie hießen, waren auf der Durchreise, ließen sich nie wieder blicken. Sie hatten leichtes Spiel mit der jungen Frau, die im Körper eines Kindes wohnte und eine Masche um den Bauch trug.

Für zwei reichten die Bancozettel nicht. Ins Kloster, ins Hurenhaus oder auf die Straße – wo sollte ich hin? Grete war für das Hurenhaus. An der Bordsteinkante wird es kalt im Winter, im Frühjahr ist Fastenzeit und im Herbst kommen die Kommissäre und verfrachten die Straßendirnen an die Grenzen des Reichs, nach Temesvár. Von dort kommt keine zurück. Hurenhaus, Kloster oder die Hosen anziehen. Ein schneller Laufbursche hat sein Auskommen. Wer auf Briefe und Pakete der Post wartet, wartet lang. An Gretes Schreibtisch wurden Ehen gestiftet, Ringe gekauft, Blumen bestellt. Auf diesem Schreibtisch wurden Verträge unterzeichnet, Urkunden ausgestellt, gefaltet, gesiegelt und in ein Kontor, eine Amtsstube, ein Bürgerhaus gebracht. Von meinem

Verdienst sollte ich ihr die Hälfte abliefern für das durchgelegene Bett im Kabinett.

Ein Ballen weißer Seide musste vom Stoffhändler zum Schneider. Der Krämer holte weißen Batist. Vierzehn Gulden, 20 Kreuzer für sechs Ellen gewöhnlichen Flachs. Ich insistierte auf der Seide, der von Belcredi bezahlte mich fürstlich. Im Rottenhof stand Magister Leitner im Salon, zählte zwanzig Gulden in Gretes Hand.

»Er soll hierbleiben. Ich habe keine Scheu!«

»Kostet mehr«, sagte Grete.

Augen und Ohren durften nicht zimperlich sein, der Sohn des Abdeckers war gierig geworden. Seine Eintreiber hatten den Schutzpfennig im Crobotendörfl eingesammelt, jetzt grasten sie den Stadtwall ab. Inflation heißt das, wenn der Malerlehrling noch immer fünf Gulden verdient, sich aber keine Winterjacke mehr kaufen kann. Der Abdecker hielt nichts von der Schulpflicht. Sein Sohn auch nicht. Er war klein, breitschultrig, schmalhüftig, stiernackig. Die Dirne, die bei ihm wohnte, schoppte bestickten Brokat und schwere Seide in Kästen und Schubladen. Der Sohn des Abdeckers trug einen abgeschabten Waffenrock. Seine Männer waren dümmer als er, aber stärker und ebenso habsüchtig. Wenn es ganz dringend ist, sagte der mit den Glubschaugen, gehe er zu den Billigen. Die sind alle krank. Aber einmal schnell reinstecken, da passiert nichts. Sind nur die Zügellosen, die nicht genug kriegen können: Die kriegen die Franzosenkrankheit und siechen dann im Narrenturm. Will er längeren Genuss, geht der Glubschäugige zu den Teuren.

Am besten sind die Kinder. Solche wie Grete.

Ich zeigte dem Sohn des Abdeckers den Abakus: »Du schiebst die Perlen weiter wie beim Rosenkranz und musst nicht einmal beten.« Er verstand: Rechnen ist schneller als zählen. Ich handelte ihn auf den Preis herunter, den die Rote Grete bezahlte, als sie in den Rottenhof einzog.

Der Mann von Welt aus dem Kärntnerthor-Theater überließ es nun ganz der Roten Grete, seine Frau einzukleiden. Sie war guter Hoffnung, ertrug den Geruch nach Pfeifenrauch und Schweiß nicht. Und selbst der Weihrauch in der Kirche vermochte den Mief der Stadt nicht zu reinigen. Sie fuhr nach Karlsbad zur Kur. Ihr Mann begleitete sie.

Zweierlei habe ich von den Söhnen des Abdeckers gelernt: Wissen ist eine Ware und gutes Handwerk will gelernt sein. Ich zeigte ihnen das Haus des Mannes von Welt, die Wohnung lag im zweiten Stock. Ich bemerkte nichts. Als ich zwei Tage später auf dem Weg zu Belcredis wieder vorbeikam, sah ich den Gaunerzinken neben dem Tor. Der Sohn des Abdeckers machte fette Beute, sollte dafür die Rote Grete in Ruhe lassen.

Belcredis weilten auf ihrem Stammsitz in Mähren. Ich mochte den Grafen, er war freundlich und großzügig. Zum Sohn des Abdeckers sagte ich: »Bei Belcredis ist nichts zu holen. Sie wurden gerade von mährischen Landsleuten ausgeraubt. Hinter ihrer Tür lauert ein Rudel scharfer Hunde, die jeden zerfleischen, der über die Schwelle tritt.«

9. Ferne von ihrem Neste

»Wer bin ich, wenn ich träume?«
Fei Lipu, »Baumland«, Abschnitt 212.3

Aus der Sammlung nie abgeschickter Briefe:

Sehr geehrter Herr von Carvalho e Melo, Marquês von Pombal, Eure Durchlaucht,
 dies ist keine Angelegenheit, die besonderer Höflichkeit bedurfte, iterum erinnere ich Sie, mir die vereinbarte Summe zu übergeben. Am kommenden Samstag am frühen Abend wird Sie Herr Lampe aufsuchen. Überreichen Sie ihm, wie besprochen, 300 Louis d'or, auf dass Ihre werte Frau mit der leidigen Sache nicht belästigt zu werden brauche. Herr Lampe trägt einen blauen Anzug, er ist von Ihrer Größe und Statur. Bei seinem Eintreffen wird er Ihnen eine Vollmacht überreichen, die ihn in den Stand setzt, das Geld zu übernehmen und mir ehestmöglich auszuhändigen.

In lichter Aue wandeln wir dahin, mein Vogel und ich. Das Bächlein gluckert, Amseln zwitschern, Zweige knacken. Ich ziehe meine Schuhe aus, steige in das klare Wasser. Unter meinen Füßen schieben sich Bachkiesel weiter, grün und grau und beige und rosa. Mein Vogel stolziert auf hohen Beinen durch das Gras. Sein langer weißer Hals schwingt in elegantem Bogen zum Kopf mit den klugen grünen Augen. Mächtig liegen seine Flügel am Körper, sie leuchten rot und grün vor tiefhängenden Weiden. Günsel und Gänseblümchen knicken unter seinen Füßen. Ich klettere auf seinen Rücken. Er breitet die Schwingen aus, wir steigen hinauf in den Himmel. Sanft gleiten wir durch die Luft. Unter uns der Bach, der Wald, die grünen Matten. Menschen verzwergen, Schlösser werden Spielzeug, Felder sind Schachbretter. Die Stelzenbeine klappen zusammen und verschwinden im metallenen Rumpf.

Ich gehe in den Bäckerladen hinter der Universität. Vor mir ein Mann mit grauer Perücke. Meine Eingeweide verkrampfen sich, als hätte ich saure Milch getrunken und schimmliges Brot gegessen. Ich stehe in der Aula, studiere die Tafeln mit den Ergebnissen der Examina. Neben mir durchforstet ein Student mit einer Trompete die Listen. Wieder wird mir übel. Ich spaziere durch den medizinischen Garten. Der gelbblühende Salbei steht in voller Blüte. Gleich daneben wuchert roter Hibiskus. Der Garten wurde von Marquês de Pombal gestiftet. Professor Cristóbal referiert über Farbsymbolik in Landkarten. Er zeigt uns einen Plan des Kantons Zürich. Und eine Karte der Region Centro. Ich konturiere mit dem Silberstift, koloriere mit braunem Bister: Wälder, Flüsse, Berge. Ich tunke die Feder in die Tinte. Pombal ist ein hässlicher Flecken Erde. Ich drehe mich um, suche nach Franz Keller, quetsche mich neben ihn.

»Kannst du Spinnen und Fledermäuse an den Rand malen? Und einen menschenfressenden Tiger?«

In der Bibliothek habe ich meine Mitschrift liegen lassen. Auf halbem Weg kehre ich um. Vergangenen Montag sollte ich Stiefel vom Schuhmacher holen, ich hole sie am Samstag. Noch einen Tag länger, und der Schuster hätte sie an einem anderen Kunden verkauft. Alfonso spricht über die ars memorativa. Gibt es eine ars oblivionem? Die ganze Welt will ich vergessen, verschlafen. Ich schließe die Augen, fliege mit meinem Vogel hinauf bis zu den Wolken. Wir queren hohe Gebirge, tiefes Meer. Auf dem Korridor vor dem tatarischen Kaiserpalast klappt der Vogel die Flügel ein. Der Kaiser und seine Konkubinen werden herbeigetragen. Sie neigen ihr Haupt vor dem Vogel und dem Fremden. Der Kaiser und ich schweben über das Tatarenreich, ich schreibe ein Buch über meine Abenteuer. Goethe lädt mich nach Weimar ein. Lessing will mich in Hamburg treffen. Mein metallener Adebar ist so stolz wie sein papierener.

Ich wasche ich mich mit französischer Seife. Nachts schicke ich den Sohn des Abdeckers nach Pombal, im Morgengrauen fürchte ich mich vor mir selbst.

Herhausen ist beim Levée. Lampe stülpt die Perücke auf seinen Schädel, zieht sie in Form, bürstet sie glatt.

»Es dauert Jahre, bis man genügend technische Kenntnis hat, einen Automaten zu bauen. Bringen Sie den Sineses meine Automaten, sollte das Geschäft florieren, werden Sie mein Compagnon.«

»Ich bin kein Geschäftsmann. Ich will einen Vogel bauen.«

»Den gibt es bereits.«

»Keine Ente. Einen Vogel zum Fliegen.«

»Eine Flugmaschine! ... Herrschaft, was ist denn jetzt wieder?«

Lampe steht in der Tür, Stoff über dem Arm. »Der Herr hat Seidenpekin bestellt. Der Händler ist hier, um ihm die Ware zu zeigen.«

»Soll später kommen. Sieht er nicht, dass ich geschäftlich conferiere? Bring endlich den Café.«

Der Diener stellt Karaffe und blau-weiße Tassen auf einen Tisch mit heller Marketerie auf schwarzem Holz. Herhausen nippt am Café. »Eine Flugmaschine will er bauen. Humbug! Androiden werden in großer Zahl construiert. Vor Kurzem hat Jaquet-Droz der Welt seinen schreibenden Knaben vorgestellt. Ganze Bücher werden die Maschinen abfassen.«

»Dazu müssten die Androiden denken«, wende ich ein.

»Das werden sie!« Der Café ist Herhausen scheint's zu Kopf gestiegen.

»An uns liegt es nicht, dass sie das nicht können. Wir Mechaniker hätten schon einen fix fertigen Homunculus entworfen. Die Anatomen und Physiologen haben versagt. Könnten sie uns sagen, wie das Gehirn funktioniert, wir hätten es längst gebaut.«

»Es ist nicht einfach, an Leichen heranzukommen.«

»Sintemalen die Kirche den Leuten einredet, dass sie als Ganzes in die Erde müssen! Blöderes ist ihnen nicht eingefallen, sich gegen Wissenschaft und Fortschritt zu stemmen.«

Herhausen schwitzt, öffnet die Binde am Hals. Lampe steckt den Kopf durch die Tür, er hat den Händler mit dem Stoff zurückgehen lassen. Und ob es wirklich glacierte Entenbrust sein müsse, ob nicht auch ein gefüllter Braten genüge. Herhausen will Glaciertes. Er geht zur Kirschholzkommode, holte ein weißes Tuch heraus, wirft sich geräuschvoll auf die Chaiselongue, ein Bein auf dem Polster, das andere bleibt auf dem Boden. Da hockt er in seinem Stadtpalais, von dessen Wänden die Farbe abblättert. Die Parkettdielen haben schon lang kein Bohnerwachs mehr gesehen, die Fenster hängen schief in den Rahmen, seine Anzüge spiegeln an Ellbogen und Rockschößen, er süffelt teuren Café und wenn nicht bald Geld in die Kassen fließt, wird er in wenigen Tagen hier ausziehen müssen. Lampe hat schon begonnen, das Geschirr in Papier einzuschlagen. Mich nennt er verrückt, weil ich eine Flugmaschine basteln will, er selbst hat Pläne, die weit verschrobener sind als alles, was je ein Mensch erdacht hat: Einen Melkautomaten will er bauen, auf dass die Menschen nicht mehr im Stall stehen müssten, unwürdig für uns Geschöpfe des Prometheus.

Die Neulengbacher Geschöpfe des Prometheus melken gern. Jedenfalls lieber als sie ausmisten, Adel auf die Felder bringen, unter sengender Sonne Rüben vereinzeln. Alois würde jeden Rübenvereinzelungsautomaten tauschen, bekäme er dafür einen Einmaleins-Knaben. Herhausen gießt Weinbrand in seinen Café, schenkt sich nach. Lampe erwähnt wieder den Seidenpekin, stellt den Weinbrand in den Schrank. Herhausen zetert über den unbotmäßigen Diener, dem er gleich hätte kündigen sollen, als der zum ersten Mal über die Schwelle trat, holt den Weinbrand wieder heraus. Etwas ist schiefgegangen in unserem Gespräch, etwas hat ihn getroffen, ein Geschoss aus unbekannter Richtung. Herhausen murmelt Trinksprüche, setzt die Flasche an. Ich greife nach dem Fusel, Herhausen tritt nach mir. Er dreht den Kopf wie seine Ente, abgehackt und eckig, als fehlten Zahnräder und Achsen, die einen runden Ablauf gestatten.

»Bestohlen!«, sagt Herhausen. »Chempeln, der Schuft!«

Er stützt den Kopf in die Hände, seine Ellbogen rutschen auf der Lehne ab, wieder und wieder. Sätze brechen ab, Herhausen beginnt erneut, bevor er zum Ende kommt, verlieren sich die Worte im Äther.

»Was hat er Ihnen denn getan, dieser Chempeln?«, frage ich.

Der Herhausen-Automat bleibt wieder hängen, in seinem Mundwinkel sammelt sich Speichel.

»Ich brauche Trost!«

Der Trost ist leer, die Karaffe liegt auf dem Boden.

»Komm her, Philipp, setz dich zu mir.«

Das branntweinselige Du erschreckt mich mehr als Herhausens ziellos schwingenden Arme. Ich will ihn nicht trösten. Weißer Puder bröckelt aus den Falten seines trotzigen Kindergesichts.

10. Üb immer Treu und Redlichkeit

»Jenseits des Flusses, hinter den Bergen
suche das Glück.«
Fei Lipu, »Baumland«, 18.3

Ich watete durch den Schlamm des Crobotendörfls. Die Tür des Hauses zur jungen Hübschlerin öffnete sich. Ein Aufpasser mit Blatternnarben hielt einen anderen an Kragen und Rockschößen, stieß ihn hinaus in den Morast, brüllte Unflätiges. Der Mann im Dreck hatte ein längliches Gesicht, eine schöne, leicht gebogene Nase, fleischige Lippen und wenn ich nicht gewusst hätte, dass es nicht sein kann, hätte ich gesagt: Er ist es. »Scher dich zum Teufel«, sagte er bockig. Ich hatte ihn nicht ausgelacht, war bloß fröhlich. Einmal hatte ich zu erzählen, nicht Grete.

Pater Hieronymus brüllte wie der Stier, wenn er zum Ochsen wird. Grete trat mit schweren Stiefeln nach ihm, hieß ihn einen verlausten Kerl. Er drehte sich nach mir um. Ich tat, als hätte ich beobachtet, lernte blickloses Sehen, tonloses Hören. Das harte Holz drückte mir in die Backen, ich zählte die Falten des Leintuchs, lauschte dem Knarzen des Betts, suchte nach feuchten Flecken in der Wand. Links über dem Polster flatterte ein Schmetterling und ein wenig darüber kläffte ein Hund, es war nur ein Kopf, er war verärgert, dass er keinen Körper hatte.

Hieronymus war mit Grete fertig, wir gingen in die Kammer, ich setzte mich in die Schulbank, sie war zerkratzt und mit Tinte verschmiert. Die Tafel war schnell vollgeschrieben. Er war ein milder Magister und ein tumber Aemulus, langsamer noch als Franz mit der Brille. Ich lernte die U-Deklination wie nix.

»Ich wollte das nicht«, sagte der Magister am Ende der Stunde.

Dasselbe sagte der Riesinger Michel zur Marie, wenn er sie windelweich geprügelt hatte. »Ich wollte das nicht. Glaub mir, mir tun die Ohrfeigen mehr weh als dir.«

Als der Magister gegangen war, zeigte ich der Roten Grete den Schmetterling. Sie neigte den Kopf, schob die Ottomane zur Wand, stieg hinauf, fuhr mit den Fingerspitzen die Linien nach. »Das ist ein Veilchen, kein Schmetterling«, sagte sie. »Siehst du, zwei Blütenblätter oben, drei unten. Und unser Freund hier ist der Fuchs, der den Storch zum Essen einlädt. Und dort drüben«, Grete tippte auf einen großen Wasserfleck, »dort ist der Fuchsbau.« Wir hockten uns auf die Ottomane, knabberten trockenen Schiffszwieback, den ein Matrose dagelassen hatte, und dachten uns Geschichten aus vom Fuchs und dem Storch und dem bösen Wolf.

Mitte März kam einer, der in Pfandbriefen machte. Er war ausladender als Pater Anselm, größer als der Bader in Neulengbach. Ich brachte ihn in den Salon, zog mich zurück. »Na, na«, tönte es hinter mir. Ich sah über die Schulter. Der Pfänder hob den Zeigefinger, drehte ihn. Ich drehte mich mit. Sein Finger wanderte Richtung Stuhl.

Ich setzte mich. Er nickte, wandte mir den Rücken zu, ließ seinen himbeerfarbenen Rock zu Boden gleiten, zog das Hemd über den Kopf. Sein Rücken kerbte sich unter den Schulterblättern ein, darunter wölbte sich Fett über den Ausläufern fleischiger Lenden. Seine Beinkleider blieben als gefalteter Ring auf dem dunklen Holz liegen. Aus dieser Hose hätten wir zu Hause ein Leintuch genäht. Der Pfänder warf sich auf Grete, hämmerte auf sie ein. Sie gab keinen Laut von sich, kroch unter ihm hervor, gab mir meinen Anteil. Der Pfänder kam einmal im Quartal in die Hauptstadt. Hieronymus Leitner ließ kaum mehr als zwei Wochen verstreichen.

Gegen Mittag schürte ich das Feuer im Herd, kochte Brei. Ich war Philippine. Grete steckte mich in Röcke, Blusen, Korsagen, Perücken. Im Spiegel stand ein dürres Mädchen mit alten Augen. »Stell dir vor«, sagte ich, während ich mich vor meinem Zerrbild hin- und herdrehte. »Ich hab den Kaiser gesehen. Im Morast vor der jungen Hübschlerin.«

»Ja, mei«, sagte Grete. »Jetzt könnten sie langsam draufkommen, dass man dem Kaiser keinen Tritt in den Arsch gibt.« Zur Vesper aßen wir Hühnerflügerl, die Hofrat Pernkopf gebracht hatte. Zum Nachtmahl nagte ich an einer Schweinerippe. Vom Bruckfleisch tags zuvor waren mir nur Flachsen geblieben, die Sparsamen brachten Bohneneintopf und Steckrüben.

Ich mochte den Schneider. Er klemmte sich ein Lorgnon zwischen Brauen und Wangenknochen. Gretes ausgefransten Unterröcken verpasste er Volants, Risse im

Mieder flickte er, dass sie aussahen wie neu. Ich stopfte Leintücher. Das eierschalenfärbige weiche Stopfgarn führte nur die Bandlkramerin neben der Stephanskirche. Ich saß mit überkreuzten Beinen auf dem abgewetzten Stuhl in der lichtlosen Kammer und nähte im Morgengrauen. Zu Hause stopften wir die Leintücher mit hartem Zwirn. Um diese Stunde ging der Vater in den Stall. Er spannte die Rösser ein. Dinkel ist anspruchslos, nur zu späte Aussaat mag er nicht. Vater führte die Pferde an den weiß gesprenkelten Birken und grauen Buchen vorbei, alten Damen zwischen schlanken Fichten. Drin im Wald hatten die Föhren ihre Zapfen abgeworfen. Fichtenzapfen ließen uns die Patres zum Anheizen sammeln. Die brennen nicht, stinken nur. Und Tannenzapfen, Magister Blumauer, bleiben auf dem Stamm, bis sie zu Staub zerfallen.

Ist keiner da, der dir verbietet, verbiete dir selbst. Ich verbot mir, an den Hof zu denken. Und an Xaver. Die Nadel glitt durch das Betttuch, ich war schon wieder bei Bernhard und Kathi auf der Ofenbank, saß in der Landschul und sagte Alois ein, ließ mir von Stanzi den Dorfklatsch erzählen.

Grete stand mit einem Kuchenteller im Türrahmen. »Hofrat Pernkopf hat uns einen Striezel gebracht.«

Das Leintuch rutschte von meinen Knien.

»Was ist dir? Warum lässt du den Kopf hängen?«

»Ich will nach Hause.«

Grete setzte sich auf den Stuhl, aus dessen Sitzfläche raues Rosshaar quoll, zog ihren Zeigefinger durch die

Kerzenflamme, quälend langsam. »Du weißt, woran die meisten Huren sterben?«

»An der französischen Krankheit.«

»Das sagen sie. Die meisten sterben an den Schlägen ihrer Freier.«

Der Kerzenschein malte Schatten in Gretes Gesicht, sie war kein Kind.

»Geh meinethalben zurück zu den Pfaffen. Aber nicht in dein vermaledeites Dorf. Ehe du das zwanzigste Jahr erreicht hast, liegst du unter der Erde und dein Seppl prügelt eine von uns.«

Ich wartete im Haus des Cafésieders am Graben, der Reichshofrat verspätete sich. Vor vier Uhr musste die Depesche im Ministerium sein. In der Lerchenfelder Vorstadt wurde wieder ein Stall gekeult wegen der Schweinepest, niemand unternahm etwas gegen die Seuche und der Hofrat war nicht da. Was, wenn er die Urkunde nicht unterschrieb? Was wurde dann aus der Lehrschule zur Heilung der Viehkrankheiten? Der Tierdoktor wird nicht warten, der geht nach Paris oder Lyon und die Kaiserin ärgert sich. Was ging es mich an, wo der Reichshofrat hurte, spielte, soff. Ich verließ das Caféhaus, war gereizt und müde, hatte nichts verdient. »Wie kann sich der Hofrat das leisten? Er ist nie zu Hause, kennt jedes Hurenhaus und jeden Spielsalon!«

Grete schnitt sich die Fingernägel. »Täglich kommen Bauern und Bürger in sein Amt und brauchen seine Hilfe. Die ist teuer.«

»Und Pater Hieronymus?«

»Der Leitner? Der muss was gestohlen haben!«

Pater Hieronymus wohnte in einer Kate im Elendsviertel jenseits der Donau. Im Vorgarten wucherten Stangenbohnen und Blaukraut. Ich lugte durch das Fenster. Eine alte Frau schlug dem Magister mit einem Holzschuh auf den Rücken. Hier war das Diebesgut nicht versteckt. Verbittert trabte ich über die Donaubrücke. Grete hatte sich verletzt, eine Menge blutiger Wäsche war zu erledigen. In Lehmanns Buchhandlung stöberte ich durch die Romane und notierte, wie der »Fleckenkünstler« Blut und Schleim aus Seide, Samt und Damast entfernte.

Nicht lohnend, weil zu kurz wäre ein Buch, wie man mit dem »Wienerischen Diarium« anheizt. Man nimmt einen Bogen Zeitungspapier, überfliegt die Überschriften, stopft das Papier in den Ofen, stapelt Zweige und dünne Scheite. Bis ich den Bericht über den Raub in der Spiegelgasse, die Hinrichtung auf dem Wienerberg, die Kritik der Sinfonie in F-Dur von Mozart gelesen hatte, brannte das Feuer. Die Annoncenseite lag im Korb neben dem Holz. Ein Pfandleiher pries geistliche Ware an. Grete schlief auf dem Sofa. »Ist ganz einfach«, sagte sie gähnend. »Du sagst, du willst eine Perlenkette auslösen, lässt dir alle Ketten zeigen. Währenddessen schaust du dich um.«

Der griesgrämige Pfandleiher legte zwanzig Perlencolliers auf den Ladentisch. Grete taxierte die goldenen Verschlüsse. Ich sah den Kopf des Engels.

11. Solche hergelauf'ne Laffen

»Wer fliegen will, muss erst das Gehen lernen«
Fei Lipu, »Baumland«, Abschnitt 13.1

Cher Monsieur Unconnue!
 Ihr hattet kein Recht, mich meiner Unschuld zu berauben. Geraubt habt Ihr mir überdies weit mehr: Anstand, Würde, Freiheit. Seit jener unglückseligen Nacht lebe ich in Angst, vertraue niemandem. Deshalb werde ich dieses Land hinter mir lassen und ins Reich der Tataren reisen. Allein, mir fehlen die Mittel. Ich fordere einen Stechgroschen in Höhe von 400 Louis d'or und ein Schreiben des Herrn von Pombal, das mich dem Kaiser empfiehlt und mich seines Schutzes während der Reise versichert.

Welche Idee, man könne dem Schicksal davonlaufen. Feixend steht der tumbe José in meinem Zimmer, die Arme verschränkt. Alfonso, Alfonso, ja, was ist mit ihm? Hat man ihn überfallen oder ist ihm bloß langweilig? José scheucht mich durch Coimbras Straßen. Alfonso trällert ein deutsches Lied, seine gichtkrummen Finger zupfen an der Laute herum. Mich dauern die Nachbarn. Das Schiff wird früher auslaufen als geplant. Schon in drei Monaten werden die Anker gelichtet. Die Winde an der Südspitze von Afrika haben gedreht.
 »Aber ich sehe: Es drängt dich nicht, dahin zu gelangen.«

»Ich war beschäftigt.«

»Denkst du, du kannst dem Kaiser von China etwas geben, was er nicht längst hat?«

»Sie lassen keine Ausländer nach Beijing, das hast du selbst gesagt.«

»Ah! Und du glaubst, mit diesem Androidenfirlefanz wird dich der Kaiser aus Macao holen lassen. In seiner kaiserlichen Barke den Kanal hinaufschippern!«

»Was soll ich tun?«

»Lernen, üben, deine Mitte suchen«, schreit Pater Alfonso.

Du hast mir nichts zu sagen, alter Mann!

Er sitzt wieder in der Bibliothek: blond, hohe Stirn, kantige Wangen, schön geschwungene Lippen, strahlende Zähne, steile Nase. Lernen soll ich. Dann lerne ich jetzt, eine Flugmaschine zu bauen. Die »Philosophiae Naturalis Principia Mathematica« sind schwer, knallen auf den Boden. Vier Hände greifen danach. Ich schaue in kornblumenblaue Augen.

»Newton. Gute Wahl.«

»Werd sehen.«

»Was willst du sehen?«

»Wie ich die Schwerkraft überwinde.«

»Die Schwerkraft überwinden, welch kühner Gedanke! Da braucht es Geistesgröße.«

»Fliegen und Bienen verfügen kaum über großen Geist. Also ist es ein mechanisches Problem.«

»Zweifellos.«

Adam ist aus Regensburg, dort, wo das bayrische Hügelland in die Ebene ausläuft, weit und grün. Es ist eine reiche Stadt, der Handel blüht, die Menschen leben zufrieden. Adam hatte es satt, zog nach Salamanca zum Studium der Medizin, jetzt ist er in Coimbra, der Liebe wegen. Newton lastet auf meinem Arm. Adam ist in Plauderstimmung. Dann geh doch zu Pater Alfonso, dem ist langweilig.

»Habe ich etwas Falsches gesagt?«

»Nein. Es ist nur ... Alfonso hat einen Neffen. Er ist dumm, aber kräftig.«

»José, ja. Er war im Gefängnis.«

Weiß Adam aus Regensburg über alles Bescheid? Nein, nicht über alles, aber die Deutschen, die hier leben, die kennt Adam.

»Weswegen war José im Gefängnis?«

»Er hat sich geprügelt. Seine Mutter schützt ihn, eine entfernte Verwandte des Marquês de Pombal.«

Ich pfeife jetzt nicht durch die Zähne. José und Pombal – aus einer Familie.

Die Platane, die die Bank im Hof der Bibliothek beschattet, hat sicher Dom Dinis gepflanzt, es gibt hier keinen Trampelpfad, der nicht seinen Namen trüge – seinen oder den des Marquês.

»Jeden Tag Sonne, kein Regen in Sicht. Das lähmt den Geist.«

»Ja«, sage ich. Mehr fällt mir nicht ein.

»Hast du Leonardo da Vincis Flugmaschinen studiert?«

»Ich möchte einen fliegenden Automaten bauen. Einen

Vogel mit Flügeln.«

»Leonardo hat ein Tuch um Stangen gewickelt, die sich im Kreis drehen, bis sie abheben, eine Luftschraube.«

»Ich denke an einen Vogel aus Eisen. Einen, wie Vaucanson gebaut hat.«

»Metallenten sind zu schwer. Ein Heißluftballon fliegt, weil warme Luft aufsteigt. Manche Gase sind leichter als Luft. Füll den Eisenvogel mit Gas, bis er in den Himmel steigt.«

»Gas? Würde Newton das vorschlagen?«

Adam hat die Arme verschränkt, die Beine ausgestreckt. »Zu einfach?«

Einfache Lösungen sind oft richtig. Warum sackt das Blut nicht in die Beine und bleibt dort liegen? Weil es das Herz durch den Körper pumpt, egal, was das Ohr zuvor vernommen, der Magen verdaut, das Gehirn nicht verstanden hat. Warum fliegen die Menschen nicht? Wir haben keine Schwungfedern. Mangelnde Schwungfedern sind nicht mit Sprungfedern auszugleichen und überhaupt: Was tue ich hier? Und was macht die Liebe mit Adam? Ach, sie ist vergangen.

12. Das Wunderhorn

》*Großes ist groß, Kleines ist klein.*《
Fei Lipu, 》Baumland《, Abschnitt 9.14

Pater Anselms Hände steckten in einem Berg Brotteig.
》Sind in der Kirche Putten gestohlen worden?《
Er wischte sich ab, stützte sich auf das Nudelbrett.
》Was machst du hier?《
》Ich habe einen Engel gesehen.《
》Was hast du damit zu schaffen?《
》Nichts. Ich weiß bloß, wo die Kunstwerke sind. Magister Leitner hat sie gestohlen.《
》Hier geblieben!《
Pater Anselm schleifte mich ins Büro des Präfekten.
》Wo warst du, Philipp?! Wir haben dich gesucht!《
》Ihr habt mich hinausgeworfen, weil ich Xaver die Zwetschken gegeben habe.《
》Ich hab gesagt, du sollst hinausgehen zu den anderen. Ich schicke nicht meinen besten Schüler weg, weil er einem Freund ein paar Zwetschken schenkt.《
Xaver war an der Schwindsucht gestorben. Der rotbackige stramme Bub war nicht gesund, nicht kräftig. Der Keim des Bösen wütete in seinem Inneren, zersetzte seine Lunge, fraß sich durch seine Eingeweide. An Johannis hatte ein Wanderprediger seinen Eltern geweissagt. Wenn Xaver sein Leben Gott weiht, wird er geheilt. In

der kalten Winterluft des Kahlenbergs hat sich die Lunge überbläht.

Meine Wangen wurden von Pater Anselms Händen gequetscht. »Immer noch dünn, aber gewachsen bist du, Bub! Hat dir deine Freundin was Ordentliches zu essen gegeben?«

»Ich war dort nur zur Untermiete.«

»Untermiete?«

»Ich habe mich als Laufbursche verdingt.«

Vor der Abendmesse umringten mich die Schüler. Ich hatte keinen Drachen getötet, die Türken nicht besiegt, ich war nicht auf einer Bohnenstange zum Mond geklettert. Aber die Auenbrugger-Schwestern! Sie seien schöner als Erlkönigs Feen. Legen sie ihre Hände auf die Tasten des Cembalos, verstummen die Sirenen, flüsterte Hans. Der alte Dr. Auenbrugger war bei der Matinee nicht zugegen, er musste zu einem Patienten, einem Kauffahrer, der sich mit Malaria angesteckt hatte. Ein Säckchen Chinarinde und eine heiße Brühe wirken da Wunder. Haydn haben die Schwestern gegeben, und Salieri und Mozart. Ich durfte die Seiten umblättern, stand ganz nah bei ihnen, zwei schüchterne Mädchen in steifen Robes à la française. Fürs Blättern gab es sechzig Heller.

»Auenbruggers«, sagte von Waiglein. »Die kennt doch jeder.«

Am Mittwoch lief ich in den Rottenhof, legte meine Ersparnisse neben die Steingutvase, kritzelte »Auf Wiedersehen« an den Rand des »Wienerischen Diariums«, frisierte die Perücke, die mir Grete geborgt hatte, hängte das altrosa Kleid mit den weißen Rüschen in den Schrank.

Julius gab sich wenig Mühe, meine Lücken zu füllen. Die Farbe des Himmels hatte gewechselt. Durch das satte Hellblau zogen fein ziselierte Wölkchen. Wenn der Wind durch sie hindurchfegte, zerfielen sie zu filigranen Gespinsten. Das Licht wurde weicher, war nicht mehr unbarmherzig wie das weiße Winterlicht. So ein Licht färbt die Wiesen mattgrün, lockt die Primeln aus dem Boden und die weißen, gelben, lila Krokusse, während die Schneeglöckchen welken. Zu Hause schrubbte der Vater Rost von Pflug und Egge, brachte das Pferd zum Schmied. Und die Mutter goss braunen Saft über den letzten Schweinsbraten, bevor die Fastenzeit begann. In der Stadt versickerten die Schneehaufen zwischen den Pflastersteinen. Die Kinder sprangen in die Pfützen, vergaßen Hauben und Handschuhe auf Kirchenbänken und kniehohen Mäuerchen.

Zu Mariä Verkündigung schleppte mich der Präfekt in die Kirche St. Ulrich. Zwanzig Paternoster, murmelte der Benediktiner durch das Gitter, und zwanzig Ave Maria und sollte noch etwas übrig sein von meinem Ersparten, der Lettner von St. Ulrich war morsch.

Am Nachmittag verbrachte ich einsame Stunden im Klassenzimmer. Sonst bekam nur der Hans Karzer aufgebrummt. Statt der alten Sprachen studierte er die Alten Meister. Magister Fronius erwischte ihn. Hans umrahmte den Kopf der Jungfrau Maria mit einem zarten Schleier, während das Heft mit den satirischen Skizzen unter dem Katheder von schwitziger Hand zu schwitziger Hand ging. Sehr schöner Schleier und der Ausdruck der Mutter Gottes: durchgeistigt. Im Unterricht aber wird nicht gezeichnet und gerade Hans sollte aufmerken. Mit seinem Griechisch stand es nicht zum Besten. Hätte Fronius das Heft gefunden, wäre Hans auf der Straße gelandet. Pater Theophrasts Nase war ein Segel im Sturm, Pater Franziskus hatte einen Frosch verschluckt, Pater Anselm und der Präfekt kämpften als Sancho Pansa und Don Quijote gegen Windmühlen. Ich hätte noch eins draufsetzen können: Magister Leitner unter dem großen Stiefel der Roten Grete.

Hans fragte, wie viel ich mit den Putten verdient hätte. Die ganze Klasse redete darüber, dass ich für Magister Leitner auf die Leiter gestiegen und weit oben neben dem Altar die Engel heruntergeholt hätte. Wer sagte das? Von Waiglein natürlich. Ihm hätte Leitner es einst erzählt: Niemals stieg er auf einen Turm, ihm schwindelte, wenn er in die Tiefe schaute. Wer also sollte es gewesen sein, wenn nicht ein flinker, wendiger Knabe? Einer wie ich.

Der Präfekt drohte mir mit der Polizei. Ich versteckte mich unter meinem Bett, drückte mein Brevier an meine Brust, betete still. Zwei Patres durchmaßen den Schlafsaal, ich hörte Stimmen, den Präfekten und einen, den ich nicht kannte. Und wenn sie mir Daumenschrauben anlegen, mich in das tiefste Verlies werfen, mir jeden einzelnen Knochen brechen: Nie, nie, nie werde ich die kleinen Söhne des Sohns des Abdeckers verraten. Sie sind die Ärmsten. Und kein Aufpasser der Welt kann Grete dann noch vor dem Zorn ihres Vaters schützen. Die Patres bückten sich nicht.

Steinschleudern waren so verboten wie Spottzeichnungen. Die Buben hüteten sich, Hans zu verpfeifen. Mens sana in corpore sano, sagte Magister Moser und scheuchte uns am schulfreien Mittwochnachmittag durch die Donauauen. Hans spannte die Schleuder. Der Stein sauste zu Boden, der Sperling flatterte erschreckt auf, Hubert riss Hans die Schleuder aus der Hand, zielte auf eine Meise in einem Apfelbaum. Ich wünschte, ich könnte wieder Mädchen sein, eines wie die Auenbrugger-Schwestern.
 Am 19. Juno anno 1768 wurde Peter Hieronymus Leitner auf der Rossweide zu Erdberg gehenkt. Ich war nicht dort.

13. Lustig ist's im Frühling, Juhei sa sa sa

> *»Zürnet der Himmel, erschauert die Erde.«*
> Fei Lipu, »Baumland«, Abschnitt 1.4

Aus der Sammlung nie abgeschickter Briefe:

Hochwürdiger und hochnobel Geborener,
ist Gott, wie Baruch de Spinoza sagt, ein Sklave seiner eigenen Gesetze? Festgenagelt, nicht wie man es uns von Kind auf gelehrt hat, an ein hölzernes Kreuz als vielmehr an seine eigenen Normen des Wirkens der Natur? Oder ist das Leben ein Glücksspiel, der eine verliert, der andere gewinnt? Wurzelt der Zufall in gesetzmäßigen Notwendigkeiten, wie sie die Mathematiker Pascal und Fermat formuliert haben? Sind die Wege des Herrn nicht so unergründlich, wie wir Menschen in unserer Beschränkung meinen? Dann nämlich, Marquês de Pombal, dann war es kein Zufall, der mich gerade eben mit einem Eurer Neffen zusammengeführt hat, José Samuel de Souza. Der junge Herr führt Ähnliches im Schilde wie ein bestimmter Freund seines hochgeborenen Oheims. Da ich nicht gedenke, mich der Tortur erneut zu unterwerfen, werde ich das Land verlassen. Ich benötige 500 Louis d'or und ein Schreiben, das mich Eurem Schutz unterstellt und dem Kaiser in China empfiehlt.

Gestern war ich fröhlich, unbeschwert. Nach der Vorlesung lud mich Franz Keller auf einen Krug Bier ein. Theo war dabei, ein leiser, freundlicher Münchner, der mit Franz hergekommen ist. Wir lachten über den dicken Wirt, der sich an allen Stühlen stieß, ich erzählte Wiener Geschichten. Von den Mietdroschkenfahrern, die alles wissen. Welcher Kastrat gerade angesagt ist und wer bei wem in hoher Gunst steht, welche Stücke es lohnt, sich anzuschauen, und bei welchen man besser nach dem ersten Akt das Theater verlässt und ein Glas Schaumwein trinkt. Heute erwachte ich mit bitterem Geschmack im Mund und Enge in der Brust. Ich weine und weine und kann nicht aufhören. Meine Faust ballt sich von allein, meine Zähne schlagen aufeinander, ich presse sie zusammen, die Wut sitzt in meinen Eingeweiden wie die Spinne im Netz, bei jedem Zittern schnappt sie nach Beute. Wäre ich ein Mann, groß und stark wie Adam, ich führe nach Pombal, ich schlüge sie nieder, alle.

José schleicht herum, die Hände in den Taschen, die Perücke hängt schief, die Absätze sind zertreten. Er erzählt sich seine Pläne, ich komme darin vor.

Michael Herhausen ist zerknirscht. Sein Diener hält mir einen Brief an die Brust, beschwört mich, Herhausens ungebührliches Verhalten zu verzeihen, weil sich der Herr sonst etwas antut. Herhausens Gemüt hat durch die Vorkommnisse der Vergangenheit, die er mir angedeutet hat, Schaden genommen, ja, man muss von gröberer Eintrübung sprechen, die sich selbst hier, im hellen Portugal, nicht hat aus der Welt schaffen lassen.

Ich koloriere den Süden Portugals, Karten des Tatarenreichs sind zu groß, zu ausladend. »Pah«, sagt Franz Keller. »Wieso zu groß?« Er malt ein Ei, ein hohes Gebirge, einen Fluss, Dörfer, Hügel, Ebenen, schreibt Zeichen hinein. Ich ziehe seinen Bogen zu mir, schreibe »Reich der Mitte« über Franzens Phantasieschrift. Er reißt die Augen auf, fasst das Tatarenreich mit blauer Chinoiserie ein.

»Zu kurz«, sagt der Professor. »Der Himalaya reicht bis hier, der Yangtse entspringt in diesem Gebirge und hier ...«, die Hand des Professors kreist über dem Nordwesten des Reichs, »hier sind keine Wälder, da liegen die Wüsten Taklamakan und Lop Nor, die trockensten der Welt.«

»Im Reich der Tataren gibt es Wüsten?« Franz macht aus Hügeln Dünen.

»Was denkst du, warum der Landweg noch nicht gewagt wurde? Es gilt, die höchsten Berge und unwirtlichsten Wüsteneien zu überwinden. Dagegen sind die Piraten vor der Küste Afrikas und die Flauten im Indischen Ozean Petitessen.«

José kaut am Nagel seines Daumens. Was macht der Tölpel auf dieser Bank unter dieser Platane im Hof der Universitätsbibliothek? José streitet mit einem Studenten, breitet die Arme aus, tippt sich an die Stirn, dreht jemandem den Kragen um, könnte meiner sein. Er blinzelt mich böse an.

Die Studenten der medizinischen Fakultät haben den Tisch ganz hinten neben dem Regal mit den medizinischen Nachschlagewerken reserviert. Aufgeschlagene

Bücher, kolorierte Bände, die eitrige Furunkeln, verdrehte Gliedmaßen, schwarze Nekrosen präsentieren, als wären es edle Schmuckstücke, liegen herum. Adams Platz ist leer. José ist auch gegangen, sein neuer Freund sitzt Pfeife schmökend unter der schützenden Platane.

»Du kennst José de Souza?«
»Ich habe ihn eben kennen gelernt. Er hat mich als Arzt konsultiert.«
»Ist er krank?«
»Es gab Komplikationen bei der Geburt.«
»Und sonst?«
»Eid des Hippokrates.«
Eid der Hybris! Der Student ist höchstens im vierten Jahr.
»José de Souza ist gefährlich.«
»Er ist cholerisch, ein kindlicher Geist in einem erwachsenen Körper.«
»Er verprügelt Leute.«
»Das tun auch andere.«

Wir müssen die Trägheit überwinden, mein Vogel und ich. Er braucht eine Kraft, die ihn antreibt. Leonardo hat den Auftrieb durch Luftwirbel erzeugt. Ich skizziere einen Vogel. Statt der Schwanzfedern dreht sich eine Luftschraube am Hinterteil, Flügel treiben den trägen Körper an. Im Herbst hat der alte Ahorn im Hof der Landschule seine Samen dem Wind geschenkt. Ich sammelte sie auf, zarte hellbraune Schmetterlingsflügel an einem Stiel. Meine Finger folgten den Äderchen der Ahornluftschrauben.

»Zuerst baust du die auseinander und montierst sie dann zusammen. Alle großen Automatenbauer haben mit Uhren angefangen.« Michael Herhausen nimmt seine Taschenuhr aus der Rocktasche, legt sie auf den Tisch. Der silberne Uhrdeckel ist zerkratzt, die Zeiger sind verbogen. Ich hebe die oberste Schicht ab, flache Teile einer Goldlegierung, unter denen sich Zahnräder drehen.

»Ein Schneider ist ja nicht an dir verloren gegangen«, sagt Herhausen mitten hinein in die Stille mechanischen Arbeitens. »Was hat dir der Mantel angetan, dass du ihn so malträtiert hast?«

»An einem Strauch hängen geblieben.«

»Zieh ihn aus, das soll der Lampe richten.«

»Ich mach das selbst.«

»Gib schon her!«

»Dann wird mir kalt.«

»Kalt? Ihm ist kalt? Da schwitzt man sich zu Tode und ihm ist kalt!«

Herhausens Hände in meinem Gesicht, meinem Nacken, ich bin nicht krank, ich friere leicht!

Herhausen kramt seinen alten Hausrock aus der Sockeltruhe. »Zieh den an.«

Aus dem Zerlumpten ist eine Vogelscheuche geworden. Mein Studentenmantel baumelt an Lampes Arm. »Das muss alles aufgetrennt werden. ... Hier einschlagen, hier endeln, was brauche ich? Eine halbe Elle? Vor morgen Abend wird das nichts.«

Im rot-blauen Paisley-Muster, große Masche am Bauch, im überfüllten Hörsaal unter lauten schwarz bemäntelten

Studenten Polygonzüge zeichnen und Maßstäbe rechnen, das wird ein Spaß. Wir sind keine Meister, Lampe ist kein Schneider, ich bin kein Uhrmacher. Die Zeit ist nicht zu messen, sie liegt vor mir in Schrauben, Stiften, Rädern. Herhausen wühlt in Bücherstapeln, dreht Zeitungen um, öffnet Truhen und Kisten. Ha! Lampe hat die Asien-Bücher gestohlen und verkauft, freilich, Lampe ist ein Haderlump. Lampe verdreht die Augen, er hat die Asien-Bücher nicht gesehen, seit sie in Coimbra angekommen sind. Wo sind sie dann? Sie kugeln unter dem Bett herum. Herhausen hat vor einigen Tagen darin gelesen. Es steht nichts drin über Milchwirtschaft und Viehzucht.

Die Zahnräder der Pendeluhr sind zu schwer für die Pinzette, ich streife weiße Handschuhe über. Soll ich sie wirklich auseinandernehmen? Die Uhr gehört zum Mobiliar. Herhausen verzieht verdrießlich das Gesicht. Ist ohnehin dauernd stehen geblieben, und die Miete ist horrend. Da wird eine Pendeluhr drin sein.

Wie ist das jetzt mit den Kühen in China, das würde ihn interessieren. Stadtluft macht frei und blind. Herhausen weiß nicht, wie viele Stunden die Kuh ruht, bis aus Gras, Klee und Kraut Milch geworden ist. Wie der Sperling die Raupe vom Blatt klaubt und im Flug zum Nest vom Bussard geschlagen wird. Wie die Ähren auf dem Felde schwer werden, bis der Schnitter kommt. Was wäre Natur ohne Plan? Ein Gewürfeltes. Der Löwe erfröre auf weißem Gletscher, die Sonne ginge im Norden auf oder gar nicht.

Er spritzt Tinte auf steifes Papier. »Herrje, man müsste die Töne einfangen und andernorts wieder freilassen können. So«: Herhausen tut, als spräche er in einen Trichter. Die Töne flögen durch ein Gummirohr ans andere Ende und strömten dort wieder hinaus. Alfonso finge sie ein, spräche in seinen Trichter, die Töne flögen durch das Rohr zurück. Es gibt kein Tonfangrohr, Lampe soll zu Alfonso laufen. Nein, der näht meinen zerfransten Mantel. Wieder bin ich Laufbursche, Lehrjahre sind keine Herrenjahre. Unten am Tor lauert José. Ich drücke ihm den Brief in die Hand. »Alfonso«, sage ich, »pronto! Imediamente!«

Die Pendeluhr ist hin, da ist nicht dran zu rütteln, sie stückelt die Ewigkeit nicht mehr in Überschaubares. In der Taschenuhr stoße ich auf eine Spirale, sie ruht auf einem größeren Ring, dazwischen breite Stifte. »Was mache ich damit?«

»Ich habe nie eine Uhr gebaut«, sagt Herhausen. Kruzitürken! Die Chinesen trinken keine Milch, essen keinen Käse. Was essen die überhaupt? Papierkugeln sausen an meinem Kopf vorbei, zuerst Alfonsos Antwort, dann Entwürfe. Ich glätte eine zerknüllte Hand, die Finger sind gekrümmt, als hielten sie etwas, eine Stange, einen Ast, die Zitzen eines Euters.

»Unruh«, sagt Herhausen.

Ich vergleiche eine schematische Darstellung des Uhrwerks mit den vor mir liegenden Teilen. Richtig, Unruh heißt die Spirale. Hundertmal die Schraube lockern nach der neuen Methode des Lernens. Uhren interessieren mich nicht. Warum sage ich, ich käme anderntags.

Anderntags wischt Josés muskulöser Arm über meinen Schreibtisch, Buch, Papier, Federn, Tinte fliegen durch den Raum. José zertrampelt ein Buch, mir wird schlecht, das Buch ist aus der Bibliothek. Er tritt gegen den Stuhl, kommt auf mich zu, ich bin ein Stock in der Ecke, ich beschimpfe ihn auf Deutsch. Das macht ihn wütender. Ich hebe flehend die Hände, berge meinen Kopf. Er spuckt auf den Boden. Ich schreie um Hilfe. Die Tür wird aufgerissen, Adam packt José, ich falle gegen die Wand. José stürmt hinaus. Adam stellt Wasser, Papier, Tintenfass, Feder, Taschentuch, Buch sorgsam auf den Tisch. Die mappae mundi sind verdreckt.

»Ich weiß nicht, weshalb er mich hasst.«
»Du denkst, er hasst dich? Ich glaube, er war wütend.«
»Warum?«
»Es erzürnt ihn, dass die Menschen ihn nicht verstehen. Hab Geduld, er wird sich beruhigen.«

Die Seppln beruhigen sich nicht. Einmal ist ein Arm gebrochen, einmal bin ich tot.

14. Erschallet, ihr Lieder, erklinget, ihr Saiten

»Eine Wasserkastanie ist hart und wird doch weich,
wenn sie lang gekocht wird.«
Fei Lipu, »Baumland«, Abschnitt 24.3

Zur Erntezeit taten Grete und ich, als wären wir feine Damen, blätterten im Caféhaus durch die Journale zu Frisuren und Mode, machten uns lustig über Männer mit kurzen Beinen und schiefen Zähnen und Damen, die das Mieder so festschnürten, dass sie die drei Stufen zum Café kaum erschnauften. Die tadelnden Blicke der Moralapostel und vorbeieilenden Gouvernanten stachelten uns an. Kichern könnt ihr zu Hause. Setzt euch mit dem Stickrahmen in den Salon und lasst eine Blumenwiese erblühen. Im Dorf stickten die Mädchen mit rotem Garn Sprüche in bleiches Leinen: Jeder Stich ist für dich, lieber Jesus, segne mich.

Die Überraschung der zweiten Klasse war Hans: Keiner hatte erwartet, dass er versetzt würde. Dafür mussten Matthias und Fritz zur Wiederholungsprüfung. Schwitzend, keuchend, heulend saß Fritz bei der Prüfung, sein Bogen voller Tintenflecken. Er lief hinaus, übergab sich im Hof. Bei der mündlichen Prüfung sagte er nichts, stand bloß da, gesenkten Hauptes. Julius von Waiglein blieb Klassenbester, für mich langte es. Magister Moser war ein untersetzter Mann mit Brille, die Hände im Rücken verschränkt. Wir steckten im Hof die Köpfe zusammen, Pater Theophrast mit der langen Nase kam vorbei, die Köpfe stoben auseinander, in Franzens Hand glänzten grün-blaue Murmeln, die Köpfe fanden wieder zusammen. Magister Mosers Quadratschädel saß halslos auf einer Kugel, einmal hatte er Schwimmhäute zwischen den Zehen, einmal wiesen seine Füße nach links und rechts, während er durch die Gänge watschelte. Einmal krochen Blindschleichen, Schnecken, Hirschkäfer, Pillendreher auf seinem Lehrerpult herum.

In göttlicher Langeweile begann das Schuljahr, wohlbehütet von Alpha bis Omega, begleitet von Ciceros Epistulae ad Familiares. Im immer gleichen festgelegten Rhythmus, den uns das Erlernen des Griechischen und Lateinischen vorgab. Heute noch kann ich mir Cicero nur in Abschnitten von vier Zeilen denken. Magister Moser las sie uns vor, übersetzte, wies auf den Satzbau hin, die Verbindung zwischen Verb und Nomen und die einander bedingenden Casus-Kausalitäten. Noch einmal las er die vier Zeilen, wiederholte nun auch alle anderen Grammatikregeln und las den gesamten Passus auf Deutsch. Die Dekurionen sammelten das Pensum ein, Moser diktierte die neue Hausübung. Er schlug uns kaum, ließ schon einmal Fehler der Satzzeichen durchgehen. Nur falsche Casus-Endungen brachten ihn in Rage.

Kurz nach Neujahr wachte ich morgens auf und konnte nicht schlucken. Gegen Mittag kam das Fieber, ich sank in unruhigen Schlaf, wachte auf, fühlte eine unendliche Schwere meiner Glieder. Zu Mitternacht weinte ich in meinen Polster. Das Fieber dämpfte den Schmerz, schickte mir Tod und Teufel. Pater Christoph flößte mir Kamille und Minze ein. Honig sei die beste Medizin. Nein, das träumte mir nur. Aus den Ohren troff zäher Eiter. Pater Christoph wickelte meinen Kopf in warme Tücher. Pater Anselm brachte Hefezopf und Eibischtee, der ließ den Pus, den guten, heilenden, fließen.

In der Klasse fehlten Heinrich und Michael.

»Sie haben die Blattern«, sagte von Waiglein, »und werden bald sterben.«

Der Präfekt war für das Einimpfen. Wenn doch sogar die Kaiserin vieren ihrer Kinder den Arm ritzen und das Eiter von Menschen, die die Blattern überlebt hatten, eintropfen ließ. Der Leibarzt der Kaiserin könnte sich nicht irren. Die Variolation schützt die Menschen vor den Blattern. Andere berichteten, dass Gesunde, die sich hatten inokulieren lassen, binnen Kurzem erkrankten und starben. Der Leiter des Konvikts war gegen die Geschäftemacherei mit Blut und Eiter, und die Magistri fanden es zu teuer. Im Lauf des 68er-Jahrs zog sich die Krankheit aus Wien zurück. In manchen Häusern hatte keiner überlebt. Nach der Winterkälte brachten Frühjahr und Sommer schwache Hoffnung.

Das dritte Schuljahr begann, wie das zweite geendet. Vor dem Fenster wirbelte der Herbstwind die letzten braunen und gelben Blätter von den Bäumen. Magister Moser dechiffrierte Vergils Bucolica und die vierte Ekloge, die, die von der Ankunft eines Knaben berichtet. Seine Geburt beendete das eiserne Zeitalter und läutete das goldene ein.

Ich hatte gesündigt, in Gedanken. Ein rotes Rinnsal floss an meinem Bein abwärts. Magister Moser starrte auf meine blutigen Finger.

»Was ist mit dir?«

Der Wind pfiff durch die Bretter des Plumpsklos, ich riss meine Kutte in die Höhe, nirgends eine Wunde. Bauch und Rücken taten mir weh, ein Schmerz, den ich nicht kannte. Blut sickerte aus dem Reich des Verbotenen. Unser Nachbar im Dorf hatte sich die Sense in den Bauch gerammt und war gestorben. Wo musste ich drücken, wie das Loch stopfen? Draußen zappelte ein ungeduldiger Pater Siebert. Ich schrie hinaus, ich litte unter Diarrhö, hätte meine Wäsche eingesaut. Der Magister, in Siebenbürgen an der Ruhr erkrankt, flüchtete. Ein Zweitklässler schob Kastanienblätter unten durch.

Ich rannte hinter den Stadtwall. Die Bauchschmerzen verflogen, das Blut floss. Rot-braun gestreifte Seide glänzte auf den Kirschholzsesseln im Salon, ich blieb stehen.

»Ich bin krank, ich verblute!«

»Ach das«, sagte Grete.

15. Bona nox, bist a rechter Ochs

»Die Erde und der Mond sind nichts ohne die Sonne.«
Fei Lipu, »Baumland«, Abschnitt 122.4

Adam hebt den Arm, zeigt mir eine Narbe am Ellbogen.
»Was ist passiert?«
»Ein Mann hat mich verletzt, weil ich seiner Frau geholfen habe. Sie hatte eine Sturzgeburt, er dachte, ich wolle sie berauben.«
»Jesus Christus!«
Er lässt den Ärmel über den Arm rutschen.
»Ungerecht, nicht wahr? Lebten wir in der besten aller Welten, gäbe es keine Missgunst.«
Adam trinkt, schüttet den Rest des Krugs über seinen Kopf. In seinen Wimpern verfangen sich feine Tröpfchen, winzige durchsichtig schillernde Planeten rund um den blauen Stern in der Milchstraße, in ihrer Bahn gehalten von einem Bogen feiner blonder Brauen. Er fährt sich durch den nassen Schopf, aus seinem Zopf perlt das Wasser.
»Was würden wir in der besten aller Welten tun, Philipp?«
Ich würde dich küssen, nie wieder von dir lassen.
»Was wäre deine beste aller Welten?«, frage ich.
»Ich dachte, ich hätte sie gefunden.«
Anna.
»Sie ist ... du hättest dich in sie verliebt, ihre Klugheit, ihre Anmut, ihre Augen sind tiefgrün und kühl wie ein

See im Gebirge. Ich habe sie gesehen und es war anders als bei allen Frauen, die ich zuvor geliebt habe. Ihr Lächeln umfing das Glück dieser Welt. Ich hätte Glöckchen an die Lippen heften mögen, um keines zu verpassen. Kennst du das?«

Ja.

Warum lässt mich das Mundwerk im Stich, wenn ich es am dringendsten brauche? Schweigen ist falsch und reden ist falsch. Was ist geschehen? Adam rupft Gras aus, wickelt den Halm um seinen Finger. Philippine ist hinter Philipp verschwunden, jetzt löst sich Philipp auf, ich bin eine leere Hülle, bin nur Herz, das pocht, Schweiß, der aus den Poren trieft.

»Ihr Vater hatte jemand anders für sie ausgesucht. Einen Adeligen aus Lissabon. Nächsten Sommer wird sie mit ihm gehen.«

»Wie gemein, dass die Väter ihre Töchter an den Meistbietenden verkaufen.«

»Anfangs habe ich ihn gehasst.«

»Jetzt nicht mehr?«

Adam lässt den Grashalm fallen. »Sie hätte ihm nicht folgen müssen.«

»Sondern mit dir durchbrennen? Wie romantisch, zwei Liebende auf der Flucht.«

Ich höre den Spott, Adam wendet sich ab, ich habe das Falsche gesagt, gleich wird er aufstehen und gehen. Nie wieder wird er mir so nahe sein. Der Mondego rauscht an uns vorüber, das Gras ist grüner und fetter als anderswo in dieser trockenen, heißen Stadt.

»Sieh nur, die Bienen. Den ganzen Tag schleppen sie den Blütenstaub in den Stock und beklagen sich nicht.« Sein schlanker Finger zeigt auf das gestreifte Insekt, das in einer Schafgarbendolde versinkt. Was redet er über Bienen! Ich lache zu schrill. Das ist keine Biene, es ist eine Drohne! Adam neigt sich über die dicht gedrängten Blüten, beobachtet das träge Tier. Es hat keine Hosen an. Die Biene auf der weißen Zistrose ist voll mit gelbem Pollen. Er hebt den Kopf, lächelt: »Was du alles weißt.«

Jetzt gerade ist sie hier am Ufer des Mondego, die beste aller Welten. Wir sitzen im Gras, schauen in den Himmel, geben den Wolken Namen, erzählen Geschichten von schrulligen Professoren, faulen Studenten und Strebern. Als Kind wollte Adam Barbier werden, weißen Seifenschaum von Hals und Wangen schaben und den Männern die Nase zuhalten. Was ich werden wollte? Lehrer in der Landschule. Ich wäre geduldig mit den Langsamen, nur den Seppln würde ich über die Finger hauen.

»Freust du dich deines Lebens?«

»Manchmal«, sage ich ausweichend. »Siehst du Anna angelegentlich?«

»Anfangs habe ich sie täglich gesehen. Um jede Ecke ist sie gebogen, jeder schlanke Knöchel war ihrer. Jetzt irre ich mich selten. Vergangenen Samstag passierte sie den Torre de Almedina. Ein kurzer Moment, ihr Gang, die Art, die Hand auf den Arm ihres Begleiters zu legen. Sie war es.«

Meine Knöchel sind dünn wie mein Lächeln, da will niemand Glöckchen dranhängen.

Die Zeit rinnt zäh dahin wie Honig in das Glas. Ich bin eine Marionette, Adam zieht an meinem Busen, meinen Armen, Wangen, Lippen. Seine Hand streift meine, ich zucke zusammen, fühle ein Brennen, als hätte ich die Hand in den Ofen gestreckt. Er würde mich ganz und gar versengen, läge ich unter ihm. Adam, ich will dir etwas sagen! Können wir nicht noch ein wenig verweilen? Hier, an diesem stillen, sanften Ort, bei dem plätschernden Wasser, den blau schillernden Libellen, zartrosa gefiederten Sträuchern, deren Namen ich nicht kenne. Lass uns ins abendlich feuchte Gras legen, der Sonne zusehen, wie sie entschwindet, eine scheue Prinzessin, die ihr Antlitz Stück für Stück hinter ihrem Fächer aus orangeroten Wolken und massigem Berg birgt. Lass meine Hand in deiner Faust ruhen, wende dein Gesicht meinem zu, lass meine Finger deine Konturen ertasten, öffne deine Lippen. Sag nichts, sei ganz still. Warte, bis dein Mund den meinen gefunden hat, deine Zunge in meine Höhle gleitet. Ich schmecke Bitteres und Süßes, fühle keinen Schmerz, nur drängendes Pulsieren.

Adam springt auf, zieht mich hoch, klopft mir auf die Schultern. Wir schlendern durch das Viertel rund um die Universität. Lärmende Studentenhorden verlieren sich in engen Gassen. Adam stößt eine unscheinbare Holztür auf. Unten ist es kühl und ein wenig muffig. Blanke Holztische stehen auf einem Terrakottaboden. Ein Kellner schnarrt die Gerichte herunter, wir bestellen Stockfischpastete und Vinho Verde. Ich rede und rede, der Fisch wird kalt. Zwei Musiker stehen im Halbdunkel, einer spielt die

Guitarra, einer singt. Alle Traurigkeit, deren ein Mensch fähig ist, bricht aus ihnen heraus, breitet sich aus, ein Teppich aus Sehnsucht, Verlust und Abschied.

»Saudade«, raunt Adam.

Ein Vorhang reißt, dahinter eine Landschaft, mein Elternhaus, geduckt liegt es vor dem Hügel, auf dem die Burg steht. Ringsum Felder, Bäume. Ein Knabe läuft über die Wiese, seine Hosen sind ihm heruntergerutscht. Er lacht keckernd wie ein balzender Grünspecht. Ich stoße die Tür auf, Adam muss sich bücken. Der Vater kniet auf der Fensterbank und schmiert Kitt in den Rahmen. Die Mutter steht am Herd. Kathi sitzt am Spinnrad, es bleibt stehen, Kathi starrt auf den großen blonden Mann mit den breiten Schultern und schmalen Hüften, den freundlichen blauen Augen und den Fältchen rundherum. Sie schaut auf seine weichen Hände, die schlanken Finger. Ich sage: Das ist Adam, mein Mann. Er ist Arzt. Verlegen sind sie jetzt, weil ein Medicus da ist. Und dann kommt Claudia und sagt, dass ihr Jüngster oft Seitenstechen und Bauchweh hat, und der Vater redet über das geschwollene Bein und die Kathi zeigt Adam ihre schwielige Hand. Adam erklärt und verordnet Salben, Tee, Pillen und Umschläge.

»Was ist mit dir?«

»Ich habe an unser Dorf gedacht.«

»Ah«, sagt Adam.

»Ich weiß nicht warum. Unsere Ländler und Hopser klingen ganz anders.«

Auf der Stiege ist Gepolter. Die Männer sind betrunken,

schreien nach der Bedienung, lassen sich Schnaps bringen. Sie stören sich an der Katzenjammermusik. Ein Becher fliegt durch die Luft, der Sänger weicht aus, der Becher trifft den Guitarraspieler auf die Stirn. Er taumelt, fällt nach hinten. Jetzt hat sich die Hölle aufgetan. Koch und Kellner bauen sich vor den Rabauken auf, einer zieht den Werfer hoch, gleich fallen Tisch und Stühle, Gliedmaßen verhaken sich ineinander, Fäuste landen in Gesichtern. Adam bringt mich nach Hause. Ich soll endlich ins Studentenheim ziehen, dort darf José nicht hinein.

Hinter der Türschwelle liegt wieder ein Brief mit leerem Siegel. Ich bin todmüde, lege den gefalteten Bogen auf den Schreibtisch und gehe schnell ins Bett. Gott helfe, es möge gelingen, mich glauben zu machen, ich hätte den Brief nicht gesehen.

16. Das walte Gott, der helfen kann

> »*Rechtes Handeln fußt auf rechten Gedanken.*
> *Rechte Gedanken fußen auf rechtem Handeln.*«
> Fei Lipu, »Baumland«, Abschnitt 6.81

Drei Stapel lagen im Kasten in der Stube. Die neuen Leintücher, die gewendeten Leintücher, Quadrate mit etwa zwei Fuß Länge, gelblich. Einmal waren alle bei der Kirchweih, da hab ich die Kathi mit Tuch und Heu gesehen, einem länglichen Haufen, den sie in das Tuch gewickelt hat. Grete riss einen schmalen Streifen von dem zerschnittenen Leintuch, wickelte ihn um meinen Bauch. Daran knüpfte ich die Enden der Grasrolle. Wie lang hält das? Zwei Stunden, nach Tagen länger. Ich rollte Gras in Linnen, bis keines mehr da war.

»Das Geblüt dauert fünf bis sechs Tage«, sagte Grete.

Der Habit war beschmutzt, Weiberblut in der zu langen Kutte. Die Kordel band ich fest um die Mitte. Der obere Teil hing schlaff herab, versteckte die Hügel.

»Kaltes Wasser«, sagte Grete. »Blut löst sich im kalten Wasser.«

Ich leerte Lauge in den Hof des Konvikts, schrubbte mir die Hände wund, hortete Gras für viele Rollen.

Nach Allerseelen lag keine Masche um Gretes Taille, das Hemd war ungewaschen, die Augen rotgeweint.

»Hat dein Beschützer nicht auf dich aufgepasst?«

»Ich hab nicht aufgepasst.«

Sie hatte mir erzählt, dass ihr das nicht passierte. Die anderen stopfen Petersil hinein, bis das Geblüt wiederkehrt. Aber nicht Grete. Ihr Schoß empfange nicht.

Ich schob ihren Haarvorhang zur Seite. »Was wirst du tun?«

Grete nahm einen Schluck Dünnbier.

»Ich kann es nicht wegmachen. Lieber krepier ich.«

»Dann wirst du das Kind bekommen.«

Ich nahm den geblümten Polster vom Diwan, wiegte ihn, sang Schlaflieder.

»Wir werden beide krepieren, der Bangert und ich.«

»Grete, nein! Ich wickle das Kindl, mache ihm Fencheltee, klopfe auf seinen Rücken, bis es rülpst. Wir schlafen beim Herd, da hat es das Kleine warm. Ich mache wieder Botengänge, laufe dreimal so schnell. Du musst ihn nur säugen.«

Die Rote Grete lachte garstig. »Du bist schon wie sie. Weißt nicht, was die Monatsblutung ist, und willst ein Kind großziehen. Was bringen sie euch denn bei, die Mönchlein? Wie man heimlich zu den Frauen schleicht wie der widerwärtige Hieronymus?«

Oh, wir lernten eine ganze Menge! In Latein war ich richtig gut. Hatte einen Preis bei den Prosatexten gewonnen und für die Lyrik bekam ich ein Geschenk.

»So, du hast Preise gewonnen. Die hätten sie dir aber gleich wieder weggenommen, hätte einer der Pfaffen unter die Kutte geschaut.«

War es etwa mein Kind? Hatte ich mich von einem Handwerksgesellen, Händler, Doktor, Halsabschneider schwängern lassen? Vor dem Kärntnerthor-Theater verkaufte eine alte Frau Veilchen, zwanzig Heller das Sträußchen. Ich hatte keinen einzigen Sou in der Tasche, sowieso hätte sie mich gefragt, was sie mit den Blumen anfangen soll. Überhaupt: Wofür sollte ich mich entschuldigen?

»Mir wird was einfallen«, hatte ich behauptet.

Mir fiel nichts ein. Nicht in dieser Nacht, nicht in der nächsten, nicht in den folgenden Tagen und Wochen, während deren Gretes Bauch wuchs und ihre Stimmung sank. Sie schleppte jetzt selbst Holz und Wasser in ihre Wohnung. Das Kind drängte in die Welt. Als sich Bernhard ankündigte, haderte Mutter mit der Jungfrau Maria, dass sie ihr schon wieder ein Kind angehängt hätte. Und selbst der denkfaule Alois verstand, dass es nicht Maria war. Mit den Wochen wurde die Mutter ruhiger, freute sich, redete mit uns und dem Kind, als hätte es nie ein böses Wort gegeben.

Grete half die Zeit nicht. Zu Weihnachten schlich ich mich aus dem Konvikt. Der Ofen war kalt. Ich entzündete eine Kerze, wickelte Grete in eine Decke, erzählte die Weihnachtsgeschichte, als wäre ich der Vater. Drei Betrunkene schickte ich weg, legte Äpfel auf den Ofen und goss dicken Sirup drüber, Grete legte den halben Bratapfel zurück auf den Teller. Wir beteten stumm.

Im Jänner wurde die Masche zu kurz. In der Fastenzeit wurden wir dünner, das Kind aber schien seine Mutter sprengen zu wollen. Zedlers Enzyklopädie vermerkte unter »Zwillinge«, dass Romulus und Remus von einer

Wölfin genährt wurden. Ich legte meine Hände auf Gretes Bauch, rutschte Zoll für Zoll vom Busen zur Scham, wie es die Suse mit meiner Mutter getan hatte, als sie Sorge hatte, das Kindl würde vor der Zeit kommen. Die Haut war gespannt wie das Fell einer Trommel. Das Kind bewegte sich, als wolle es dem Druck ausweichen. Grete stöhnte, das Kleine hatte sie unter den Rippenbogen getreten. Immer an dieselbe Stelle. Nur eines?

»Ja«, sagte ich. »Nur eines.«

An Ostern ministrierte ich. Anselm kam kreuzlahm in die Sakristei gehumpelt, während ich das Messhemd auszog. Selbst der Rosenkranz wollte ihm zu schwer werden. Seit zwanzig Jahren hatte es das nicht gegeben, dass die Zöglinge im Konvikt keinen Osterstriezel auf dem Teller fanden. Ich siebte Mehl, bröselte warme Germ in die Mitte des weißen Hügels. Milch und Honig flossen in die Mulde. Ein Dampfl muss ruhen, bis das Mehl Risse bekommt. Ich wartete, knetete, schlug den Teig, dass er Blasen warf, flocht dicke Zöpfe, schob sie in den Ofen. Hänsel bringt Gretel Kuchen und Wein. Draußen trieb der Lenz den Winter aus. Die Wiesen waren gelb gesprenkelt von Schlüsselblumen und eleganten Märzenbechern, es duftete nach frischem Gras. Ich zerrte Grete auf die Straße, wir fuhren hinaus nach Grinzing. Grete blieb in der Mietdroschke sitzen.

»Was sagt die Hebamme, wie lang es noch dauert?«
»Nichts.
»Du hast dir noch immer keine gesucht. Willst du das Kind allein kriegen? Sechsmal ist meine Mutter

niedergekommen, und noch beim sechsten hat der Vater nach der Suse geschickt. Was, wenn das Kind mit den Füßen zuerst kommt, wenn es die Nabelschnur um den Hals hat, wenn es steckenbleibt?«

»Ich krepier so und so.«

17. Wie schön leuchtet der Morgenstern

»Der einfache Mann hält sich an die Regeln,
der Edle handelt großmütig.«
Fei Lipu, »Baumland«, Abschnitt 17.8

»Wer bist du?« Der Kleine hat sich von seiner Gouvernante losgerissen, steht neben mir im Schatten einer Dattelpalme im Botanischen Garten, zieht ein besticktes Tuch aus seiner Tasche, wischt sich über die Stirn, ganz wie die Großen. Dass ich Student bin, hält er für Schummelei, für einen Kaufmann bin ich zu dünn. Aha! Schiffskapitän? Ach woher, höchstens Fischerboot. Der Kapitän einer großen Fregatte trägt keinen geflickten Mantel. Was bin ich? Ein Bauer im falschen Rock. Wir Bauern wachen morgens auf und hoffen auf gutes Wetter, wir gehen schlafen und hoffen auf reiche Ernte und milde Steuereintreiber. Ich hoffe, dass Adam am Tisch der Mediziner sitzt. Sein Platz ist wieder leer, er ist ans Meer gefahren, sagen die anderen. Allein? Einer zuckt die Achseln, wer fährt allein ans Meer? Ich sinke auf den Stufen der Dom-Dinis-Statue nieder, berge mein Gesicht in meinen Armen. Die schöne Anna geht am Strand entlang, trägt die Schuhe in der Hand, hat den Sonnenschirm in den Sand geworfen. Sie lacht, Adam küsst ihren Nacken. Abends wartet die Kutsche, sie gehen in die Taverne, die Saudade bringt die Herzen in Wallung ... Es ist nicht Anna, ich weiß es. Ein Mann tippt mir auf die Schulter, er will mir gelbe Blumen verkaufen. Ich brauche keine Blumen, was käme dabei heraus: Er liebt mich, er liebt mich nicht.

In Herhausens Stadtvilla liegt verstreutes Uhrwerk neben dem Feinmechanikerwerkzeug. Es wird warten. Morgens tragen mich meine Füße wieder zur Bibliothek. Mit einem eisernen Vogel könnte ich zu den Fenstern fliegen, nachsehen, ob Adam da ist, weiterfliegen. Auch so ist Zeit genug, die vermaledeite Uhr zusammenzubauen, Herhausen steht nicht vor zehn Uhr auf.

Es ist Montag, der Sonntag war lang und öde. Adam winkt, wir setzen uns auf unsere Bank unter unserer Platane. »Wie war es am Meer?«

Adam weiß nicht, wovon ich spreche. Freitag? Da war er im Armenviertel und hat einem Buben den gebrochenen Arm in die Schlinge gelegt. »Komm mit!«

Der Bub läuft Adam entgegen, schwingt den gesunden Arm um seine Oberschenkel. Adam hockt sich hin, prüft Verband und Schiene. Schön ruhig halten, damit der Arm gut zusammenwächst. Der Bub nickt. Adam setzt ihn sich auf die Schenkel. Der Bub hat keine Schuhe, kein Hemd, nur eine zerfetzte Hose. Im schwarzen Filz seines Kopfs nisten Millionen Läuse. Seine Mutter ist wieder schwanger, hat keine Zeit, sich um das Kopfwaschen zu kümmern.

»Wie viele verdreckte, verlauste Dummköpfe wird er noch anschleppen?«, hat Pater Anselm gefragt, als mich der Präfekt ins Konvikt gebracht hat.

»Lampe«, sage ich. »Er kann nähen und Café kochen

und Perücken stopfen, garantiert weiß er, wie man Läuse tötet!«

Lampe stellt den Buben in einen Holzbottich, gießt grünes Olivenöl über den Knabenkopf. Jetzt heißt es stundenlang warten. Der Kleine wird unruhig, Lampe gibt ihm Brot zu kiefeln, ich erzähle Aesops Fabeln. Lampe fährt mit dem groben Kamm durch fettes Kinderhaar, Läuse fallen in den Zuber. Als Lampe Scheuerbürste und Kernseife an den Bottichrand legt, will Pedro flüchten, Lampe ist geübt darin, Widerspenstige zu überzeugen.

»Lass noch etwas von ihm übrig«, sagt Adam. »Wir wollen ihn mit Haut und Haar zurückbringen.«

Lampe ist wieder Schneider, näht ein winziges ärmel- und kragenloses Hemd aus einem alten Wischlappen. Adam führt den rosig glänzenden gebrochenen Arm durch die Schlinge. Lampe hat Kuchen im Ofen.

Die Früchte des Feigenbaums sind noch grün und sauer. Die Studiosi lassen die Umhänge offen, sie flattern im Wind. Am Tor der Universität drängt sich einer an mir vorbei: breiter Rücken, krumme Beine, jetzt dreht er sich zur Seite. Er hat eine große gebogene Nase, ein fliehendes Kinn. Es ist ein Trugbild, flüchtig, wie der herbe Duft nach Orangen, der jetzt zu uns herüberweht. Der Vorplatz der Universität ist leergefegt, die Studenten streben zu den Hörsälen.

»Steht dir!« Adam zieht an meinem dunklen Zopf. »In zwanzig Jahren wird kein Mensch mehr Perücken tragen. Echthaar ist hygienischer.«

»Was wird aus den Perückenmachern?«

»Schneiden und ondulieren natürliches Haupthaar. Die Engländer tragen jetzt Bart, hier an den Wangen.«

Adam büffelt für die große Prüfung zu Knochen und Muskeln. Clavicula, Manubrium, Sternum. Ist das Brustbein wirklich so lang? Im Anatomischen Theater wird seziert. Der Gestank ist unerträglich, jedenfalls wenn ein Schwindsüchtiger auf dem Tisch liegt. »Nimm Kampfersalbe mit!«

Ich laufe zu Herhausen und den sauberen, glatten Zahnrädern, drehe mich zehnmal um, da ist niemand, keiner mit Hakennase und fliehendem Kinn, nicht einmal der alte José.

Lampe schiebt mich durch das Antichambre ins Herrenzimmer.

»Sehen Sie nur, wer da ist!«

Herhausen streckt mir beide Hände entgegen, umarmt mich, klopft mir auf den Rücken. Eau de Cologne umweht seine Achseln.

»Philipp! Ich weiß, was wir machen.«

Auf dem Esstisch liegt eine Marionette, die Beine baumeln von der Kante, die Füße stecken in schwarzen Schuhen.

»Habe ich gestern auf dem Markt gekauft. Darf ich vorstellen? Dr. Faustus!« Verbeugung.

Ich stelle mich der Puppe nicht vor.

»So etwas werden wir bauen. Ein ganzes Theater mit Automaten, groß wie Kinder. Sie werden singen. Eine Oper mit Automaten. Ich werde einen Compositeur beauftragen, eine Automatenoper zu schreiben.«

»Mozart.«

»Mozart? Ha. Gleich morgen schreibe ich ihm. Wo wohnt Mozart? München? Wien?«

Er trappelt mit der Marionette durch den Salon, summt eine Arie. Lampe kommt herein, dreht auf der Schwelle um.

»Salzburg. Er ist verrückt genug, solch eine Oper zu komponieren.«

Doktor Faust sackt zusammen.

»Du kennst Mozart?«

»Flüchtig.«

»Verrückt, sagst du?«

»Er ist ein derber Kerl, der gern mit Schrotflinten auf ordinäre Schützenscheiben schießt.«

Herhausen zieht Dr. Faust stramm: »Haben Sie gehört?

Er kennt Mozart, den berühmten Wunderknaben. Durch mich wird er unsterblich als erster Compositeur einer Automatenoper. Was ist ein schreibender Knabe gegen eine Oper?«

»Ist es denn möglich, die menschliche Stimme nachzuahmen?«

Jetzt sackt Herhausen zusammen, wackelt hinter der Puppe zurück zum Tisch, ordert Café.

Er verschränkt die Arme am Rücken, stapft ohne die Puppe auf und ab. »Mozart!«, sagt er. »Wo, sagtest du, wohnt er?«

»In Salzburg.«

»Es ist nicht möglich, die menschliche Stimme zu

imitieren. Die Vokale klingen lebensecht, die Konsonanten kriegen wir nicht hin.«

»Dann soll Mozart eine Sinfonie komponieren.«

»Eine Sinfonie? Dafür brauche ich ein Orchester.«

»Ein Divertimento. Divertimento für drei Automaten.«

Wieder habe ich an der falschen Schnur gezogen. Eben noch fröhlich, ist Herhausen in dumpfe Melancholie gefallen. Wo bleibt Lampe? Er knetet Herhausens Hände, tätschelt die Wangen, kratzt ihn am Rücken, zupft an der Hanfperücke, staubt sie ein. Haydns Baryton-Trios wurden für Nicolaus von Esterházy komponiert. Herhausen will was Richtiges, nicht bloß musikalische Aperçus.

Lampe zieht mich ins Vorzimmer. »Was haben Sie denn jetzt wieder mit ihm angestellt?«

»Er will eine Oper für künstliche Kinder komponieren lassen. Automaten können nicht singen!«

»Sie wissen selbst, dass es nie zu solch einer Oper kommen wird. Sagen Sie einfach immerzu Ja und Amen. Bauen Sie die Uhr, und alle sind zufrieden!«

Lampe wirft sich ein Tuch über die Schulter, es gibt viel zu putzen.

Portugal wird das Zentrum der Automatenbranche. Zu Neujahr werden die Raketen über leerer Terrasse ihre bunten Sterne in den Nachthimmel von Pombal sprühen. Die Gäste werden im Salon stehen, plaudernd, lachend, sie werden tun, als kennten sie das Spektakel längst, als stünden sie nur hier, um den Gastgeber nicht zu enttäuschen. Aber dann: Die Damen werden Oh und Ah sagen, die Herren werden fragen, wie sie die Hände bewege, sie werden denken, sie drücke die Tasten, Herhausen wird kein Wort über die Walze im Inneren verlieren. Die Klavierspielerin wird in einer Fabrikationshalle am Stadtrand gebaut. Noch ist es eine Scheune, aber schon bald werden zwei Constructeurs aus Deutschland schrauben, hämmern, sägen, fräsen. Geld und Versprechungen haben sie hergelockt. Portugiesische Uhrmacher sind als Assistenten abkommandiert.

Herhausen ist in ein schmuckes Haus neben der bombastischen Kathedrale Santa Cruz eingezogen. Es gibt jetzt ein Dienstmädchen, das Hemd, Unterhose, Strümpfe auf dem Frisiertisch bürstet. Herhausens aschblondes Haar schwimmt in grauer Seifenlauge, Lampe schöpft Läuse ab.

»Was Ihr auch immer mit Eurer Perücke anstellt! So kratzt man sich, ohne die Frisur zu derangieren!« Ein dünner Stab teilt Haare.

»Bring mir Kakao, statt zu meckern.«

Herhausen kleckert, wischt mit dem Haartrocknungstuch über die Brust. Der braune Fleck wird größer. Das aus dem Glaubersalz hergestellte Soda löst Kakaoflecken aus gestärkter Hemdbrust. Herhausen zieht sich um. Das stünde nun gar nicht zur Debatte, das Geld für teures Salz auszugeben. Die fadenscheinigen Ellbogen verschwinden unter Gilet und Rock. Lampe zupft den Spitzenbesatz aus den Ärmeln.

Die Herren Constructeurs stehen lässig gekleidet im Stadel. Ihre Hemden sind bis zum Nabel offen. Sie haben in Dresden studiert. Ein Knabe und ein Mädchen sollen eine polyphone Version von »Ein Jäger aus Kurpfalz« singen oder auf der Violine spielen. Als Zuwaage zur Klavierspielerin hat der Marquês eine Spieldose mit Vögeln für die Gräfin bestellt.

Wie viel wird der Umbau der Scheune verschlingen? Wie viel verlangen die portugiesischen Uhrmacher? Die müssen sich bescheiden, haben nicht studiert. Kiesbauer und Keckeis, K und K, das ist ein Name. Für den Umbau wird Personal aus Lissabon kommen, eine anständige Manufaktur ist nicht in drei Tagen zu schaffen, Rom wurde auch nicht an einem Tag erbaut. Herhausen betrachtet die Kisten mit Material. Sollen die Automaten nur singen oder streichen? Das ist langweilig. Der Bub soll Flöte spielen, das Mädchen die Laute schlagen. Etwas Bukolisches wünscht sich Herhausen, mit Schafen.

»Sollen die auch scheißen?«, fragt Kiesbauer.

»Wie bitte?«

»Wie die Ente«, sage ich.

»Die Automaten sollen dem chinesischen Kaiser unsere Kultur bringen!«

Kiesbauer steht vor dem Tisch mit den Skizzen, nimmt eine, hält sie vor das Gesicht. »Das werden beeindruckende Schafe, denen möchte ich im Dunkeln nicht begegnen.« Das Blatt liegt wieder auf dem Tisch, eine metallene Hand schließt sich um ein Euter. »Die Schafe scheißen nicht, sie werden gemolken!«

»Das ist was anderes.« Herhausen schnappt die Zeichnung, Schweiß tropft auf das Blatt. Jetzt steht Keckeis neben Herhausen. »Nicht doch, wird ja ganz nass.« Er nimmt die Skizze, verreibt den Schweiß, die Linien verschwimmen, er lässt sie fallen. Herhausen bückt sich, hebt sie auf, ist über und über rot um die Nase. Die Hitze hüllt uns ein wie ein Kokon, und kein Lampe da, der Herhausens Stirn betupfte und ihm Contenance verordnete.

»Der tatarische Kaiser ist von wilden Tieren angetan«, sage ich, um nicht nur herumzustehen.

»Ein Löwe!«, sagt Keckeis. »Er brüllt und frisst dann die Maid mit der Laute.«

»Und dann kommt ein Bär«, fährt Kiesbauer fort. »Ein Tanzbär mit Trommel und Gamsbarthut auf dem Kopf.«

»Der frisst den Flötenspieler.«

»Oder den Kaiser«, sagt Kiesbauer.

Herhausen blickt von einem zum anderen, betastet den Bortenbesatz seines Ärmels am Handgelenk, zupft, gleich wird sich die Borte lösen. Was ist das für ein Spiel? Der König verliert, in dieser Runde wird Herhausen keinen Stich machen.

»Die Herren brauchen mehr Geld, um eine Manufaktur einzurichten«, sage ich.

»Das Zentrum der Automatenbranche«, sagt Keckeis. »Was haben wir? Einen Heustadel aus groben Brettern mit morschem Dach und ein paar portugiesische Bauern, die schon einmal eine Uhr aufgezogen haben. Sakrament! Vaucanson und Jaquet-Droz werden erblassen.«

Herhausen ist kreidebleich. »Wie viel?«

Seine Blicke wandern durch die Scheune, als sähe er sie zum ersten Mal.

»Das Doppelte.«

Wir stolpern hinaus, geblendet vom mittäglichen Licht.

»Wir können einpacken. Pombal wird mir keinen Pfennig mehr geben.«

Morgen wird Herhausen die Constructeurs nach Dresden zurückschicken oder dorthin, wo der Pfeffer wächst.

Die Saudade erzählt vom schweren Abschied und der quälenden Sehnsucht nach der Geliebten. Adam hat von K und K gehört. In den Gassen und Tavernen belustigt die Geschichte von den streitenden Deutschen die Menschen. Coimbra ist nicht Lissabon, und selbst Lissabon ist ein armseliges Dorf, egal, was Pombal sagt. Adam streut Salz auf sein Butterbrot. »Automaten bauen in einem Land, in dem die Menschen hungern, weil sie per Hand pflügen. Sieh dich um! An der Universität studieren mehr Deutsche und Franzosen als Portugiesen. Das Land braucht Schulen, Hospitäler, Agrartechnik. Das, was Vasco da Gama und seine Freunde weiland entdeckt haben, die Schätze, die sie nach Hause gebracht haben – alles ist längst in den Händen anderer.«

Bis auf Macao. Der kleine Hafen trotzt den Begehrlichkeiten der Briten. Automaten sind Spielzeug für den Kaiser, den Menschen in China sind sie so wenig nützlich wie denen in Portugal.

»Herhausens Sorgen sind nicht deine. Was ist mit José?«

Den habe ich vergessen. Adam redet wieder vom Studentenheim. Ein Boomerang unserer Unterhaltung. Ich könnte den Boomerang so auf die Reise schicken, dass er sicher niemals wiederkehrt. Ein kurzer Satz, drei Worte nur. Nie mehr wird mir Adam vorschlagen, in die wunderbar günstigen Repúblicas zu ziehen. Es ist keine gute Zeit für Geständnisse. Adam ist schlecht gelaunt, er ist durch die Prüfung über Muskeln und Knochen gerasselt. Ich fluche über die Mosquitos, wische eine Blutspur von der Wade. In einem Hauseingang taste ich in den Schritt.

Nicht in zwei Monaten wird das Schiff auslaufen, sondern in zehn. Vorher schippert das Pöttchen in der Badewanne herum, Mare Nostrum, holt schwarze Bohnen aus Marseille und verscherbelt sie dem Dogen in Venedig. Der Doge nämlich würde seinen letzten Tintoretto versetzen für eine gute Tasse Café aus der gemahlenen Arabica. Der Kapitän reibt die Finger aneinander, ja, mit Café ist Geld zu verdienen. Die Winde stehen günstig, aber der Wind kann drehen. Ob ich es denn so eilig hätte, fragt er mich. Nein. Der Kapitän hat es auch nicht eilig, er schlägt mir auf die Schulter, dass ich aus den Sandalen kippe. »James Cooks Dreimaster werden wir nicht einholen.« Der Kapitän lacht, ich lache auch, weiß nicht genau worüber.

Pater Alfonso zuckt die Schultern, er riecht nach Bier, José hat auch getrunken. Er redet nicht, grunzt nur, schlägt mich auf den Arm, ich weiche aus, er versucht es wieder, triumphiert, wenn er mich erwischt. Ich werde nicht mehr kommen, wenn sich José nicht benimmt. Alfonso stöhnt, seine Schwester lässt sich nicht überreden, ihn den Benediktinern zu geben, bis sich das Blut des Jungen abgekühlt hat. Alfonsos Temperament hat sich durch Disziplin und Exerzitien beruhigt. Als er jung war, sind nicht nur Pinsel, Papier und unflätige Worte geflogen, und der Vater hat sich geweigert, ihm nach jeder Rauferei einen Rock anpassen zu lassen.

Der Sommer neigt sich, ich bin nicht in Stimmung für Zeichen ohne Sinn. Noch immer weiß ich nicht, wie man Brot kauft, nach dem Weg fragt, einen Schuh reparieren lässt.

»Die Chinesen essen kein Brot, die Straßen der Nördlichen Hauptstadt ziehen sich schnurgerade von Nord nach Süd und von West nach Ost. In der Mitte ist der Kaiser, im Norden sind die Würdenträger, im Süden das Volk. Wir sind im Norden.« Wir haben eine Missionsstation und vier Kirchen. Chinesische Schuhe sind aus Stoff.

Der Kaiser heißt Qianlong, Himmlischer Überschwang. Er hat vierzig Ehefrauen, Dutzende Kinder und Kindeskinder, anstrengende Nächte, ermüdende Tage. Im Morgengrauen steht er auf, Mundschenk und Vorkoster prüfen das Frühstück. Der Reis wird mit Stäbchen gegessen. Nahrung anzufassen und sich in den Mund zu stopfen ist barbarisch. Alfonso legt einen Stift auf den Ringfinger, balanciert einen zweiten zwischen Daumen und Zeigefinger, klappt die Stifte auf und zu, als seien sie der Schnabel eines Storchs. Die Söhne der hohen Beamten machen schwere Prüfungen, die höheren Töchter kommen an den Hof. Dort liegen sie jahrein, jahraus in ihren Gemächern, das Bett bleibt kalt. Die Eunuchen sind streng oder reich oder beides. Manche steckt der Kaiser in schicke Pariser Mode und lässt sie musizieren. Vivaldi, Corelli, Bach und Händel müssen sie spielen. Castiglione, der Hofmaler, und der Leibarzt halten sich die Ohren zu, wenn der Kaiser der Musik der Protestanten applaudiert. Ach, Castiglione ist vor zehn Jahren gestorben.

Dass man in Coimbra nur von der Dresdner Demütigung redet, ist übertrieben. Die Zeitungen haben sich dem Unabhängigkeitskrieg in der Neuen Welt zugewendet, wo gerade ein Spion gehenkt wurde. In London wurde das Perpetuum mobile gefunden, es läuft mit Dampf.

Das Zentrum der Automatenbranche ist ein Land, in dem die Uhren anders gehen. Noch verrückter ist es, solche Apparate ins Tatarenland zu bringen, das sich einen Dreck um den Handel mit Europa schert. Gerade einmal zwei Häfen hat der Kaiser den Europäern geöffnet, die Männer der Societas lässt er vertreiben. Gibt es Verrückteres? Gibt es! Eine Frau in Männerkleidern, die an den Hof kommt und singende Hirten mitbringt, weil sie danach giert, die wilden, stolzen Tiere zu sehen, die in Bambuskäfigen auf tote Hasen und Hühner warten. Die handtellergroßen Schmetterlinge in Rot, Orange, Gelb und Schwarz. Pflanzen und Blumen, die dort am Feldrain blühen, während sie in europäischen Orangerien und Gewächshäusern welken. Hohe Gebirge mit schroffen Felsen, ewigem Eis, dichte Wälder, in denen der Bambus in den Himmel wächst. Der Gelbe Fluss, sagt man, ist gelb vom Staub weit entfernter tatarischer Wüsten. Und schließlich: verbotenes Treiben in der Verbotenen

Stadt, deren Wunder alle anderen sieben in den Schatten stellen. Auf den Firsten der zauberhaft geschwungenen, blau glänzenden Dächer sitzen Tiere und Fabelwesen und schützen die Menschen darunter vor Sturm und Feuer.

Seit Adam durch meine Gedanken spukt, ist mir, als ließe ich mein Glück fahren im fernen Reich der Mitte. Er wartet an der Allee des Botanischen Gartens. Wir setzen uns an den Rand des Brunnens, rundherum Palmen, weiß blühendes Gebüsch. Hier wären Jacquins Orangen süßer. Mir ist entfallen, was ich Adam sagen wollte. Wir reden vom Wetter. Das Klima zu studieren wird die Welt retten.

»Herhausen träumt von einem Automaten, der Kühe melkt, es ist eine unwürdige Tätigkeit.«

»Da wüsste ich unwürdigere.«

»Das kann eine Maschine nicht.«

»Nun ja.« In Adams Hand flattert die Morgenzeitung mit der Dampfmaschine, ein Kolben, der rhythmisch in einen Zylinder stößt.

»Was soll noch kommen? Ich kann mir kaum ein Gebiet vorstellen, das noch der Neuerung bedarf. Außer dem Fliegen.«

Adam verscheucht Mücken. »Die Menschen früherer Zeit waren nicht weniger erfindungsreich. Wie mag es ihnen ergangen sein, als sie aus dem Paradies vertrieben wurden? Wie haben Kain und Abel gelernt, welches Gras sie anbauen sollten? Wie fanden sie heraus, dass die Körner zu Brot werden, wenn die Frauen sie mahlen, mit Wasser verkneten und in den Ofen schieben?«

»Du denkst an die Frage, ob Beurteilungen a priori möglich sind.«

»Ich denke an Vertriebene, die plötzlich Arbeit hatten.«

»Die ist uns geblieben.«

»Manchen.«

Adam stützt sich auf den Brunnenrand, seine Finger berühren meine, ein Strahl göttlichen Lichts hat mich gestreift, flutet durch mich hindurch, leuchtet aus mir heraus, rötet meine Wangen.

»Soll ich dich zu Herhausen begleiten?«

Ach richtig, zu dem sollte ich auch noch.

18. Schön ist es auf Gottes Welt, wo die Tugend meistens lächelt

> *»Die Einsamkeit ist die traurige Schwester des Alleinseins.«*
> Fei Lipu, »Baumland«, Abschnitt 18.11

Clemens Riedel umarmte mich, ich solle nicht traurig sein. Ich war traurig. Er war der klügste unter den Dekurionen und der sanfteste. Ich hätte noch fünf andere nennen können, die Briefchen am Eingang versteckten. Es waren Externe, da waren die Patres nicht so streng. Matthias kam tränennass hereingeschlichen, drückte Clemens ein Bündel in die Hand. Er wickelte es aus, es war eine ungarische Hartwurst, die Clemens so liebte. Gemeinsam begleiteten wir ihn zum Droschkenstand in der Wipplingerstraße. Noch einmal legte er seinen Arm um meine Schultern, flüsterte, ich soll vorsichtig sein hinter dem Stadtwall.

Gretes Kindl kam am Montag nach dem Weißen Sonntag. Ein Bub mit großen Augen, schmalem Gesicht und feinen Gliedmaßen, so still, als wüsste er, dass ihn seine Mutter sonst gleich in einem Korb an die Kirchentür hängt. Jakob sollte er getauft werden, wenn der Wochenfluss versiegt war. Ich zog nassen Stoff vom Hintern, packte Jakob in trockene Tücher. Der Knabe sah ernst drein. Grete las. Jakob schlief an ihrem Busen ein. Wielands »Geschichte des Agathon« rutschte auf den

Boden. Gretes Arm baumelte von der Lehne. Ich hob Agathon auf, legte ihn neben die Steingutvase. Die neumodischen Romane müssten erst beweisen, dass sie die Jahrhunderte überdauerten, klüger war es, sich an die Autoren der Antike zu halten, sagten die Magistri und teilten die alten Schinken aus.

Drei Monate dauerte es, bis schwere Miasmen durch den Rottenhof zogen. Grete klagte über Übelkeit und Bauchkrämpfe. Sie war blass und ausgezehrt. Ich riss die Fenster auf. Sie schrie. Die Fenster mussten geschlossen bleiben. Ohne Chinin war sie verloren. Ich ging in die Küche, heizte den Herd an, es gab nichts. Kein Gemüse, kein Fleisch, nicht einen Knochen. Ich holte Suppe von der Garküche. Der Kleine greinte immer noch zu leise. Bis zu den Knien waren seine Beinchen mit Exkrementen verklebt. Ringelblumensalbe war keine unter Gretes Cremen-Allerlei. Ich streichelte seine kalten Füße, barg sie in meiner Faust, es wollte kein Blut in die Gliedmaßen strömen, die Haut am Bauch schrumpelte.

»Grete, mach die Augen auf, du musst ihn stillen.«

Sie fasste meine Hand, dass die Finger schmerzten. »Er gehört dir.«

»Zu früh«, flüsterte ich, sie war schon in Trance. Ich ertrug den Anblick der Not nicht mehr. Der Apotheker mischte drei Teile Frauenmantel, einen Teil Beifuß, einen Teil Himbeerblätter. Grete war zu schwach, mir zu widersprechen.

Eine Schwester Charlotte war dann da, Gretes Wangen wurden rosiger, Jakobs kleine Arme und Beine waren nicht mehr knochendürr, Fleisch zog sich über seine Rippen. Zum Fest der Maria Dolores kam Pater Anselm selbst in den Speisesaal. Grete war in der Nacht eingeschlafen.

Zum Heulen setzte ich mich auf den Abtritt. Die Tränen flossen und flossen, kein Tuch war groß genug, sie zu fangen. Abends lag ich im Bett und weinte in die Decke. Seit ich von zu Hause weg war, hatte mich niemand so geliebt wie sie. Einfach so. Sie war mir alles, Vater, Mutter und beste Freundin. Sie war die Schwester, die ich nie hatte. Wäre sie bei uns geboren worden, ich wäre zu Hause geblieben. Warum hatte Er sie zu sich geholt? Gerade jetzt, da ihr Leben anfing, das richtige Leben. Wir hätten Jakob erzogen, wir zwei. Ja, er war der Sohn einer Kurtisane und eines verkleideten Mädchens. Wie das hätte vonstattengehen sollen? Wir hätten es geschafft, wir drei. Jakob braucht einen Pass? Einen Stammbaum? Der Sohn des Abdeckers hat alles: Nichts zu danken, 20 Gulden. Was aber sollte jetzt aus ihm werden? Warum, lieber Gott, warum hast du sie mir weggenommen, warum hast du sie Jakob weggenommen? Hatte sie es weniger verdient zu leben wie die Bürger, die am Sonntag in die Kirche laufen und am Montag zu den Huren und ihr Geld ins Wirtshaus tragen, aber an den Bettelkindern achtlos vorbeigehen? Erst wurde Clemens weggeschickt, jetzt war Grete tot. Ich biss in meine geballte Faust, war wütend auf Gott und die Welt und wenn Gott wütend auf mich war, sollte es mir recht sein.

Ich stand an einem reißenden Fluss, musste hinüber. Ich musste Steine sammeln, eine Brücke bauen. Wieder war Pater Anselm meine Brücke. Tagelang schob ich es vor mir her, ihn zu fragen: »Was ist mit Jakob? Ist er bei Grete?«

»Schwester Charlotte hat ihn zu den Elisabethinen gebracht.«

Ich war froh, dass er lebte. Natürlich war ich froh. Ich wollte das nicht denken, es war aber trotzdem da: Wenn Jakob mit ihr gegangen wäre, wäre Grete nicht so einsam gestorben. Jetzt lastete die Bürde auf mir. Ich musste ihn holen. Was sollte ich dann mit ihm anfangen?

Es war bitterkalt im Schlafsaal. Ich nahm Stift und Heft, zog mich an, setzte mich in den Speisesaal, schrieb bei Mondlicht und flackernder Kerze. Ich schrieb: Zum Notarius gehen. Das Geld für Jakob nehmen. Eine Amme suchen. Später eine Familie bezahlen, die ihn adoptiert.

Am freien Mittwochnachmittag ließ ich Matthias und Hans allein Ball spielen, trabte Wollzeile und Stubengasse hinunter. Die Landstraße war von großen Gebäuden gesäumt, die nichts Ländliches an sich hatten. Das Hospital der Elisabethinen hatte die Farbe reifer Marillen, es sollte die Kranken hoffen machen, wieder lebend aus dem Spital entlassen zu werden. Ich blickte endlose Fensterreihen entlang. Wo weinten die Säuglinge? Hinter verschlossenen Türen an langen Gängen stöhnten und schrien die Kranken. Schwestern mit ausladenden Hauben trugen Schüsseln mit Blut, Unflat, Erbrochenem von einem in den anderen Trakt. Wo war Jakob?

Der Zeigefinger einer Schwester mit weißen Zähnen und roten Backen rutschte eine Namensliste hinunter.

Das Kleinkind von Dienstagmorgen lag bei der Wöchnerin, die am gleichen Tag gebracht wurde. Da atmete ihr eigenes Kind nicht mehr.

»Es ist das Kind meiner Schwester«, sagte ich.

»Es ist das Kind einer Hure«, sagte die Verwalterin.

»Ich nehme den Buben mit.«

»Zeigen Sie mir Ihren Pass.«

»Belcredis brauchen keinen Pass.«

»Belcredi? Kenne ich nicht.«

»Unser Stammhaus ist in Mähren.«

»Eine Edle aus Mähren wirft ein Bangert in der Vorstadt?!«

»Sie sollte einen heiraten, den sie nicht leiden mochte. Vor drei Jahren ist sie davongelaufen. Mit einem Windbeutel, der sie hat sitzen lassen.«

»Von dem ist der Kegel?«

»Ich weiß es nicht.«

Schwester Brunhild kam schwankend herein. Jakobs Köpfchen kippte nach hinten. Ich sah in kleine dunkle Augen, es waren nicht Jakobs.

19. Ein Mann, ein Mann, ein braver Mann wünsch ich einmal zu sein

>*»Bereite dem Glück einen guten Boden.«*
>Fei Lipu, »Baumland«, Abschnitt 28.11

Adam sitzt nicht mehr am Tisch der Mediziner in der Bibliothek. Er streift durch die Armenviertel, extrahiert faule Zähne, schmiert Wundsalbe auf Brandblasen, öffnet eitrige Geschwüre, betastet brandige Füße. Wir treffen uns in der Bodega. Er wird bald aussehen wie die bärtigen Engländer. Sein Geld trägt er in die Apotheke statt zum Friseur. Die Zeit der Entscheidung ist gekommen, er wird kein Gelübde ablegen. Mein Herz macht einen Satz. Jetzt, jetzt ist der Moment.

»Adam, du weißt nicht …«

»Oh doch!«, sagt er. »Bei dir ist das anders. Du wirst deine Mission im Tatarenland erfüllen. Ich will den Menschen hier helfen, nicht predigen, sondern tun!«

Die Musiker spielen, sie sind nicht wirklich traurig, sie verdienen bloß Geld damit. Wir trinken, schweigen, tunken Brot in dunkelgrünes Öl. Adam will wissen, was ich denke.

»Tu, was du tun musst.«

Er ist es zufrieden. Ich bin müde. Wir gehen getrennt nach Hause. Ich schlafe nicht, raues Linnen klebt an meinen Schenkeln. Warum bin ich stumm geblieben? Die Wucht des Pfandbriefschreibers hat die Rote Grete zermalmt. Der Knecht des Herrn von Pombal hat mich unter seinem Stiefel zertreten. Es muss etwas anderes geben, etwas Feines, Zartes, wofür sich Werthers Leiden lohnt. Nur einer kann es mich lehren.

Morgens bin ich so müde wie abends. Von Westen ziehen dunkle Wolken über die Stadt. Oft haben die Bücher der großen Bibliothek meine Neugier angestachelt. Heute bleiben sie stumm. Ich will sein, wo Adam ist. Will sehen, was er sieht, hören, was er hört, spüren, was er spürt. Sein Zimmer im Studentenheim ist leer. Ich laufe zum Fluss, überquere die Brücke, renne durch Gassen mit elenden Hütten. Im Gewirr von Gesichtern und Körpern suche ich nach muskulösen Armen, einem blonden Zopf, einem klaren Gesicht mit großer Nase, blauen Augen. Er ist nicht da. Es wird regnen. Ich suche Schutz unter unserer Platane auf unserer Bank. Durch das Blätterdach finden die ersten Tropfen ihren Weg. Mich friert. Bis ich im Lesesaal bin, ist der Mantel nass, aus dem Zopf rinnt es in meinen Nacken, das Hemd klebt kalt an meinem Rücken.

Franz Keller hat zu lang gefeiert. Der Schädel brummt von Wein und Bier und jetzt auch noch von Cassinis Meridiana. Wozu braucht man die? Ich nehme dem Ratlosen den Graphitstift aus der Hand, zeichne den Grundriss einer Basilika. Sie steht in Bologna. Vor 150 Jahren hat Cassini dort eine Meridiana bauen lassen, ein Gerät, das den Mittag exakter wies als alles Vorhandene. Ich zeichne ein Metallband, drumherum Rauten, die ich weiß und schwarz schraffiere. Das Band zerschneidet den Boden in ungleiche Hälften. Ich male ein Männchen aus wenigen Strichen, Cassini. Jeden Tag steht er woanders, liest den Lichtpunkt ab, notiert die Position. Franz ist nicht zufrieden mit meinen Männchen und Schraffierungen, mit Licht und Schatten. Wozu hat Cassini die Lichtpunkte gesammelt? Er bestimmte die Neigung der Erdbahn, berechnete, wie groß die Sonne im Durchmesser ist, wie sich das Licht in der Atmosphäre bricht. Cassinis Standardwerk zur Geodäsie steht im obersten Regal, ich sehe hinunter auf schwarze Insekten, sie schwärmen durch die hohen Rundbögen. Kinder des Prometheus, Nachtfalter, die gerade aus dem Kokon gekrochen sind.

Keller winkt mir zu, die Studiosi am Tisch sehen ihn befremdet an, er hat meinen Blick gefangen, zeigt auf den jungen Mann neben sich: Theodor, der freundliche, unauffällige Münchner mit dem aufgeräumten Gesicht. Die Familie seiner Braut gibt einen Tanzabend.

»Das wird ein Spaß«, sagt Franz und Theodor schaut unglücklich.

Die Pintos haben ein Orchester engagiert, das Menuette und Pas de Bourrées aus Paris mitgebracht hat. Franz verneigt sich vor einer jungen Dame mit flacher Nase, hoher Stirn und rotem Kirschmund. Sie schieben sich über das Parkett, weißer Spitzenhandschuh trifft feines Ziegenleder, Schritte nach vorn, verbeugen, die Finger voneinander lassen, die Damen drehen sich, die Herren stehen. Alle schwitzen. Ein Lakai offeriert moussierenden Wein, Franz trinkt drei Gläser, wischt sich den Mund ab, seine Dame ist im Hafen eines älteren Herrn mit hoher

Perücke und altvaterischen bequemen Schuhen gelandet. Theo winkt mich ins Herrenzimmer, will die Tür schließen, aber Franz wischt hindurch, setzt sich an den Spieltisch. Ich sehe wechselndem Glück zu, Franz ist am Verlieren, braucht mehr Wein. Theodor flüstert den Dienern ins Ohr, sie umschiffen den Glücklosen weiträumig, Franz wundert sich. Im Salon hängt ein Spiegel. Damen befeuchten Finger und ziehen Augenbrauen nach, Herren betupfen den Schönheitspunkt, Theo zieht mich zurück zu den Spieltischen. Alle sind verrückt nach Tric Trac, die Studiosi spielen es gar in den Gängen der Universität. Es riecht nach Lavendel, der Duft umspült ein dunkelrotes Kleid, aus dessen Ärmeln und Ausschnitt Spitze quillt. Die junge Frau lacht, klatscht in die Hände, wenn sie nach einem Pasch noch einmal würfeln darf. Franz glotzt auf die Spitzen an ihrem Busen, schiebt Steine von hier nach dort. Die Dame gewinnt.

Die Musik im Salon ist verklungen, Frauen bewundern die Rosenpracht im Garten, Männer erklären Sternbilder, die Frauen fächeln, die Männer hoffen auf Fortunas Gnade. Ich sehe mich im Spiegel. Ich bin blass, meine Lippen sind bleich, beinah grau. Über azurblauen Augen wölbt sich die Stirn zum braunen Schopf, an den Seiten fest nach hinten gezurrt, der Zopf ist zu lang. Ledrige Haut spannt sich über feste Wangen, formt klare Konturen. Der maronenfarbige Anzug fällt gerade, ich bin ein Mann.

Die Kartenspieler debattieren, wie sie das Gewonnene anlegen. »Das Automatengeschäft hat Zukunft«, sage ich. Der Herr im dunkelblauen Samt investiert nur in

Geschäfte, von denen er etwas versteht, etwas Einfaches, Geradliniges, etwas, woran die Menschen Freude haben. Tulpenzwiebeln? Ein Homunculus, wie ihn die Schweizer und die Franzosen bauten, passt nicht in sein Portefeuille. Mit randalierenden Franzosen macht man keine Geschäfte – allgemeines Kopfnicken – und von den Schweizern kauft man Uhren. Die Deutschen? Auf die ist erst recht kein Verlass. Die wollten einem gar Kempelens Schachtürken unterjubeln.

Kempelen! Hans zerrt Julius von Waiglein und mich über die Brücke, jenseits der Donau steht der Pavillon im Prater. An der Tür ist ein Gedränge, dass mir die Luft wegbleibt. Hans drückt mich hinein, wir sehen nichts, der Ansager verkündet das Wunder, ich stelle mich auf die Zehenspitzen, erhasche schmale Ausschnitte, Schuhe, ein Stück türkische Pluderhose, ein wenig Wams, den pelzverbrämten Turban zwischen Mänteln und Röcken. Später wird von Waiglein sagen, er hätte es von Anfang an gewusst. Der Automat, der die Figuren zog, war keine Maschine, sondern ein Mensch, falsch vom Turban bis zum Spitzpantoffel, vielleicht nicht einmal ein echter Türke.

Kempelen! Ein Betrüger, der Michael Herhausen in den Ruin getrieben hat.

Noch ein wenig Tric Trac, der Abend ist in die Nacht übergegangen, Franz liegt auf drei zusammengeschobenen Stühlen. Auf der Straße fragt mich ein Herr aus dem Spielzimmer, ob ich mitfahre. Ich hätte das Messer einstecken sollen, das mir Adam für José geschenkt hat.

Der Herr lächelt, schnippt mit den Fingern, ein prächtiger Landauer hält, eine junge Dame klettert hinein, sie sieht aus wie ihr Vater. Der Herr lässt mir den Vortritt. Es ist kühl und geräumig im Inneren. Der Herr fragt nach den Automaten. Ich erzähle von Pombals Plänen, den unverschämten Dresdner Constructeurs und ihren Forderungen. Der Herr hat Geld. Geld muss arbeiten. Sollte dieser unerwartete Segen auch nicht reichen, bringe ich echte Hirten an den Kaiserhof.

20. An einem Fluss, der rauschend schoss

»Halte an und sieh dich um, wenn du den Weg verloren.«
Fei Lipu, »Baumland«, Abschnitt 132.4

Schwester Charlotte hatte Jakob gleich beim Stephansdoms abgelegt, statt zu den Elisabethinen zu laufen. Ihr Mann wartete auf das Essen. Pater Anselm erzählte es mir, während ich Kringel malte, statt endlich die Übersetzung des ersten Buchs der Aeneis zu beginnen. Abenteuergeschichten von Seefahrern, die gegen wilde Tiere, Zauberer, Ungeheuer kämpften, las ich mit bebenden Knien. Ich vergaß, die Übersetzung in mein Heft zu schreiben, ich überhörte die Glocke, die zum Abendessen läutete oder zur Messe. Ich litt mit Penelope, wenn Odysseus bei Circe weilte, ich weinte, als Aeneas aus dem brennenden Troja floh und seine Frau zurückließ. An jenem windigen Frühlingstag rührte mich die Not des Aeneas nicht. Ich kaute an einem Bleistift, kritzelte deutsche Verse in mein Heft, umrahmte gedankenverloren Wörter mit Blütenranken, malte schwarze Kringel an den Rand. Tausend Geschichten über tote Kinder fielen mir ein. Säuglinge, die an der Stadtmauer in Gruben geworfen wurden, im Wald ausgesetzt und von Tieren gefressen wurden, von Räubern verkauft und als Sklaven an den Hof des grausamen Sultans kamen.

Maiglöckchen dufteten neben dem Stapel unserer Pensa. Ein unleserliches Pensum ist gar kein Pensum.

Magister Moser betastete schrumpelige Rosenblätter in einer Jardiniere. Einer, der ein simples Bagatellgedicht in unentschuldbarer Hast und Unaufmerksamkeit hingeschmiert hatte, verlangte jetzt auch noch Unterrichtsdispens. Ich sah betreten zu Boden, dachte an die Kringel, die Aeneas begleiteten, sie würden Moser auch nicht gefallen.

»Die Schrift ist der Spiegel der Seele«, sagte Moser. Gegen geistige Verwahrlosung helfen Karzer und Beten. Gegen Rosenmehltau gewässerte Milch. Ich kopierte Catulls Bagatellen sorgfältig, streifte die Feder dreimal ab, bevor ich sie auf das Blatt setzte, hielt sie aufrecht, malte Buchstaben für Buchstaben in steter Neigung auf gerade Linien, achtete auf gleiche Unter- und Überlängen, schrieb auch den Anfang der Aeneis neu. Dann stieg ich aus dem Fenster.

Der Dompfarrer war ein leutseliger Mann. Vor Monaten hatten Ministranten den letzten Säugling gefunden, in der Kirchenbank ganz hinten. Wenn jemand wusste, wo das Kind hingekommen war, dann die Bandlkramerin gegenüber, eine neugierige, aufdringliche Person.

Das Kurzwarengeschäft war schwierig in diesen Zeiten. Just als es sich herumgesprochen hatte, dass die Band- und Knopfwarenhandlung Schober beim Stephansdom neben gewöhnlichen Schildpattknöpfen auch solche aus Elfenbein und weißem Meerschaum führte, kamen die Blattern. Ein Wundermittel hätte es da gebraucht. Ein richtiges Wundermittel, das die Narben glättete und die

Lippen rötete, nicht wie das Einimpfen, von dem man nicht weiß, was es tut. Ach, hätte die Bandlkramerin bemerkt, dass es ein Säugling war, den die Frau im blauen Rock an der Kirchentür hingelegt hatte, meiner Seel, sie wäre hinausgelaufen, ihn zu holen, auch wenn sich bei dem Wetter die Blattern besonders leicht verbreiten, und eine Kundin war auch im Laden. Als hätten sie es vereinbart, kam dann die andere. Gleich hatte die Händlerin gesehen, dass es nicht die gleiche war. Der Rock der Ablegerin war ausgebleicht und von dünnem Stoff, Leinenbindung, Billigware. Der Rock der andern aber, der war gediegen. Das sah Frau Schober sofort, jetzt, da wir alle blank gingen, die Röcke sich im Wind bauschten. Beste Schneiderware war das. Die Frau, die den Buben mitnahm, ging Richtung Stock im Eisen. Da wohnte sie vielleicht, aber nachspioniert hatte ihr die Bandlkramerin nicht, sie kannte die Dame nicht, gekauft hatte die bei ihr nie, das wusste sie gewiss. Jung war die Frau, und eine fein geschnittene Nase hatte sie. Vom Waisenhaus war die nicht. Im Waisenhaus nehmen sie die ganz Kleinen nicht, die kommen zu den Elisabethinen, da sollte ich fragen. Und beim Pfarrer.

Von Waiglein hatte auf mich gewartet, zerrte mich zu unserem Lehrer. Moser war ein friedfertiger Pflanzenliebhaber, schlug mich nicht, ließ mich neben dem Fenster seiner Kammer auf einem knorrigen Ast knien. Das Holz bohrte sich in meine Kniescheiben, später wusste ich nicht zu sagen, ob Knie, Waden, Schenkel oder Rücken mehr wehtaten. Der Schmerz machte mich schwindlig, ich stützte mich an der Mauer ab, Moser schlug mir auf die Hände, ich taumelte zurück.

Eine Stunde Scheitelknien verursacht Inflammation der Knie, das Skelett wird durch den widernatürlichen Druck erschöpft, Rippen und Wirbelsäule sinken zusammen, es kommt zur Congestion der Verdauung, wodurch sich schwarzes Blut staut, das wiederum die Galle überlaufen lässt. So erklärte es Matthias, der Arzt werden wollte. Hans sagte, ein paar Ohrfeigen richteten größeren Schaden an. Von Waiglein schlug nächtliche Concertationes im Hof vor. Die Kampfhähne standen sich gegenüber, von Waiglein zwischen ihnen, eine Fackel in der Hand. Die Buben versammelten sich nach Sympathie und Laune hinter den Kontrahenten. Durch die kräftige Erschütterung des Kopfs ertöne in den Ohren ein Klingeln, das mit Pech nie mehr verstumme und den Menschen in den Wahnsinn treibe, sagte Hans. Zudem wird das Gehirn dermaßen geschüttelt, dass es sich aufbläht, zur doppelten Größe anschwillt. Vielen dergestalt zu Tode Geprügelten sei das Gehirn durch die Nase entwichen. Ich stimmte für Matthias, insgeheim für Hans. Matthias hatte mich nicht gesehen, damals bei der Roten Grete. Backen geschwollen wie ein Hamster, der die Körner ins Nest trägt, rotblau, blauschwarz, dann gelb und grün schillernd. Die blutige Nase, die blutigen Lippen, Geschmack von Eisen im Mund. Er war nicht dabei, als ich bloß leere Suppe schlürfen konnte, die Kiefer sich gegen das Öffnen sperrten. Ein kurzes Brennen der Wangen, nannte er es. Es war nicht kurz. Tage lag ich auf der Chaiselongue. Hob ich den Kopf, schwindelte mir, vor Schmerz oder geschütteltem Gehirn. Innen wie außen war alles Schmerz. Jetzt hatte ich wieder Schmerzen. In den Knien, den Hüften, den Waden. Ich spürte die Congestion in allen Knochen, als zöge man mir jeden einzeln aus dem Leibe. Aber es verging, ich konnte vergessen.

Moser kartierte Blühendes und Krautiges, die Blätter eines gewöhnlichen Lattichs verschwanden zwischen denen des »Wienerischen Diariums«. Unter dem niederländischen Atlas verlor der Lattich seinen Saft.

»Wie viel Milch, wie viel Wasser brauchen die Rosen?«

»Einen Teil Milch, drei Teile Wasser.«

Moser senkte den Topf auf Höhe meiner Augen. »So?«

»Genau so.«

»Soll ich die Rosen damit gießen?«

»Das genügt nicht. Sie müssen mit einem Tuch die Blätter abwaschen, jedes einzelne.«

Der Tafelschwamm sog die gewässerte Milch auf. Wir arbeiteten in Stille. Die Blätter waren braun und gelb gesprenkelt, die Ränder kräuselten sich. Wasser netzte die Tischplatte, spritzte auf den Folianten neben meinem Ellbogen. »Asien« stand in Magister Mosers Tafelschrift auf dem Buchdeckel. Ich wischte schnell drüber, bevor Moser es merkte.

»Afrika und die beiden Amerikas liegen auf dem Nachttisch. In zwei Wochen ist der Rhabarber trocken.«

»Rhabarber?«

»Gehört hier hinein, Asien. Die Tataren essen ihn mit Huhn.«

»Woher haben Sie den?«
»Getauscht.«
»Ist die Rose auch aus Asien?«
»Die Rose ist aus Eckartsau.«
»Auch getauscht?«
»Nein, die hat mir eine schöne Frau geschenkt.«
»Was ist mit ihr?«
»Sie hat den Schlossverwalter geheiratet.«

Am Montag geschah ganz und gar Außergewöhnliches. Ich bekam Post von einem Notarius. Grete Helbig hatte mir drei Perlencolliers, einen Ring mit einem milchigen Opal und zwei mit Smaragden und eine Kette mit Anhänger vererbt, blutroter Rubin in güldenem Bett. Der Notarius sah mich über den Rand seiner Brille an, seine Perücke wackelte, Puder bestäubte die Dokumente. Ärgerlich säuberte er das Papier. Er fragte nach Jakob. Es waren nur ich und Gretes Aufpasser da. Sollte Jakob nicht binnen dreier Monate gefunden werden, ging das Geld an den Fiskus. Der Aufpasser hatte jetzt ein eigenes Haus, Transdanubien zwar, aber ordentlich. Er passte gut auf, das wüsste ich. Wer die Blattern hatte, durfte erst hinein, wenn kein Eiter mehr aus den Beulen kam. Einen wie mich, der mal dieses, mal jenes war, den könnte er gebrauchen.

Ich half Anselm, die Suppe aufzutragen. Dann endlich war Zeit für den Brief.

Liebe Philippine,
du weißt, ich habe mir das Lesen, Schreiben, Rechnen selbst beigebracht. Eher hätte mich mein Vater in die Hölle geschickt als zur Schule. Was du kannst, Latein, Griechisch, die Formeln des Pythagoras, war mir unerreichbar. Die Menschen in den Büchern aber waren mir lieber als die, die ich leibhaftig getroffen habe. Bis du kamst. Ich weiß nicht, wie du es angestellt hast, deine Seele schön zu halten. Vielleicht sind es die frommen Männer im Konvikt, die es dich lehren. Ich habe deine Hilfe gebraucht wie du meine. Ohne dich wäre ich zur Engelmacherin gegangen. Das Büberl aber ist das Beste, was mir je widerfahren ist. Heute ist er klug, einmal wird er weise sein. Er weint nie, schaut sich um, die Welt versinkt in seinen Augen. Mein Körper, du weißt es, ist nicht für das Kindermachen gedacht. Ich spüre, dass ich ihn verlassen muss. Pass auf Jakob auf. Schick ihn zu den Mönchen, sie sollen einen anständigen Mann aus ihm machen, einen Gelehrten, das würde ich mir wünschen, einen Dichter gar. Wenn er alt genug ist, erzähl ihm von seiner Mutter. Sag ihm, sie war eine Kurtisane, die die Reichen geschröpft, den Armen gegeben hat.
   Vergiss mein nicht.

Die Edelsteine brauchte ich, um Jakob zu finden. Der Brief war mir heilig. Ich hatte Ausgaben. Der Notarius verlangte seinen Teil. Der Pfandleiher forderte über Gebühr. Die Last des Legats wog schwer, nach und nach erst erlangte ich Gewissheit. Mein Bett war eines der uninteressantesten des Konvikts. Ich winkte mit einem Fünf-Kronen-Bancozettel. Die Bandlkramerin würde einen Boten schicken, sollte sie die Frau mit dem Kinde wiedersehen. Bei den Bettelkindern genügten fünfzig Heller und Schnaps. Kurz vor Johanni beobachtete einer eine Frau mit Haube, blauem Rock und Mieder, die auf den Markt ging. Sie trug einen Säugling in einem Tuch und verschwand im Margaretenhof. Es war ein Omen. Das Haus hieß wie die Mutter meines Mündels.

21. Schlage doch, gewünschte Stunde

> »*Unvermögen ist die Wurzel des Zorns.*«
> Fei Lipu, »Baumland«, Abschnitt 47.11

Ich erwache mit Kopfschmerzen, die Morgensonne blendet mich. Ich höre ein Poltern auf den Stufen. Was macht José hier? Ich schiebe das Bett vor die Tür. Jetzt ist es still. Der Kopf dröhnt, ich schleiche zur Tür. Da ist niemand, meine überspannten Nerven haben mir einen Streich gespielt. Ich höre die Glocken der Kirche Sé Nova, zähle die Schläge. Es ist Mittag. Jesus Christus! Ich trinke den Wasserkrug aus. Wie bin ich in mein Zimmer gekommen? Herr da Costa, seine Tochter und ich sind bei einer Taverne stehen geblieben, haben einen Krug Wein gekauft, sind weitergefahren, zum Fluss, zu einer Wiese, die Nacht war sternenklar. Der Kutscher breitete eine Decke aus. Wir tranken, dann war da noch ein Krug Wein, wo kam der plötzlich her? Wir ließen ihn reihum gehen, wir lachten, die Tochter des reichen Herrn lehnte sich an meine Schulter. Ich streichelte ihr Haar.

Lampe stapelt Hemden, Hosen, Röcke in die lederbezogene Reisekiste. Am Morgen hat Herhausen den Constructeurs eine Depesche geschickt. Dann ist er verschwunden. Ich setze mich auf eine Bank. Ich gehe auf und ab. Ich setze mich auf einen Stuhl. Was ist mit den Gerätschaften in der Scheune? Lampe weiß es nicht. Die Scheune ist mit einem Vorhängeschloss versperrt, durch die Schlitze der Bretter sehe ich zugenagelte Kisten. Der Boden ist gefegt, es sieht nicht nach Arbeit aus.

Lampe hat Kannen für Café und Kakao in lange Unterhosen eingeschlagen, sie gehen sonst beim ersten Schlagloch zu Bruch. Michael Herhausen kontrolliert die Pässe, fragt nach der Weinbrandkaraffe, sie ist auch schon verpackt, ganz unten drin. Er trinkt aus der Flasche, schnappt nach Luft. Wo die Constructeurs sind? Herhausen zuckt die Schultern, will lieber wissen, wo die schwarze Chinalackdose mit den Kranichen ist.

»Steht in Köln«, sagt Lampe übellaunig.

In welcher Herberge logieren die Constructeurs? In der besten Coimbras selbstredend. Dort sind sie nicht, vor zwei Stunden abgereist. Wir müssen die Dresdner zurückholen. Gleich! Warum denn? Herhausen nimmt einen Schluck Cognac, verzieht den Mund. Ich habe das Geld, genug für hundert Automaten und ebenso viele Mechaniker. Pombal kann einpacken. Herhausens Kinn sackt herab. »Stehen Sie nicht herum, wir brauchen die Dresdner!« Ich stürze ins Stiegenhaus, Herhausen fasst mich am Rockschoß. Und die Bedingungen? Es gibt keine Bedingungen. Fast keine. Ich soll Herrn da Costas Tochter heiraten. Wenn es ihrem Kopf so geht wie meinem, hat sie es vergessen. Nüchtern betrachtet bin ich keine gute Partie.

Wir laufen zu den Postkutschen. Nur Lampe bleibt händeringend im Salon. Wohin sind die Dresdner gefahren? Richtung Norden natürlich. Die sichere Route ist die über Madrid. Also nach Osten. Herhausen spuckt auf den Boden, nein, die sind nicht nach Madrid, die sind nach Pombal, sicher nach Pombal. Wer führe unverrichteter Dinge nach Hause? Dann eben nach Süden. Wohin jetzt? Aufteilen, einer dahin, einer dorthin. Herhausen eilt in die Wohnung. Lampe fährt nach Porto, Herhausen nach Madrid. Ich soll bei Pombal nach den Constructeurs fragen. Ich fahre nicht nach Pombal. Herhausen verdreht die Augen. Schnell, schnell, da Costa will nicht die Katze im Sack kaufen. Warum habe ich versprochen, Herhausen und die arroganten Deutschen mit Senhor da Costa zusammenzubringen? Ich fahre nach Madrid. Die Kutsche rumpelt einen schmalen Weg entlang. Er schraubt sich die Berge hinauf. Mir wird schlecht, ich lasse nicht anhalten. In Guarda steige ich mit wackeligen Knien aus. Die Sonne neigt sich. Auf dem Hauptplatz steht eine gotische Kathedrale – Trutzburg des Glaubens gegen bärtige Mauren mit weißen Turbanen und schnellen Pferden – zusammengewürfelt aus viereckigen und sechseckigen Türmen. In frage einen jungen Stutzer, der müßig auf den Stufen hockt, ob eine Kutsche mit Deutschen durchgekommen sei. Ja, sagt er, ist gar nicht lang her. An der Grenze sind Pferde und Kutscher erschöpft. Der Grenzer kann meinen Pass nicht lesen, ein spanischer Fuhrknecht bürgt für mich. Er nimmt mich bis Salamanca mit. Wir teilen Brot und Wasser. Ich spreche sehr langsam Italienisch, er sehr langsam Spanisch. Roma, sagt er und schnalzt mit der Zunge. Ach, so schön war es dort nicht.

Jede Stadt hat ihre Melodie. Wien ist ein Cello, sein Klang ist tief, weich und sonor. Salamanca ist wie Coimbra gestimmt, hoch und durchdringend, eine quirlige Flöte. Der Himmel ist weiter in südlichen Gefilden, die Sterne sind näher, strahlen heller. In Trauben flanieren Studiosi am Fluss entlang, strömen in die Gaststätten, debattieren über Gott und die Welt, jüngst mehr über die Welt als über Gott. Laut sind die Studenten. Ich sage daheim und denke an Wien, an das Stuwerviertel, das Konvikt, das Lyceum. Ich sage daheim und denke an den Hof, den Bach, den Wald, die Burg. Aber das hier ist jetzt mein Zuhause: überfüllte Tavernen mit lärmenden, naseweisen Studiosi in langen Talaren, Büchern unter dem Arm.

In welchem Ospedale sind zwei Deutsche abgestiegen? Das Beste am Platze hat nur vier Zimmer, alle belegt, Deutsche sind nicht dabei. Von Herberge zu Herberge werden die Betten schmaler, das Essen einfacher. Neben mir steht plötzlich ein junger Mann, er rudert mit den Armen. »Alemanes«, sagt er »sí, sí.« Wir laufen quer durch die Stadt, vorbei an der Universität. »Columbus«, sagt mein Stadtführer. Ja, ich erinnere mich. In Salamanca hat Columbus skeptischen Professoren erklärt, weshalb er nach Westen segelt, wenn er in den Osten will. Ich suche zwei deutsche Constructeurs, die einem skeptischen Geldgeber erklären, wie man mit Automaten im Fernen Osten Geld verdient. Sind sie denn in Salamanca abgestiegen? Der Weg wird immer länger, ich bleibe keuchend stehen.

»Alemanes? Dos!« Ich deute zwei Männer an, einen kleinen, einen großen.

»Sí, sí!«, sagt mein Führer, »dos alemanes«, ein kleiner, ein großer. Die Straßen werden enger, die Laternen seltener, ich stolpere.

22. Hier liegt vor deiner Majestät im Staub die Christenschar

»Ein langer Bart allein macht keinen würdigen Mann.«
Fei Lipu, »Baumland«, Abschnitt 99.7

»Indisch!« Magister Moser öffnete eine Kiste, darin Blätter, Pflanzen, Rindenstücke ineinander verstrickt waren.
»Woher haben Sie die?«
»Geerbt. Von einem Münchner Züchter. Wir haben uns geschrieben. Seine Söhne lieben das Kartenspiel mehr als die Pflanzen.«
Vorsichtig hoben wir die Teile aus der Kiste. An Stängeln und Wurzeln hingen Zettel: Zimt, Schraubenbaum, Indigo. Ich hielt die Lupe, Moser wickelte Orchideenkringel aus den Stämmchen eines Rhododendrons. Behaarte Blätter kratzten mich am Handballen. In Büscheln steht die Reispflanze im Boden, am Fuß des höchsten Gebirges der Welt, dessen Gipfel in Wolken und Eis gehüllt sind. Im Dschungel wächst der Pfeffer neben dem Zimtbaum, süß und herb duftet seine hellbraune Rinde, im dichten Laub lauert die Kobra.
Ich bettete herzförmige Blätter mit kräftigen Adern auf die Annoncenseite des »Wienerischen Diariums«.
»Nimm lieber das hier«, sagte der Pater. Er reichte mir weiße Bögen, arrangierte lila Indigoblüten auf dickem Büttenpapier, legte sie auf den Katheder, schob die Brille

zur Nasenspitze. Der Anfang eines vielversprechenden Herbariums asiatischer Pflanzen?

»Ich habe keinen Gönner, nichts zu tauschen.«

Er legte die Indigoblätter zu den anderen im Herbarium, davon hatte er genug. Das Rhabarberblatt war zu groß für das Buch, die Ränder des Blatts fielen aus dem Buch, hingen schlaff herab. Die Druckerschwärze war verschmiert, einzelne Wörter waren lesbar, der Kronprinz war nach Buda und Pest gereist. Deshalb also wählte Moser jetzt weißes Papier statt der Zeitung.

»Wir wollen nicht aus dem Pfefferblatt erfahren, wie es Kaiser Joseph in Prag oder Tiefenbach gefallen hat, nicht wahr?«

»Hat der Münchner Sammler auch Rhabarber?«

Moser zeigte mir sauberen, kräftigen Rhabarber. »Der ist für die Sammlung, aber unseren Freund hier behalte ich auch. Wer hat schon bedruckten Rhabarber im Herbarium?«, fragte er schmunzelnd.

Ich kaufte ein Sortiment bunter Hutschnüre, Bänder und Garne, legte sie in einen Korb, betrat das Haus, das nach einer Margarete benannt war. Im Stillen rekapitulierte ich, was mir der Bettelknabe über die Frau gesagt hatte, die mit dem Säugling in dieses Haus gegangen war. Wieder beschlichen mich Zweifel. War es nicht ganz und gar unwahrscheinlich, dass die Frau, die der Bettelknabe gesehen hatte, wirklich Jakob mitgenommen hatte? Ich war drauf und dran umzudrehen. Ich schalt mich feige, stieß das Tor auf. Im Margaretenhaus war es kalt. Nicht umkehren, nur nicht umkehren. Ich klopfte an die erste

Tür, mein Herz klopfte lauter. Eine Zofe mit schmalen Lippen und runzligen Wangen klaubte spitzfingrig in meiner Ware, die Bänder waren zu breit, zu schmal, hatten nicht die richtige Farbe. Ich wusste nichts zu erwidern. In der Wohnung war es still. Meine Geschäfte liefen verlustreich. Zweimal hatte ich ein Glas Wasser getrunken, einmal Apfelmost. Eine ältere Frau tauschte Seidengarn gegen einen mottenzerfressenen Muff. Ich spendete ihn den Betteljungen von St. Stephan. Viele Kinder hatte ich gesehen, alle älter als Jakob.

Mutlos trabte ich über den Stephansplatz. Katharina Auenbrugger stieß mich in die Seite. Sie schob sich ein Bonbon in den Mund, hielt mir das Stanitzel unter die Nase. Ich versteckte den Korb mit den Bändern hinter meinem Rücken, sie hatte ihn längst gesehen, zog mich damit auf, ich lachte nicht.

»Geh, geh«, sagte sie. »Warum so verzagt?«

»Ich suche mein Mündel. Ich habe es verloren.«

Katharina zog mich Richtung Graben. »Erzähl!«

Sie hängte sich bei mir ein, als wären wir alte Bekannte. Jessas, sagte sie, während ich sprach. Von Grete, die das Kindbettfieber verbrannt hatte. Von Jakob, auf den ich nicht aufgepasst hatte. Im Auenbrugger'schen Klavierzimmer übte Marianne die immer gleiche Stelle einer Sonate. Kräftige Finger huschten über Ebenholz und Elfenbein. Tröstlich gluckerte die Melodie aus dem offenen Pianokasten. »Schau, wen ich auf der Straße aufgelesen habe. Unseren tapferen Seitenumblätterer.«

Marianne klatschte in die Hände. »Sechzig Heller, stimmt's? Papa wird immer knausriger!«

»Setz dich, ich muss nachdenken«, sagte Katharina. »Bei Haydn kommen mir die besten Ideen.«

Tante Zenzi wohnte im Margaretenhaus, ihre Tochter wurde wie Auenbruggers von Salieri unterrichtet. Sie übte nicht gern. Und vielleicht war Tante Zenzi deshalb streng zu ihren Nichten, die der liebe Gott mit so viel Talent gesegnet hatte.

»Das wird eine Gaudi. Die Zenzi-Tant wird grün und blau vor Ärger, wenn ich ihr sage, dass das ganze Viertel darüber redet: Ein Kind von der Kirchentür weggestohlen! Was für eine Schande! Tante Zenzi wird nicht ruhen, ehe sie alles darüber weiß.«

Das war dann zwei Tage später. Katharina zeigte auf eine Fensterreihe im zweiten Stock des Margaretenhauses. Zwei Mädchen in roséfarbenen Kleidchen saßen auf einer Decke aus bunten Flicken. Eines zog einer Puppe ein Kleid an. So eine Puppe hatte die Mutter von der Stanzi gehabt. Die Puppe war zum Anschauen! Zum Spielen waren die Kinder da, und wenn wir Langeweile hatten, gab es Arbeit im Stall. Das andere Mädchen grapschte nach der Puppe, gluckste, wenn es ihm gelang, sie an Arm und Bein zu fassen.

Clara Kuppelwieser saß an der Kante des Sessels. Sie drehte eine dunkle Kordel in ihren feinen Händen. Freilich war es eine Schnapsidee. Sie hätte es auch längst gemeldet. Aber Hannelore und sie waren befreundet, schon seit der Schulzeit. So eng waren sie, dass sie zur gleichen

Zeit heirateten, schwanger wurden. Hanna verlor das Kind. Und das nächste und das nächste, alles Totgeburten vor der Zeit der Niederkunft. Und dann war Hanna wieder guter Hoffnung. Und gebar einen Buben, ein kleines, zartes Wesen, das an seinem Daumen lutschte und ernst dreinschaute. Hannas Busen blieb trocken. Sie brauchte eine Amme, so wie Clara. Die Amme gab Jakob die Brust, fragte, wer das Kind zuvor gestillt hatte. Clara Kuppelwieser ahnte, wie es zugegangen war, dass Hanna plötzlich einen Buben hatte.

»Was würdest du tun, wenn deine beste Freundin ein fremdes Kind als ihres ausgibt?«, fragte Marianne, als wir wieder im Auenbrugger-Salon saßen.

»Zur Polizei ginge ich nicht.«

»Aber zu Freunden sollten wir doch ehrlich sein!«

Ja, zu Freunden sollten wir ehrlich sein. Grete wusste alles über mich. Die anderen kannten bloß Teile meines Mosaiks. Anselm hatte ich von Grete erzählt, Magister Moser von meinem Fernweh, meinem Schulfreund Matthias von meinem Elternhaus.

23. Wer so viel Huld vergessen kann

»Große Träume verblassen schneller als einfache.«
Fei Lipu, »Baumland«, Abschnitt 16.3

Mein Führer drückt mir etwas in den Rücken, eine Waffe. Er will alles. Mein Geld, meinen Pass, meine Kleidung, nur ein Hemd lässt er mir und als er das Loch in den Sohlen meiner Schuhe entdeckt, wirft er sie mir wieder zu, ehe er in der Nacht verschwindet. Ich stehe in Salamanca inmitten von nirgendwo. Jetzt helfen nur noch Beten und ein zerlumpter kleiner Kerl. Er schläft in der Pilgerherberge in der Calle de Calera, in der noch eine milbenverseuchte Matratze frei ist.

Wer nichts hat, muss arbeiten. In dem Viertel rund um das Hospiz liegt eine Apotheke. Neben dem Eingang lehnt eine Tafel, Aushilfe gesucht. Ein buckliger Herr in vergammeltem taubengrauem Rock und staubiger Perücke mustert mich. Seine Tränensäcke fassen viel Leid. Er zeigt auf Regale mit Tiegeln und Gläsern. Es gibt zu tun. Pulver, Pillen, Cremen abfüllen, dürre Pflanzen in das Herbarium sortieren, bevor sie zu Staub zerfallen. Es wird nicht so exotisch und weniger beschaulich als bei Magister Moser selig. Der Alte wirft einen Haufen trockenen Laubs und verdorrter Stängel auf den Tresen. Die Pretiosen gehören kategorisiert, katalogisiert, auf Herbarbögen geheftet und gepresst. Der Apotheker hat schlechte Erfahrungen gemacht. Leichtfertig werden

Versprechen gemacht, Unzuverlässigkeit ist das Signum der Jungen, behauptet er. Ein, zwei Monate verrichten sie den Dienst, nähren sich am Busen des Apothekers. Kaum haben sie ihr Säckel gefüllt, verschwinden sie und kehren nicht wieder.

»Fang mit dem Abwasch an. Regenwasser ist im Hof, Pottasche in der untersten Lade im Schrank.«

Die Gläser sind rußverschmiert, in den Tiegeln klebt ranzig Gelbliches. Herrje! Torres steht greinend neben dem Wasserbottich. Was sind wir Jungen für Verschwender. Der gute Salbengrund! Erst was die Spachtel nicht mehr fasst, wird dem Wasser gegeben.

Im Hinterzimmer liegt ein Sack. Mein Magen knurrt. Aus der Wohnung über mir zieht der Duft von Suppe und Terrine. Ich rolle mich zusammen, kann nicht schlafen, studiere die Abbildungen in einem pharmazeutischen Schmöker, suche nach Ähnlichkeiten zu den Trockengewächsen auf dem Tresen. Mit den Kerzen heißt es sparsam sein. Torres wird mir das Licht vom Lohn abziehen.

Er steht an der Theke, der Mann im fliederfarbenen Anzug und mit großer Masche auf den Schuhen klagt über Blasenschwäche. Torres verkauft ihm ein sündteures Döschen mit grauem Amber. Ich studiere mein Büchlein, finde mehrere Kräuter, die mir Torres bei Blasenschwäche genannt hat: Johanniskraut, Melisse, Schafgarbe.

Der graue Amber ist keine Pflanze. Torres rückt seine Perücke zurecht, untrügliches Zeichen für eine lange Rede. Früher hielt man den Amber für eine Art Erdpech, das auf dem Meeresgrund entsteht. Jüngst aber fand Paul

Dudley es heraus: Ambergris kommt in den Cachelotten, jener für ihre Bösartigkeit bekannten Walfischart, vor. Die Amberkugeln treiben in einem eiförmigen Beutel, in dem eine orangefarbene ölige Flüssigkeit sich befindet. Die Kugeln werden nur bei den Männchen gefunden, vermutlich in der Urinblase, das ist noch nicht erforscht. Man sammelt den Amber an den afrikanischen Küsten, rund um die Inseln Madagaskar und Mauritius, und manchmal auch an den Gestaden der amerikanischen Küste. Gierige Händler vermischen ihn mit gewöhnlichem Gips. So ist es hier wie mit vielem: Während der schöne weiße Amber nur äußerlich schön ist, ist der graue, unscheinbare der echte, der, der mit Gold aufgewogen wird.

Ich notiere in mein Buch: Grauer Amber, Walfischurinstein, gegen Blasenschwäche. Torres streicht Blasenschwäche durch.

Heute Morgen hat er mich gelobt, wäre ein Anlass gewesen, nach Lohn zu fragen. Kranke und Sieche tröpfeln in die Apotheke. Torres ist in Hochstimmung, verkauft jedem ein Elixier.

Zwischen weichen Herbarbögen verdorren Blüten, Zweige, Blätter. Mit spitzen Fingern ziehe ich die Pflanzenmumien heraus. Sie sind zerbrechlicher als Glas. Weiße Blüten, zu Boden weisende Kronblätter, zarte weiße Stängel mit gelben Staubbeuteln. Die Blätter hellgrün, fast durchsichtig, mit kräftigen Blattadern: Myrte. Torres hat in winziger Schrift Fundort und Datum hinzugefügt. Ich benetze einen Pinsel mit Mehlkleister, klebe die vegetabile Kostbarkeit auf einen weißen Bogen. In

Körben warten Farne und Zistrosen auf frisches, trockenes Papier.

Die Glocke bimmelt, ein junger Mann tritt ein, blond, groß, blauäugig. Adam ist da, um mich zu holen. Ich springe schneller auf, als meine Augen erkennen. Es ist ein Student aus den Niederlanden, er klagt über kaum zu stoppende Diarrhö, seit er in das verfluchte Spanien gekommen ist.

»Laudanum«, murmle ich, ernte einen bösen Blick von Torres. Der Student wird mit Tausendgüldenkraut, Fenchel und Quendel hinauskomplimentiert.

Die Apotheke bleibt geschlossen. Gegen Abend taucht Torres auf, nervös, fahrig, blass. Wenig später schläft er im Sitzen ein. Adela bringt ihn hinauf in die Wohnung.

Neben, hinter, vor meinem leeren Sack knistert und raschelt es. Ich leuchte in alle Ecken. Eine braungraue Fellkugel mit nacktem Schwanz huscht unter den Schrank mit den Laden und Knöpfen aus weißem Porzellan. Die Ratte sitzt zitternd darunter, ich zittere davor. Ich lege zwei Kugeln Mäusebutter unter den Schrank, die Ratte ist weg. Es raschelt, es knistert. Etwas kitzelt meine Zehen. An den Oberschenkeln juckt es, am Bauch, an den Seiten, auf der Kopfhaut. Meine Haare richten sich auf, als streiche sanfter Wind über meinen Körper, ein Hauch nur, genug, mich frösteln zu machen. Es raschelt, es knistert. Nichts zu sehen, keine Bewegung. Der Boden knarrt oder sind es die Fenster?

Im Laden rumort Senõr Torres. Es ist Sonntag, Zeit für die Messe. Torres durchwühlt den Medikamentenschrank.

Die Laden der beiden Apothekerschränke stehen offen, die Körbe unter der Theke sind umgedreht, Kräuter und Blumen liegen wild durcheinander. Torres schreit mich an, will wissen, wo es ist. Was denn? Seine Perücke ist ein Schlachtfeld, das Hemd ist bis zum Nabel aufgerissen, die Binde hängt schlaff an den Seiten herab. Seine Augen sind rot. Auf der Stirn läuft ein blutiger Strich. Er kratzt sich an den Unterarmen, bis sie bluten. Was sucht er? Er sieht mich an wie ein gehetztes Tier, stößt mich zur Seite, wühlt wieder in den Laden, atmet schwer.

Endlich kommt Adela mit zwei Dienern. Sie packen Torres an Armen und Beinen, schleppen ihn fort. Ich bücke mich nach einer Salbendose. Der Deckel liegt unter dem Tisch. Lampe räumt auf, wenn Herhausen tobt. Ich bringe Tiegel, Schachteln, Gläser an ihren Platz, stelle Körbe gerade, klaube Pflanzen auf.

Ich habe Herhausen geschrieben. Ein Seltsames hat es mit Briefen auf sich: Die Pferde der Postkutschen gehen nur im Schritt. Werden sie wider das Postbeförderungsgesetz zur Eile getrieben, bleiben sie stehen. Die Deichseln der Postkutschen brechen bei jeder Fahrt. Die Wege der Postkutschen sind unergründlich. Postsäcke kippen um, Briefe treiben in Bächen, Flüssen ins Meer. Brief-Elstern kleiden ihre Nester mit Poststücken aus. Von Poststation zu Poststation verlieren die Postsäcke die Hälfte ihres Gewichts. Hat der Postbote seine Fuhre erhalten, entledigt er sich des kläglichen Rests in der nächsten Kloake und bläst fröhlich in sein Horn. Wer will, dass ein Brief ankommt, bringt ihn selbst nach Coimbra, geht wieder zurück, lässt eine Woche verstreichen, holt die Antwort. Hätten die Automatenbauer die Siebenmeilenstiefel schon erfunden, hätte ich es getan. Vielleicht hat Lampe den Brief zum Unterzünden verwendet. Oder Herhausen hat ihn ins Feuer geworfen. Oder Herhausen und Lampe sind nun doch abgereist. Herhausen sitzt in Köln in einer Spelunke. Mischt sich in Dresden unter die Constructeurs auf der Suche nach neuen Opfern, wartet in Königsberg vor dem Haus darauf, dass Kant heraustritt. Ein einsamer Brief verrottet unter dem Türspalt.

Tinctura opii simplex: neun Teile Wein, ein Teil Saft des unreifen Schlafmohns. Die Flaschen sind leer. Ich finde sie in der Besenkammer, zerbrochen, die Schildchen von dem Glas gelöst. Adela stellt sich hinter mich, schlägt die Hände vors Gesicht, als hätte sie eben herausgefunden, welcher Dämon ihren Mann treibt, warum er kein Laudanum verkauft, manchentags launisch, anderntags euphorisch ist, sie vormittags umarmt, nachmittags von sich stößt, sich weit über die Siesta hinaus in der Apotheke einsperrt, erst abends öffnet. Lange Stunden, den Liquor, nach dem er giert, zu sieden und abzufüllen.

In bin allein in der Apotheke. Zwei Wochen wird Torres zur Ader gelassen und andersrum entgiftet. Zur Nacht trinkt er Baldrian, zum Tag flößen sie ihm die Tinktur eines Schweizer Medicus mit geheimer Rezeptur ein.

Zu Wochenbeginn liegen Münzen auf dem Boden einer Glasflasche. Am Morgen esse ich mit den Dienern Hafergrütze, abends gibt es Brot oder Eintopf. Zweimal die

Woche stellt die Köchin Patatas mit Salz auf den Tisch. Die Patatas füllen Mund und Magen mit erdigem Brei. Die armen Leute essen sie häufig. In meinem Leben gibt es keinen Seppl mehr. Torres ist dankbar, dass ich ihm helfe, Adela ist dankbar, dass ich Torres hüte, die Diener sind dankbar, dass ein Studierter da ist, über den sie spotten können.

Das Herbarium bringt ein wenig Wien nach Salamanca. Ich habe einen Rhythmus gefunden, denke nicht darüber nach, dass die Aufgabe Flickwerk bleiben wird. Morgens sammle ich Kräutlein, Blümlein, Pflänzlein am Wegesrand, nachmittags lege ich sie in weiches Papier gebettet zwischen die dicken Folianten zur Pharmazie, die Torres in der hinteren Stube sammelt. Ich lege einen Streifen ein, auf dem ich das Datum notiere. 4. Oktober 1777 schreibe ich. In drei Wochen werde ich nachsehen, was aus meinen Vegetabilien geworden ist. Abends vor dem Zubettgehen ordne ich sie in die Bücher, beschreibe ihre Besonderheiten auf Plantaisch: gegenständige gestielte Laubblätter, traubige Blütenstände, zweilippige Kelchblätter, flachwurzelnd, steinbrechend, hochstämmig, sommergrün, winterhart. Nie kann ich widerstehen, das ganze jeweilige Buch durchzublättern, meine Schätze zu bestaunen.

Die Diener quasseln auf mich ein. Einer zieht mich am Ärmel. Draußen steht eine Mietdroschke. Daneben ein Mann in cremefarbener Livree. Ich kneife mich selbst in den Arm, da steht er. Da steht Lampe. Ich laufe zu ihm.

»Ha!«, sagt er. »Endlich habe ich Sie gefunden!«
»Hat Herhausen mein Schreiben bekommen?«

»Vor einem Monat.« Er reicht mir einen Brief. Er ist von Adela: »Hier gibt es keinen Philipp Moosleitner, überhaupt keinen Österreicher.«

24. Prinz Eugen, der edle Ritter

»*Klar seien deine Reden, einfach die Worte.*«
Fei Lipu, »Baumland«, Abschnitt 24.8

Berta von Seefeld war eine geborene von Danwitz. Sie hatte ihr zwanzigstes Lebensjahr erreicht, und noch immer zeigte sich kein passender Brautwerber. Ihr Vater willigte ein, sie Hofrat Seefeld, dem alten Hagestolz, zu überlassen. Er war 18 Jahre älter als Berta. Nach der Hochzeit blieb er hagestolz, ging zweimal die Woche ins Bordell und spielte Stoß in der Weihburggasse. Als Bertas Bauch zum dritten Mal schwoll, drohte er, sie zu verlassen, sollte sie nicht niederkommen. Berta besuchte Ärzte, Hebammen, aß nur Fenchel, Brennnesselspinat und Brot, kaute an einer bitteren Wurzel. Sie ging kaum außer Hause, um nicht in Wallung zu geraten. Zu Beginn des vierten Monats spürte sie Konvulsionen, es kam das Geblüt. Sie kleidete sich so, dass man Leibesfülle erahnen konnte. Eine Zofe auf dem Landsitz der von Danwitz war einst von einem Knecht geschwängert worden. Solch einer traurigen Mutter würde sie ihr Kind abkaufen. Sie wurde handelseins mit einer Frau aus der Vorstadt. Nach der Geburt heiratete die Frau einen Zimmermann, behielt die Kleine. Die ganze Nacht betete Berta, entzündete Kerzen im Dom, spendete den Armen. Gott erhörte ihr Flehen. Am Tor der Stephanskirche wartete ein Knabe. Der Hofrat hagestolzierte nicht mehr, stand vor dem Kinderbett, entdeckte Ähnlichkeiten der Nase und des Kinns, der Lippen und der Extremitäten. Die schwachen Nerven und die schlechte Konstitution hätte Karl von Berta, soll er gesagt haben. Kleine Lichtpunkte flackerten in Bertas Regenbogenhaut, wenn sie von Karl sprach. Die Amme sah sauber und ordentlich aus, wurde fürstlich bezahlt. Sie schob die Bluse herunter, reichte mir den Kleinen, er war schwerer geworden.

An meinem Horizont dräute neues Ungemach. Zuerst war es Michael, dann durfte Hans nicht mehr mitsingen, Stephan räusperte sich in einer Tour, bis zum Advent krähte und krächzte jeder Scholast meiner Klasse. Ich tat es Stephan gleich, räusperte mich. Davon wurde meine Stimme rauer. Schließlich war ich so heiser, dass ich keinen Ton herausbrachte, Magister Moser verschloss sein Kabinett, fürchtete Ansteckung.

Die von Batthyáni suchten einen Hauslehrer. Geduldig sollte er sein mit dem einzigen Knaben, der den alten Sprachen so wenig zuneigte wie den neuen. Für die Gesetze der Natur hatte er keinerlei Penchant, die der Mathematik gingen an ihm vorbei. Wer sollte die Mädchen und den Buben unterrichten, wenn nicht Magister Moser mit der neuen Methode des hundertmaligen Wiederholens. Als der Nachmittagsunterricht endete, stürzte ich hinaus. Moser rief mir nach, Walter, ein bulliger Dekurion, schnappte mich. Ich folgte ihm mürrisch. Auf Mosers Tisch, Bett und Sesseln stapelten sich Zeitschriften, Bücher, Briefe, Pater-Moser-Pflanzen-Kramuri. Sogar das Fenstersims war belegt. Er musterte seine Schätze, drückte mir einen zerlemperten Folianten in die Arme. Es war das Buch eines französischen Jesuiten, Jean-Baptiste du Halde: »Beschreibung Chinas und der chinesischen Tartarei«. Sicher sehr nützlich für das Pressen exotischer Stängel, Wurzeln und Blätter.

In Pater Anselms Küche saß Leopold, Schüler der untersten Grammatikklasse. Für eine Handvoll Zibeben, einen Löffel Honig, ein Stück Apfelkuchen lobte er Anselms Kochkunst, fand immer neue Adjektive, die er an Tagen zu Superlativen aufbauschte. Der Primaner knotzte auf Pater Anselms Sessel, sah ihm beim Karottenschneiden zu, schnappte sich die geschnittenen Scheiben, stopfte sie sich in den Mund. Ich zog ihm die Ohren lang. Anselm schalt mich einen Narren. Ich wünschte Leo die Zwetschkenmelancholie an den Hals, wünschte, er würde stumm wie einst Xaver, wie die Karpfen im Teich meines Oheims in Anzbach. Die Langeweile trieb mich in du Haldes Arme. Ich saß mit roten Ohren im Schlafsaal, gern hätte ich weitergelesen, als Pater Christoph uns mahnte, ins Bett zu gehen. Im Morgengrauen war ich wieder in der Nördlichen Hauptstadt und studierte die Karte des Riesenreiches.

Es lagen fünf Grasrollen unter der Matratze. Die Tage waren anstrengend, endeten spät. Ich zupfte scharfkantige Halme aus, barg sie in einem großen Tuch. Ging es auf fünfe, kroch ich aus den Federn. Einen Kübel hielt ich in der Besenkammer versteckt, dort waren die Patres nachlässig beim Inventarisieren, es kam selten etwas weg.

Im Waschraum kniend schrubbte ich mir die Hände rissig und die Nägel brüchig.

An einem kalten Morgen im April waren drei Kreuze auf die Wand neben den Eingang des Konvikts gekritzelt. Im Hof blühten gelbe Narzissen. Ich schnitt zehn davon ab, band sie zusammen, lief zur Stephanskirche, hockte mich neben den jungen Bettler. »Vielleicht gibt dir jemand sechzig Heller dafür.« Er blies in seine Hände, wies zum Bauernfeindhaus, in dem Seefelds wohnten.

»Die Totenglocken haben geläutet. Hat nichts ausgelassen, der alte Hofrat, irgendwann erwischt dich die Franzosenkrankheit.«

Gut, dachte ich. Es ist nicht Jakob. Es war nicht gut. Im ersten Stock empfing mich Grabesstille. Eine Frau mit Haube hielt Jakob auf dem Arm. Berta war krank. Hatte sie der alte Sack mit der Franzosenkrankheit angesteckt?

»Blattern«, sagte die Frau. Der berühmte Dr. Auenbrugger hatte angeordnet, das Kind fortzuschicken. Ich schaukelte Jakob, flüsterte ihm ins weiche Ohr: »Bleib gesund.« Und Berta?

»Es wird sich bald entscheiden.«

Jakob roch nach Milch und Honig. Ich streichelte das Kinn mit dem Grübchen, das hatte er von Grete. Wie konnte dieser fette Phäake behaupten, Jakob sähe ihm ähnlich? Grete lebte in Jakob weiter, als wollte Gott alles Ungemach, das sie erlitten hatte, wiedergutmachen. Ich küsste ihn auf Wange und Stirn, er brummte wie ein Kätzchen. Ich lenkte meine Schritte zum Rottenhof, erzählte Jakob von seiner Mutter. Er nuckelte an seinem

Daumen. Indessen lastete er immer schwerer auf mir. Vor dem Stadtwall meinte ich zusammenzubrechen.

Im Bauernfeindhaus wartete der Tod. Sollte ich ihn ins Findelhaus bringen? In den Bordellen und Waisenhäusern wütet die Seuche am schlimmsten, hieß es. Der Nachtwächter hatte das Bauernfeindhaus noch nicht versperrt, wir saßen auf den Stufen, Jakob wurde unruhig.

Die Findelkinder liegen zu viert, fünft im Bett. Der Aufseher schließt alle Türen, damit er sie nicht greinen hört. In der Früh gibt es dünne Suppe, abends Brei. Mittags gibt es Tränen. Die Großen werden ihm sein warmes Tuch wegnehmen und alles, was er am Leib hat.

Jakob spitzte die Lippen, suchte nach warmer Milch. Bauernfeind oder Waisenhaus? Hier konnte ich ihn nicht lassen, dort nicht hinbringen. Die Kälte des Steins zog durch den Mantel, das Leben des Kindes wog schwer. Wieder fielen mir nur Auenbruggers ein.

Der schiffbrüchige Robinson Crusoe hat sich eine Hütte gebaut und bäckt sein eigenes Brot. Einsamkeit und Einförmigkeit quälen ihn mehr als Hunger und Hitze. Marianne steckte sich eine Praline in den Mund. Weder der feine Kirschtrüffel noch der Lübecker Marzipan lockten Katharina aus der Chaiselongue.

»Bevor Robinson nicht seinen wilden Freund, einen gewissen Herrn Freitag …«, Marianne schwang die Rechte und tat, als verneige sie sich, »gefunden hat, ist mit Kathi nichts anzufangen«, sagte sie. »Dabei ist es mein Buch, meines! Papa hat es mir geschenkt.«

»Du liest nicht gern«, sagte Kathi müde.

Marianne saß in einem Stuhl mit breiten Armlehnen, streckte die Beine von sich, wie es mein Vater auf der Ofenbank tat, wenn er einen halben Tag lang Holz gehackt hatte. Eine Zeitung lag aufgeschlagen auf dem Tisch. Einer schrieb über eine Oper von einem Herrn Gluck, dessen Vertonung nicht an jene von einem Italiener heranreichte. Ich legte Jakob auf den Teppich, wickelte ihn aus dem Tuch. Katharina warf Robinson Crusoe auf die Chaiselongue. Die Zofe brachte Gerstenbrei, Marianne stieß ihm den Löffel zwischen die Kiefer, ein dünnes Rinnsal floss aus seinen Mundwinkeln. Als die Schüssel leer war, weinte er, die Schwestern lachten entzückt, schaufelten mehr Brei in den kleinen Mund. Marianne wollte ihn behalten. Für ihren Vater erfand sie eine hanebüchene Geschichte. Ich zweifelte. Sie legte mir vertraulich die Hand auf den Unterarm.

»Ich behaupte, mir ist die heilige Jungfrau erschienen und hat mir befohlen, mich dieses Kindes anzunehmen.«

Wenigstens ein paar Tage, sagte Katharina die Vernünftige, würden sie ihn aufpäppeln.

Pater Anselm las seinem neuen Lieblingsschüler eine Geschichte vor. Mir ein Stück Brot und eine Scheibe vom Braten aufzuheben, daran hatte er nicht gedacht. Die Märzenbecher vor dem Fenster ließen die Köpfe hängen. Frühjahr, da wird nur geheizt, wenn der April sich winterliche Scherze erlaubt. Jakob wurde von Marianne in den Schlaf gesungen. Der dicke Leopold kaute die letzten Kletzen in diesem Jahr. Allen ging es gut, nur ich war unruhig.

»Hast du Kreide gefressen?«, fragte Julius von Waiglein. Ich verstand nicht.

»Du singst noch immer im Sopran mit«, sagte Matthias. »Manche glauben, wer Kreide isst, behält die hohe Stimme.«

»Ist das wahr?«

»So wahr, wie dass in der Schönlaterngasse im Brunnen der Basilisk sitzt. Aber komisch ist es schon, dass du noch immer trällerst wie ein Vöglein.«

Ja, komisch war das.

25. Holladrio, holladaro

>»*Ein Liebespfand will gut gewählt sein.*«
Fei Lipu, Baumland, Abschnitt 138.72

Sehr geehrter Herr Moosleitner,
mein Diener Lampe bringt mich in eine missliche Lage. Sein Hang zur Illoyalität und Unverlässlichkeit hat nun ein neues Gefäß gefunden: Er will heiraten! Sie wissen, in welch beengten Verhältnissen ich lebe. Die Person wird meinen bescheidenen Haushalt zusätzlich belasten und die gute Ordnung durcheinanderbringen, was besonders arglistig ist, da ich gedenke, selbst einen Hausstand zu gründen. Wirken Sie auf ihn ein, auf Ihre Meinung gibt er viel, während er meine guten Ratschläge in den Wind schlägt.

Kommen Sie uns bald besuchen, und bleiben Sie mir gewogen!

Herhausen sitzt in seinem Boudoir, zupft an seiner Perücke herum. Bei meinem Eintreten springt er auf, umarmt mich stürmisch. Wenn er gewusst hätte, was mir zugestoßen war, sagt er mit belegter Stimme, hätte er sich mit Gewalt Zutritt zur Apotheke verschafft.

Die Dresdner Halunken sind nicht abgereist, haben stattdessen den Vorschuss in einer Bodega verprasst, warten nun auf eine neuerliche Zuwendung, ohne die sie die Arbeit nicht beginnen könnten. Geldsorgen haben wir indes keine mehr. Herr da Costa ist äußerst großzügig und seit Pombal bemerkt hat, dass er nicht der einzige Förderer der Automation Portugals ist, sind seine Taschen noch weiter geöffnet. Das Glück ist uns hold.

Herhausen breitet die Arme aus. »Ich werde heiraten«, sagt er.

Auf seiner letzten Deutschlandreise hatte er seine Mutter besucht. Sie wollte ihm nicht unter die Arme greifen, erzählte aber, dass der Bruder des Bischofs von Köln eine ledige Tochter habe. Ich frage, wann und wie Herhausen seine Zukünftige getroffen habe. Hat er nicht, sie schickte ihm ein Medaillon mit ihrem Bild. Er zeigt es mir. Es ist eine Büste von einer Frau mit etwas großer Nase, dennoch apart.

»Herhausen«, sage ich. »Sie sind ein Glückspilz.«

Er rechnet, wie viel ihm die Heirat einbringen wird. Er wird die Dame doch nicht bloß der Vermehrung seines Besitzes wegen ehelichen?!

»Ach. Ich halte nichts von dieser Mode der amourösen Hochzeiten. Eine Ehe dient dem gemeinsamen Wohl der Gatten. Da Frauen kaum höhere Ansprüche haben als ein sicheres Heim und ein paar Kinder, scheint dies nicht schwirig zu erfüllen. Männer aber erobern die Welt. So wie wir, mein Lieber. Weshalb unser Bedarf höher einzuschätzen ist.«

»Ach so«, sage ich.

Offensichtlich hat er es mit der Eroberung der Welt eilig, die Hochzeit soll in zwei Monaten stattfinden, und zwar hier in Coimbra. Noch weniger als von amourösen

Hochzeiten hält Herhausen nämlich von pompösen Hochzeiten. Auf die Familie derer von und zu Königsegg, ja, ja, eine echte Königsegg, könne er gut und gern verzichten.

Herhausen blättert durch die Journale, sucht nach einem standesgemäßen Verlobungsanzug.

Ich hingegen suche einen jungen Mann mit blauen Augen und starken Armen. Er streunt durch die Elendsviertel jenseits des Mondego. Ich setze mich unter eine Platane und sehe in die Richtung, aus der er kommen muss. So lang habe ich auf diesen Augenblick gewartet, jetzt will mir scheinen, ich hielte es keine Minute länger aus. Meine Knie zittern, meine Stimme kratzt. Meine Augenlider flattern, meine Wangen leuchten glutrot. Es mag mir kaum gelingen, die Beine ruhig zu halten.

Wir rennen aufeinander zu, umarmen uns kurz, halten einander an den Händen, ein paar Augenblicke zu lang, um als schicklich durchzugehen. Mein Herz klopft wieder wie verrückt.

Wir essen gemeinsam zu Abend, ich erzähle, erzähle, erzähle, kann nicht mehr aufhören zu reden. Adam erzählt auch. Er hat sich einsam gefühlt, als ich nicht da war. Ablenkung von der Sorge um mich fand er in der Arbeit. Ich ziehe ein Fläschchen aus der Tasche. Es ist Laudanum, Torres' Frau hat es mir zum Abschied zugesteckt. Adam hält das Fläschchen wie einen Schatz. Ich bin glücklich, ihn glücklich zu sehen. Er hat es eilig, will früh aufstehen, lässt mich am Torre de Almedina stehen und wendet sich in Richtung seiner República. Die kalte Abfuhr, gerade als ich drauf und dran war, ihm mein wahres Ich zu enthüllen, legt sich schwer auf meine Brust. Ich stehe tränennass unter dem Turm im Zentrum der kleinen Stadt. Passanten starren mich an, fragen, ob ich Hilfe brauche. Ja, ich brauche Hilfe, jetzt, gleich, sofort. Helfen kann mir nur einer.

26. Ach Gott, verlass mich nicht

»Mutig wie der Tiger, geduldig wie die Fangschrecke.«
Fei Lipu, »Baumland«, Abschnitt 146.18

Der Präfekt stemmte die Hände in die Hüften. »Einimpfen will er sich lassen, so, so. Dafür musst du bei Doktor Ingenhousz vorstellig werden. Werden wir dem alten van Swieten einen Brief schreiben. Zweihundert arme Kinder hat der Medicus inokuliert, warum nicht ein zweihundertstes, wie?«

Pater Anselm schnaubte durch die Nase. »Bei dem Salär bin ich auch großzügig. 5000 Gulden zahlt die Kaiserin, damit Ingenhousz die Leut mit den Blattern ansteckt! Du bleibst mir aber gesund, was Leopold? Lasst dir nix einreden von hergelaufenen niederländischen Laffen. Bass!«

Am Tag des heiligen Sixtus regnete es in zarten Streifen. Ich zog die Kapuze meines Mantels über den Kopf, lief zum Café Milani. Aus den Pfützen spritzte braunes Wasser bis zu den Waden, ich wischte mir Regenschleier aus dem Gesicht. Marianne saß mit ihrer Zofe an einem Tisch am Fenster und beobachtete die Vorübereilenden. Unbedingt sollte ihr Colette kleine blaue Knöpfe auf die Compère nähen. Ich empfahl Kurzwaren Schober gegenüber vom Stephansdom, fragte nach Jakob, den ich nun Karl nennen musste. Marianne legte ihre spitzenbehandschuhte Hand auf meine. Noch nie zuvor hatte Katharina so frech gelogen, der alte Auenbrugger hatte es geschluckt. Zofen fütterten und wickelten den Kleinen, flößten ihm Möhrenbrei ein, trugen ihn im Garten herum. Durch kleine Rauten der weißen Spitze blitzte cremefarbene Haut. »Es geht ihm prächtig.«

Colette legte Knöpfe auf den Tisch, taubengraue und ins Türkis schwimmende, wässrig blaue und solche, deren Farbe ins Nachtschwarz changierte. »Es gibt noch schönere, aber die hat sie mir nicht mitgegeben. Die sind aus Lapislazuli, echten Edelsteinen.«

Dr. Ingenhousz polierte ein Rasiermesser. »Brauchst nicht so ängstlich schauen, es tut nicht weh.«

Er schob den Ärmel meines Hemds nach oben. Ich wandte den Blick ab. Jede Wand im Kabinett des Doktors war mit Regalen verstellt, darauf beschriftete Zylinder: Lebertran, Glaubersalz, Brechwurztinktur. Über dem Tisch hingen Kupferstiche mit anatomischen Anomalien, Wasserköpfen, Embryos, denen Arme oder Beine fehlten. Ingenhousz inspizierte seine Geräte: spitze Pinzetten, Hämmer, Zangen und Skalpelle, feinsäuberlich nach Größe geordnet.

»Wie die Nase des Mannes, so sein Johannes«, sagten die Söhne des Abdeckers im Crobotendörfl und zeigten stolz auf ihre Gesichtserker. Der Zinken des Doktors schwebte über meiner Schulter. Er ritzte meine Haut, zog die Wunde auseinander, träufelte Gelbliches hinein, hieß mich ein Tuch auf die Wunde pressen.

»In drei Tagen wird sich ein Herd bilden. Fieber, Kreuzschmerzen, Schüttelfrost sollten dich nicht beunruhigen.«

Mein Arm schwoll auf das Doppelte, zähes Sekret trat aus der Wunde. Der Präfekt verordnete mir ruhige Tage mit Hühnerbrühe. Sonst hätte ich es bemerkt. Julius von Waiglein wurde unaufmerksam, machte Fehler, gab mir sein Pensum nicht, ließ meines unkorrigiert. An einem Dienstag saß er mit hohlen Wangen in seiner Bank. In seinem Gesicht blühten Eiterpustel wie Butterblumen in der grünen Wiese. Über dem Auge zog sich ein breiter weißer Hügelkamm.

»Stellen Sie sich vor, meine Herren, stellen Sie sich vor, Sie säßen in Misenum, während sich Ihr Onkel aufmacht, einen Freund zu retten. Tage später erfahren Sie, dass Pompeji verschüttet ist, niemand überlebt hat. Sehen Sie, dafür hat der Allmächtige uns auserwählt, zu forschen, zu lehren, Unbill abzuwenden. Nicht Vulcanus ist es, der im Inneren des Berges hämmert und schmiedet, die Kräfte der Natur entfalten sich, wir sind da, sie zu zähmen!«

Gegen Mittag rief uns Magister Pernegger zur Concertatio. Ich fragte das Einfachste. Julius schwieg. Die Stille schwoll zum finsteren Menetekel an. Pernegger drückte seinen Zeigefinger in von Waigleins Kinn, schob es nach oben. Julius hob den rechten Arm, zeigte auf mich.

Wir wurden zusammengepfercht, bis wir zur Vernunft gekommen waren. Pernegger schnaubte wie eine rossige Stute, verschloss die Tür. Ich setzte mich an eine tintenverschmierte Schulbank. Von Waiglein stellte sich ans Fenster, sah hinaus, als wäre er allein hier. Seit Jahren fochten wir Spiegelkämpfe. Jetzt aber hatte ich anderes zu tun, als von Waigleins Grillen abzuwehren.

»Ist mir egal, wenn du fliegst. Aber lass mich aus dem Spiel.«

»Du denkst, dass ich fliege?« Julius flatterte mit den Armen, ein gewaltiger Raubvogel. »Ich denke, dass du gehen wirst. Ich kenne dein Geheimnis.«

»Ich auch.« Die Geheimnisse der Scholasten waren stets die gleichen. »Du bist verliebt.«

»Wer sagt das?«

»Dein Freund Paul. Er redet viel.«

Von Waiglein zog die Faust hoch, wir gingen in Position, zappelnd, nervös, Entfernungen schätzend.

»Den werde ich verklagen, die ganze Holzinger-Brut.«

»Könnt ihr euch das leisten? Die Vöglein der Vorstadt pfeifen von den Dächern, Fortuna habe Herrn von Waiglein im Stich gelassen. Wenn er nicht bald vom Spieltisch aufsteht, werdet ihr am Bettelstab gehen.«

Von Waigleins Faust stieß nach vorn. Ich sprang hinter einen Turm aus dem Leim gegangener Bänke. Er zerrte mich hervor, sein Knie in meinem Schritt, ich taumelte. »Was willst du?«

Er atmete schwer. »Stell sie mir vor!«

»Wen?«

»Na wen wohl!«

Bis Sonntag sollte ich ein Treffen arrangieren. Das »Wienerische Diarium« annoncierte ein Wundermittel für die Haut. Eine Creme aus Bleiweiß, Alaun und roten Schminken bringe Schwindflecken und Sommersprossen zum Verschwinden.

»Ich besorge die Salbe. Bis Sonntag siehst du aus wie ein geputzter Höfling. Dafür hältst du den Mund.«

Im Speisesaal saßen wir im Zwielicht und korrigierten die Pensa der Zehnjährigen. Matthias schob das Heft eines Primaners zur Seite. »Was ist in Julius gefahren?«

»Ich soll ihn bei Auenbruggers einführen.«

»Bei Auenbruggers? Hat er nicht gesagt, die kennt jeder?«

»Von Waigleins werden zu den Matineen nicht eingeladen.«

»Ich dachte schon, er weiß es.«

Mein Herz blieb stehen. Speichel sammelte sich in meinem Mund, ich schluckte.

»Sei unbesorgt. Haben wir das nicht bei unseren griechischen Besserwissern gelesen? Die Menschen sehen, was sie glauben zu sehen.«

»Aber du hast die Wahrheit erkannt.«

»Ich fand dich nie anziehend«, sagte Matthias.

Das Licht wurde schwächer, wir entzündeten Kerzen. Matthias schwärmte für Stephan, ich mochte Ignaz, der schon lang nicht mehr an der Schule war. Zwei Geheimniskrämer öffneten verborgene Schatullen.

27. Welche Wonne, welche Lust, wohnet ach in meiner Brust

»Was nützt der Sieg, wenn ich allein zurückbleibe?«
Fei Lipu, »Baumland«, Abschnitt 118.12

So muss Henry VIII. dreingeschaut haben, als man ihm Anna von Kleve vorgestellt hat. Wir stehen in Herhausens Salon, er lässt Café servieren, die Dame ordert Limonade. Herhausen bittet sie steif, Platz zu nehmen. Er stellt mich vor, sie deutet ein Nicken an, hebt ihren Schleier. Das Gesicht hat Ähnlichkeit mit dem Porträt. Die Nase ist größer und die Wangenknochen treten schärfer hervor. Die Lippen sind schmaler, das Kinn spitzer als auf dem Bild. Sie ringt sich ein Lächeln ab. Herhausen setzt sich in gebührendem Abstand neben sie. Ein zarter Duft nach Maiglöckchen umfängt mich. Kurz sehe ich die Wiese vor unserem Haus vor mir und höre Kathi meckern. Wir sollen uns fernhalten von den weißen Glöckchen, sie sähen hübsch aus, hätten aber schon viele ins Verderben gestürzt.

Herhausen erkundigt sich nach der Reise. Die Plauderei gehört zu zähesten, die je in einem baufälligen Stadtpalais geführt wurden. Der redselige Herhausen bringt kaum etwas über die Lippen, die Dame ist auch nicht gesprächig. Ich lobe den Café, endlich fällt bei Herhausen der Groschen, er schwadroniert über Bohnen und Röstung, die Königsegg zieht die Mundwinkel nach unten,

Café schadet den Nerven und wird von unzivilisierten Wilden getrunken. In den Maiglöckchenduft mischt sich eine herbe Note.

Als ob Lampe geahnt hätte, dass sich seine Herrschaft um Kopf und Kragen, jedenfalls um etwa fünfzigtausend Livres redet, die Marie von Königsegg als Mitgift zustehen, kommt er herein und hält ihr Patéis de Nata unter die Nase. Sie sieht verwirrt auf das Silbertablett. Er erklärt, dass dieser Kuchen eine Spezialität sei, die die Dame kosten müsse. Die feine Süßigkeit stimmt die strenge Marie versöhnlich.

Ich empfehle mich, Herhausen bringt mich zur Tür, meint, die Königsegg habe Stacheln statt Haaren. Ich sage, gelegentlicher Hader sei das Salz einer Ehe. Herhausen verdreht die Augen.

Ich warte Nägel kauend auf Nachricht. Seit unserem ersten Abend hat sich Adam nicht gemeldet. Sein Platz in der Bibliothek ist leer. Ich könnte den Mondego queren und nach ihm suchen. Das ist in etwa so klug, als stiege ich auf einen Reisigbesen, um ins Reich der Mitte zu fliegen.

Ich muss ihn sehen, muss ihm sagen, was mir auf der Seele brennt. Ich fasse mir ein Herz, setze mich auf die Stufen des Studentenheims, warte. Endlich sehe ich seine Gestalt am Horizont. Seine Schuhe sind staubig, sein Hemd hat einen Riss. Seine Schultern hängen schlaff herab, vermögen den Beutel kaum zu halten, der an seiner Seite schlenkert. Ist ihm etwas zugestoßen? Für einen Augenblick hellt sich sein Gesicht auf, dann zieht alles zu.

Er achtet strikt darauf, Raum zwischen uns zu bringen. Wir tanzen ein Menuett, umkreisen einander, vorgefasste Schritte, einstudierte Figuren. Mir ist nach Weglaufen zumute. Ich frage nicht nach seinem Tag, nicht nach dem Riss in seinem Hemd. Wenn ich es nicht gleich sage, ziehe ich wieder als Mann von dannen.

»Ich heiße nicht Philipp. Mein wirklicher Name ist Philippine Moosleitner.«

Schweigen.

28. Der Hölle Rache kocht in meinem Herzen

»Finde dein Glück, doch suche es nicht.«
Fei Lipu, »Baumland«, Abschnitt 18.2

Die Blattern wüteten in Wien. Keiner wusste, wie viele Menschen erkrankten, wie viele überlebten. Wie übertrug sich die Seuche? Durch giftige Miasmen, Austausch des Blutes, Beischlaf? Magister Pernegger zog mich hoch, riss den Ärmel in die Höhe. »Das hätte anders enden können!« Meine Narbe schillerte weißlich.

In der Abendmesse hielt sich Paul die Backe. Ich zog seine Hand weg, die Wange war geschwollen, aus seinem Mund strömte Eitergeruch. Ein mährischer Quacksalber hatte Grete einst in Naturalien bezahlt: Wässerchen gegen schwarzen Schorf, Wundertropfen gegen faulige Winde, Salben gegen Narben. Und ein Tiegel mit kleinen Hölzchen. Hatte einer der Freier Zahnweh, kaute er die holländische Nelke, Grete kassierte das Doppelte für die spontane Genesung.

Paul schnappte nach den Nelken. Halt! Ware gegen Wissen. Welche Gerüchte erzählte von Waiglein? Paul brauchte die Nelken, und er hatte Angst vor Julius, der ein ebenso gutes Gedächtnis hatte wie die grauen Ungetüme in der kaiserlichen Menagerie.

»Sind keine Gerüchte«, sagte Paul gequält. »Auenbruggers Assistent hat Julius alles erzählt.«

Der junge Arzt studierte die Perkussion beim

berühmten Doktor. Abends aß er Vanillerostbraten im Ofenloch und hatte den Studiosi, die dort speisten, nichts zu erzählen, außer: beginnende Schwindsucht, Herzbeutelentzündung, Atemobstruction. Bis das Findelkind kam. Der Vater hatte es bei Auenbruggers ausgesetzt, ein verkrüppelter Jesuitenscholast. Verkrüppelt? Ein Zwerg, wenig mehr als vier Fuß hoch. Paul kaute die Nelken, seine Wangen entspannten sich.

»Den Zahn musst du herausreißen lassen.«

Paul versprach es. Zum ersten Mal hatte einer von Julius' Freunden Respekt vor mir. Ich war bereits Vater, während Paul und Julius noch nie ein Mädchen geküsst hatten.

Die Fama um eine heimliche Leidenschaft Antonio Salieris für Katharina Auenbrugger drang durch die Klostermauern. Ich traf ihn in der Spiegelgasse, er im schwarzen Paletot und Dreispitz aus Wollfilz. Aus den Ärmeln ragte üppige Spitze. Ich sprach über die Matinee bei Auenbruggers. »Was wollen Sie?«

»Mein Freund, der Sohn des ehrenwerten Notarius von Quedlinburg, begeistert sich für das Klavierspiel der Pianistinnen. Quedlinburgs sind neu in der Stadt und es ist bekannt, dass sich die Wiener Gesellschaft Fremden verschließt.« Salieri hatte andere Sorgen. Seit Tagen überlegte er, welches Gastgeschenk er mitbringen solle. Ich kannte die Wünsche der Damen: Ein Dutzend blauer Lapislazuliknöpfe würde ihnen Freude bereiten. Die Schoberin zählte zwölf Knöpfe in einen nachtblauen

Samtbeutel. Von sechzig Gulden lebten wir im Dorf ein schönes Weilchen glücklich und zufrieden.

Auf dem Platz vor der Kirche langten die Kutschen ein, drinnen probten die Chorknaben Michael Haydns Te Deum. Wo blieb Julius? Endlich kam er, gepudert und gesalbt. Unter dem Hemd seines zitronengelben Wamses knisterte es. Die versteifte Pappmaché-Brust Marke »Muskelwunder« nahm ihm den Atem. Man sollte die Annoncen des »Wienerischen Diariums« verbieten.

»Du stammst aus der Nähe von Magdeburg, dein Vater ist Notar.«

Salieri lupfte den Hut, als wir eintrafen. »Antonio Salieri und die Bürgerlichen Philipp Moosleitner und Julius Quedlinburg«, verkündete der Diener am Saaleingang. Salieri saß im Zentrum der ersten Reihe vor den Klavieren. Mir wäre am Rand wohler gewesen, Julius genoss den Blick auf die Musikerinnen.

»Du hättest mir wenigstens meinen Rang lassen können«, knurrte er.

»Wärst du lieber als von Waiglein hier?«

Er ballte die Faust.

Katharina und Marianne tänzelten zu den Flügeln. Julius erblasste unter der Schminke. Sein Blick saugte sich an Katharinas Ausschnitt fest. Die Schwestern spielten ein Stück von Gluck, ich lauschte dem Reigen. Julius applaudierte heftig, sah enttäuscht drein, als Leopold Auenbrugger noch eine Mozart-Sonate ankündigte. Im langsamen Satz verschluckte sich Julius an einer Pfefferminzpastille. Er hustete, wurde knallrot, keuchte und hustete wieder, schluckte und schluckte, schlug sich auf den Brustkorb, als wolle er die Pastille wieder nach draußen schleudern. Aus seinem Hemd tönte papierenes Echo. Zwischen Salieris Mittel- und Ringfinger klemmte ein weißes Tüchlein mit Spitzenbesatz. Die Fahne wirbelte durch die Luft, die Geste eines Generals, der seinen Truppen Einhalt gebietet. Julius klopfte weiter, sein Blick blieb auf Katharinas Busen geheftet, als hoffte er, ein Wirbelwind würde die Fensterscheiben bersten lassen und Katharina das Kleid vom Körper fegen oder wenigstens ein Äpfelchen vor Schreck aus dem Körbchen springen lassen. Salieri nahm uns nie mehr mit.

Wir warteten an der Prater Hauptallee, zwei Herren in Lederstiefeln und hellen Anzügen. Marianne, Katharina und Colette stiegen aus einem Einspänner. Julius überreichte zwei Sträußln mit Trockenblumen, stapfte neben Katharina her. Wir wanderten in die grüne Pracht, blieben an einer Wiese stehen. Für zwei Kreuzer schlugen wir Ballon, gewannen nichts. An der Kegelbahn sahen wir zu. Julius schwadronierte über seine Erfolge bei den Rhetorikabschlussprüfungen, sein Caesarenmord sei dramatischer gewesen als Shakespeares Stück. Er stand vor der Ballonbude, fuchtelte herum. Katharina rückte zur Seite, hatte wieder Sicht auf die breiten Schultern des Jungen, der mit einem Stock den Ball in die Höhe schleuderte und wieder auffing. Daneben wirbelte ein Drahtiger fünf Bälle gleichzeitig durch die Luft.

Wir setzten uns in den Garten eines Pavillons, schlürften Limonade, Marianne referierte den Hofklatsch, erzählte, welche Hofdame für wen schwärmte, welcher Herzog einen Bangert gezeugt hatte. Ich fragte nach, gab Stichwörter. Gott behüte, Julius finge wieder mit den Iden des März an!

29. Nä, nä, i kann mi nimmer vastehn, wie's jetz und auf der Welt tut gehen

»Ein schönes Gesicht macht keinen schönen Menschen.«
Fei Lipu, »Baumland«, Abschnitt 17.11

Nichts hast du verstanden, Adam von Regensburg. Meine Gedanken rasen schneller als mein Herz schlägt, immer die gleichen, als wären sie in einer Spirale stecken geblieben. Sie lassen mir keinen Moment Ruhe, mich dünkt, ich säße in Philip Astleys Zirkus auf einem Pferd, das sich immer schneller im Kreis dreht. Die Feder in der Hand zittert, die Buchstaben stehen kreuz und quer auf dem Papier, die Zeilen laufen bergauf und bergab, als wäre der Teufel hinter ihnen her. Ich will diesen Brief schreiben, ein letzter Akt, der meinem Denken die Freiheit wiedergibt. Die Finger sperren sich, dem Geist zu folgen. Ich springe auf, ich muss hinaus. Die Luft flimmert, die Hitze sperrt die Kehle ab. Ich laufe eine Gasse entlang, von fern blinken die Zinnen der Sé Velha.

Du meinst, du wüsstest, du weißt nicht! Ich aber habe am eigenen Leib gespürt, wie die Zahnräder und Achsen unserer Welt ineinandergreifen. Die Fährnisse, durch die mich dieses Leben geschleust hat, alle meine Erfahrungen, ich habe sie nicht allein gesammelt und analysiert, ich bin durch sie hindurchgegangen. Sie haben sich in den kleinsten Monaden eingenistet, haben Seele und Körper geformt und geschmiedet, so, wie ich jetzt hier stehe. Renne. Meine Lungen brennen, meine Schenkel brennen, ich halte an, meine Brust ist schwer, sie kippt nach vorn, fällt, fällt. Stoßweise zischt mein Atem aus meinem Inneren. Ich richte mich auf, lehne mich an eine warme Hausmauer.

Noch bevor ich aus dem Bauch getrieben wurde, ein zweites Mal geatmet habe, war mein Leben bestimmt – und es war nicht bloß der Stand, es war etwas Kleines zwischen den Beinen. Es hat gefehlt.

Und nun? Kaum vorstellbar, dass sich der reine Geist an solch ein Zipfelchen hängt. Ist er ohne Geschlecht? Ist es so wie mit den Farben, über die ich oft nachdenke? Farbe ist Lichtreflexion. Wie aber steht es um die kleinsten Teile, in die sich Materie spalten lässt, die Atome, die die Physiker suchen und die wir wohl auch mit dem besten Mikroskop nie werden sehen können. Sind sie bunt? Ich denke nicht. Eines aber weiß ich, weil ich mich daran erinnere, als wäre es gestern geschehen: Als wir in den Kindertagen durch die Sammlungen an Pflanzen, Skeletten, Muscheln und Mineralien geführt wurden, dachte ich darüber nach, wie Gott es angestellt haben mag, all diese Formen und Nuancen zu schaffen, die – mögen es auch nur Details und winzige Unterschiedlichkeiten sein – doch alle voneinander verschieden sind. Wie kann ein lebloser Kristall wissen, in welche Richtung er sich schieben muss, um jene glatten, wundervollen, spitz zulaufenden Vierkantgebilde hervorzubringen, die aussehen, als habe sie jemand mit einem scharfen Messer herausgeschnitten und glattpoliert. Da schon ahnte ich, dass es Gesetze gibt, nach denen die Natur verwaltet wird. Und da schon wollte sich sie untersuchen. Das, Adam von Regensburg, war mein Antrieb, auf die Universität zu gehen, zu forschen, zu lernen, zu studieren – und nicht, wie du dachtest, eine unterdrückte Neigung.

Die Sonne senkt sich, ich sehe mich um. Erschöpft sinke ich auf die Stufen eines fremden Hauses. Ich sehe an mir herab, meine schwarze Studententracht ist schäbig und staubig. Ein Kutscher bringt mich zum Platz vor dem Kloster Santa Cruz. Von hier trabe ich zurück in mein kleines Zimmer und bin wieder allein mit mir. Die Planeten kreisen in elliptischer Bahn. In einem der beiden Brennpunkte steht die Sonne. Wohin driften die Planeten, wenn die Sonne vom Himmel fällt? Wo haben die Alten ihr Unglück hingetragen, wenn es drohte, sie zu zermalmen? Der Michel hat es zum Schwarzen Hirschen gebracht und dann seine Frau malträtiert. Torres hat es in Laudanum ertränkt. Die Mutter ist zum Pfarrer gelaufen und der Vater hat die Rösser aus dem Stall geholt. Die alte Cilli hat von einer blauen Blume geschwärmt. Wer die isst, muss sein Lebtag nicht mehr weinen. Leider hat die dämliche Katze die Blume gefressen. Hundertmal hat mir die Stanzi die Geschichte erzählt, wir haben uns gekrümmt vor Lachen. Was gäbe ich heute um eine blaue Blume. Nicht zu viel nachdenken, hat Pater Moser gesagt. Das Unglück käme vom Grübeln. Ist vom Grübeln auch mein Magen verdorben? Gallige Bitternis liegt mir auf der Zunge, brennt mir die Kehle hinunter. Jagt mir das Nachdenken den Zorn in die Adern, pflanzt es mir die

Traurigkeit ins Herz? Zwetschken habe ich lang keine gegessen. Ach, könnte ich die Gedanken zwischen zwei Buchdeckel legen und pressen und sie in ein Herbarium schlichten wie einst die Zistrosen und den asiatischen Rhabarber. Ich ziehe einen zerknitterten Bogen Papier unter einer Schachtel hervor, lege das Lineal an, zeichne x- und y-Achse und trage die Kurven meiner Gefühle auf.

Zorn: entspringt seinem Ursprung wie eine Fontäne, eine weiße Flamme, eine in die Höhe schießende Gerade. Sie ist nicht unendlich, bricht ab, wie jene warmen Fallwinde meiner Heimat von einem Tag auf den anderen aufhören zu wehen, in sich zusammenfallen. Der Zorn wird schwächer, steigt langsamer, hat einen Knick bekommen, sinkt endlich herab, nicht in einer Normale auf die Nulllinie, sondern langsam, schräg. An manchem Ort mag die Linie nach oben weisen, doch sie bleibt nicht auf hohem Niveau, macht kehrt, fällt wieder, nähert sich der Nulllinie asymptotisch.

Angst: ein stetes Oszillieren, ziellos.

Herhausen steht in meiner Kammer und sieht das Elend.

»Wie sieht es denn hier aus! Was ist in dich gefahren! So kann man nicht arbeiten.« Seit ich wieder da bin, duzt er mich.

Er steigt zwischen aufgeschlagenen Büchern, leeren Flaschen, verstreuter Studententracht, Pinseln und Bröseln, halb gegessenem Brot, verschimmelten Oliven und braun-schrumpligen Apfelputzen zum Tisch. Mit spitzen Fingern nimmt er einen Bogen, brummt etwas von schlampiger Linienführung, greift nach einem anderen.

Ich steige aus dem Bett, ziehe meine Nachthose über den Nabel hinauf, blinzle, das Sonnenlicht blendet mich, Herhausen stört mich, mein Schädel droht zu zerspringen, ich hab den Geschmack von alten Strümpfen im Mund, was für ein Tag!

»Na endlich«, sagt Herhausen. »Ich dachte schon, du willst dich bis Sonnenuntergang im Bette suhlen. Zieh dich an, wir haben zu tun.«

»Ich hab gar nichts zu tun. Lasst mich in Ruhe«, brumme ich.

Herhausen zieht ein Lorgnon aus seiner Rocktasche und betrachtet meine jämmerlichen chinesischen Zeichen. »Schön, schön«, brummt er.

»Und was ist das?«

»Das ist der Zorn«, sage ich.

Herhausen betrachtet die schwarze Kurve. »Reichlich mager«, sagt er mäkelig. »Das ist höchstens ein Zörnchen.« Er hat einen neuen Gönner gefunden oder ist einer alten Schatzkarte gefolgt. Oder hat er gar schon geheiratet? Seine dürren Beine stecken in einer silbrig glänzenden Hose. Dazu trägt er einen Frack aus fliederfarbenem Seidenpekin, der mit Orchideen durchwirkt ist.

»Lasst mich in Ruhe«, sage ich noch einmal.

Herhausen legt die Bögen auf den Schreibtisch, seine Hand ruht auf meiner Schulter.

»Jeder hat schwarze Stunden. Aber dann scheint wieder die Sonne, ein neuer Tag beginnt, ein neues Abenteuer. Sei ein Mann, raff dich auf, schaff das Chaos beiseite und leg dich ins Zeug.«

»Ich bin kein Mann«, sage ich.

»Nein? Was denn? Ein Jammerlappen?«

»Eine Frau.«

»Ach.«

Herhausen zieht die Hand weg.

»Ernsthaft?«

Ich nicke.

»Na, du bist mir einer!«

»Eine!«

»Ha! Ich hab mir immer gedacht, dass du einen Vogel hast, aber ein Weib!« Er schüttelt den Kopf. »Eine richtige Frau? Ich meine, ist es gewiss?«

»Ich habe keinen Pimmel, sondern eine Möse!«, brülle ich.

Herhausen ist zusammengezuckt. »Busen?«, fragt er schüchtern.

»Busen.«

»Und die Sineses? Die Automaten? Auch alles gelogen?«

»Die waren der Grund für die Maskerade!«

»Verstehe.«

Ich lasse mich auf das zerwühlte Bett fallen, Herhausen setzt sich neben mich.

»Solang es niemand weiß, können wir weitermachen wie bisher. Nicht wahr? Ich schreibe heute gleich dem Marquês von Pombal, er soll ...«

»Er weiß es«, sage ich heiser.

Herhausen beugt sich nach vorn, sieht mir seitlich in die Augen.

»Er weiß es? Zu dumm!«

»Einer seiner Kumpane hat mir Gewalt angetan.«

»Ach! Das gehört sich nicht.«

Er verzieht sein weißmehliges Gesicht, in den Falten sammelt sich Puder. Plötzlich muss ich lachen, das ist gar nicht das echte Leben, wir geben ein Stück, Commedia dell'arte, Herhausen: der geizige Pantalone, der Geld ausgeben muss.

»Ich wollte ihm schreiben, dass er meine Reise bezahlen soll.«

Herhausen springt auf, legt den Zeigefinger an die fettig-roten Lippen, tappt zwischen meinen Büchern herum. »So soll es sein. Lass mich nur machen, mein Freund!«

»Freundin!«

Herhausen bleibt stehen, stemmt die Hände in die Hüften. »Daran wird man sich gewöhnen müssen. Wie dem auch sei, für die Schandtat wird ein hübsches Sümmchen in unsere Richtung wandern.«

Ich schlinge die Arme um meine Knie. »Aus jemandem Schweigegeld zu pressen ist nicht comme il faut.«

»Ach, wer redet von Geld! Nennen wir es moralische Kompensation. Apropos comme il faut, ich schicke Lampe vorbei, er soll aufräumen und den lindgrünen Anzug vorbeibringen. Mir ist er zu eng geworden um die Mitte, aber wenn man ihn ein wenig abnäht, hier an den Seiten«, er greift sich unter die Achseln und zieht an seinem Frack, »wird er dir passen. Die Ärmel sind abgestoßen, und an den Schößen«, Griff an den Hintern, »spiegelt er. Aber sonst ist er in Ordnung. Ich werde in den kommenden Tagen erneut nach Deutschland fahren. Friedrich Baptist Septimus Graf von Mansfeld, seines Zeichens Polyhistor und, wie ich es nennen möchte, Polyscientist, plant eine Reise durch Portugal, um die hiesige Fauna und Flora zu studieren. Er sucht nach einer Begleitung.«

»Und was habt Ihr damit zu schaffen?«

Herhausen richtet sich auf, legt die gespreizten Finger an die Brust. »Ich gedenke, den Herrn Grafen durch Portugal zu lotsen.«

»Und die Hochzeit?«

Herhausen verdreht die Augen. »Ich bitte dich!«

Der geizige Pantalone sieht jetzt drein wie der traurige Pagliaccio. »Wir passen nicht zueinander«, sagt er seufzend. »Sie hat es glücklicherweise eingesehen.«

»Das war eine kurze Verlobung.«

»Die Imponderabilien der Liebe«, sagt er altklug.

Ich springe auf. »Davon habt Ihr keine Ahnung! Ihr liebt nur Euch selbst, sonst niemanden.«

Herhausen ist gekränkt. »Die Kutsche nach Salamanca und retour hat mich ...«

Er bricht ab.

»Tut mir leid.«

Herhausen setzt sich wieder zu mir aufs Bett. »Ich kenne die Schmerzen der Liebe wie jeder andere Mann.«

»Habt Ihr sie überwunden?«

»Die Freuden der Liebe dauern einen Tag, der Schmerz der Liebe bleibt für den Rest des Lebens.«

»Wie tröstlich.«

»Am besten hilft Arbeit. Das lenkt ab. Oder reisen.«

»Seid Ihr denn zoologisch und botanisch bewandert für die Führung?«

»Das nun nicht gerade. Sei's drum: Die Tierwelt dieses kleinen Landes scheint überschaubar. Für die Pflanzen werde ich Lampe ausschicken, mir aus allen Gegenden Vegetabiles zu bringen, das ihm exotisch erscheint.«

»Dann sollte besser Lampe den Grafen begleiten.«

Damit ist Herhausen einverstanden. Wir sind ein seltsames Gespann, der betrogene Modenarr Pantalone und die reichlich zerzauste Colombina.

30. Die Reinlichkeit

»Blicke auf den Grund des Sees.«
Fei Lipu, »Baumland«, Abschnitt 23.46

Pater Perneggers Schwager hatte einen Reitunfall, das Gut musste verwaltet werden. Der Neue, Magister Rohrer, redete wie Xaver, war kaum zehn Jahre älter als wir. Warum Rohrer Innsbruck verlassen hatte? Eine junge Frau aus begütertem Haus, ein besorgter Vater, Gerüchte.

Der kleine Max reichte mir sein Pensum, seine Lippen bebten. Griechisch – wozu sollte er das lernen? Wir paukten Latein im Refektorium, AcI, Gerundium und Gerundiv, sub jugum mittere, unters Joch spannen, ire contendere, in Eilmärschen ziehen, hostem tergum advertere, dem Feind den Rücken kehren.

Matthias hatte den Gerüchten nicht geglaubt, an der falschen Tür geklopft, seinen Mund auf den falschen Mund gepresst, die Zunge prallte von hartem Zahn ab. Magister Rohrer stieß Matthias von sich, er prallte gegen das Gangfenster. Pater Christoph drückte ein nasses Tuch auf die klaffende Wunde an der Augenbraue, einen Verletzten schickt man nicht in die dunkle Nacht. Viel war jetzt von Sünde die Rede, nicht von Vergebung, Gnade, Caritas.

Bald wurde Rohrer nach Linz versetzt und statt seiner stand Pater Cajetan Lötsch in der Klasse, der gefürchtetste Magister unter allen. Karzer auszusprechen gehörte zu seinen Lieblingstätigkeiten. Am besten war er darin, uns vor dem Weib und seiner Verderbtheit zu warnen. Frauen seien Satans Lieblingswerkzeug, sie seien per se schlecht. Und dumm dazu. Die Kirche verbiete es, Menschen nach dem Tode auszuweiden. Durch tragische Unfälle aber sei bekannt, dass das Gehirn der Männer um etwa ein Drittel größer sei als jenes der Frauen. Mit dem Gehirn verhalte es sich so: Es bestünde aus festen Anteilen und gallertigen, die sich wiederum aus den vier Säften des Galenus zusammensetzten. Bei den Männern seien die festen Anteile weit größer als bei den Frauen, deren Gehirn zu einem erheblichen Prozentsatze aus Schleim bestünde. Daran liege es auch, dass Frauen viel häufiger weinten als Männer, deren Kopf jene Menge an Flüssigkeit gar nicht zu fassen imstande wäre, die Frauen bei einem einzigen Heulgang verlören.

Wir bekamen schlechtere Noten als zu Beginn des Schuljahrs. Nur Hubert gehörte jetzt zu den Schlechten, nicht mehr zu den ganz Schlechten, zum ersten Mal in all den Jahren. Ich setzte mich neben ihn, fragte, wie das zugegangen wäre.

»Wenn ich das Rätsel der Sphinx erraten hätte, wäre ich durchgefallen«, sagte er.

Ich sah ihn verdattert an.

»Hast du es nicht bemerkt? Lötsch liebt Rätsel. Am meisten freut er sich, wenn der Ratende nicht draufkommt, was die richtige Antwort ist.«

Ich schlug vor, zur Übung und Stärkung unserer Geisteskräfte Scharade zu spielen, und zwar mit möglichst schwierigen griechischen Wörtern. An Tagen, an denen Lötsch schon morgens verdrossen hereinkam, zeigten wir uns tollpatschig. Dennoch durften wir es nicht übertreiben. Meist überließen wir es Julius, Lötsch von der Wahrhaftigkeit unseres Strebens zu überzeugen. Mehr und mehr schraubten wir uns mit dem streitbaren Pater in einen Wettkampf hinein.

Ich aß meinen Gestenbrei in der Küche, Anselm erzählte traurig, dass Leopolds Vater den Jungen aus der Schule genommen hatte. Der Himmel war wolkenlos, ein guter Tag, um nach dem Unterricht durch den Auwald zu streifen und nach Morcheln zu suchen. In der zweiten Stunde stand Pater Lötsch unvermittelt neben meinem Tisch, riss mich hoch, zerrte mich in einen leeren Raum, brüllte mich an. Ich möge mich entblößen.

Tausende Male hatte ich mir diese Szene ausgemalt. In meiner Träumerei verlangte ich, vom Präfekten befragt zu werden. Diesem gestehe ich frank und frei, was geschehen ist, dass er selbst mich hierhergebracht und Anselms Obhut anvertraut hat. Schließlich frage ich, ob die heilige Thekla nicht recht daran getan hat, ihren Verlobten zu verlassen und stattdessen – in Männerkleidern – Paulus zu folgen, zu predigen und zu taufen. Hat nicht auch die heilige Margareta als Mönch Pelagius im Kloster gelebt? Ich hätte mir die Männerkleider angezogen, um vor Angriffen des lüsternen Satans gefeit zu sein, meine Jungfräulichkeit zu bewahren. Diese Rede lag in meinem Kopf wie eingemeißelt.

Ich sagte nichts. Brachte kein Wort hervor, zitterte wie das Laub im Herbst, wartete darauf, dass mich die nächste Böe mit sich reißen möge. Ich griff an meine Hose, löste das Band, sie sank zu Boden. Das Hemd bedeckte meine Blöße.

»Hochheben«, schrie Lötsch.

Ich hob das Hemdlein bis zum Oberschenkel, schrie wie verrückt. Die Tür öffnete sich. Ich zog rasch meine Hose nach oben. Pater Hansen stand im Zimmer, starrte auf mich und Pater Lötsch.

Lötsch stotterte. Er habe mich weder berührt noch gezüchtigt, vielmehr stehe ein finsterer Verdacht im Raum.

Hansen packte meinen Wangen, zwang mich, ihn anzusehen, fragte, was geschehen sei.

»Nichts«, sagte ich leise.

»Was hat er dir angetan?«, fragte er noch einmal. »Du weißt, dass Gott die Menschen für Sodomie mit den schlimmsten Qualen der Hölle bestraft.«

»Es ist nichts.«

Pater Hansen ließ mich los, warf einen bösen Blick auf Lötsch und stürmte hinaus.

»Du bist kein Junge!«, kreischte Lötsch. »Wir gehen zum Präfekten. Er soll Zeuge der Examination sein.«

Ich nahm all meinen Mut zusammen, sagte dann so laut und fest, als ich es vermochte: »Es gibt eine einfachere Methode, mein Geschlecht zu bestimmen. Ohne dass wir uns unsittlicher Handlung schuldig machen müssten. Sie selbst sprachen davon, dass das Gehirn der Frauen kleiner ist als jenes der Männer, sie kaum klüger wären als ein Rind.«

Lötsch nickte.

»Lassen Sie mich ein Rätsel lösen. Schaffe ich es nicht, schleppen Sie mich zum Präfekten, auf dass er mir die Hosen hinunterzöge. Löse ich es aber, kann ich kaum eine Frau sein, deren Gehirn aus Schleim besteht.«

Pater Lötsch wippte auf seinen Sohlen hin und her. »Das mag angehen!«

»Bitten Sie meinen Aemulus, Julius, mir ein Rätsel zu stellen. Er ist der Klassenbeste und der Klügste von uns.«

Pater Lötsch schnippte mit den Fingern, Julius wurde geholt. Leicht wäre es gewesen, mir eine Scharade zu stellen. Julius redete von einem Fluss und einem Floß, mehreren Ziegen und einem Löwen.

31. Wachet auf, ruft uns die Stimme

*»Häuser aus Stein erbauen, Stühle aus Holz zimmern,
Betten mit Daunen füllen – das ist Leben.«*
Fei Lipu, »Baumland«, Abschnitt 10.10

Liebe Freundin,
vor Wochen habe ich Dir von den Abwegen meines Dieners berichtet. Während vernünftige Männer einsehen, wann ihnen ihre Natur einen Streich gespielt hat, will Lampe partout nicht von seinem Plan abrücken, die zu einer Idee fixe geworden ist. Gründlich habe ich überlegt, wie dem Ungemach beizukommen sei. Nun ist mir die Lösung eingefallen – leicht, schlicht, einfach, als wäre Prometheus höchstselbst von seinem Felsen im Kaukasus heruntergestiegen und hätte mir das Feuer gebracht: Du wirst Lampe ehelichen. Er ist – abgesehen von seinen Mängeln – ein stattlicher Mann, der Dich den Schmerz vergessen machen wird. Seine zu tief in den Höhlen liegenden, zu kleinen Äuglein werden von der schönen Hakennase mehr als wettgemacht und wenn er auch nicht eben sechs Fuß misst, so ist er doch größer als Du, weshalb die Hochzeit zu keinerlei Peinlichkeit Anlass geben wird. Unsere geschäftliche wie sonstige Freundschaft soll keinen Schaden nehmen, ungeachtet jedweder Personen, die uns einer Standes- oder moralischen Verfehlung bezichtigen mögen. Überlege nicht zu lang!
    Dein ergebener Michael Herhausen

Ich schleudere den Brief in die Kiste mit alten Zeitungen. Wieder klopft es. Schwerfällig wanke ich zur Tür.

»Uma carta«, sagt die Zimmerwirtin. Dieser Brief ist von meinem Bruder Alois. Woher weiß Alois, dass ich noch lebe, dass ich hier lebe? Ich breche das Siegel auf, falte den Bogen auseinander, beginne zu lesen, ehe ich das Papier geglättet habe. Die Schrift ist ungelenk, die Buchstaben sind eckig und verwackelt. Wahrhaftig, mein Bruder Alois hat diesen Brief geschrieben.

Liebe Schwester!
So lang haben wir nichts von Dir gehört. Jetzt endlich ein Lebenszeichen. Es ist gut, dass Du fortgegangen bist. Obwohl der Vater natürlich fuchsteufelswild war. Und die Mutter hat geplärrt. Wie Du am nächsten Tag noch immer nicht da warst, hat der Vater dann doch angespannt und ist Dich suchen gefahren. Bis St. Christophen ist er gefahren. Und nach Wolfsgraben. In Anzbach war er auch. Aber die Tante hat nix von Dir gewusst. Und dann war er noch in Untereichen und weiter bis Inprugg. Niemand hat Dich gesehen oder was von Dir gehört. Dass Du in die Wienerstadt gelaufen bist, daran hat keiner gedacht. Also schon, aber geglaubt hat es keiner. Nach zwei Monaten hat der Vater gesagt, dass du tot bist, und da hat die Mutter noch mehr geweint, aber sie hat halt eingesehen, dass es keinen Sinn mehr hat zu warten.

Der Sepp hat die Seebacher Lies geheiratet. Erinnerst Du Dich an sie? Das war die mit den dunkelbraunen Haaren und den grünen Augen. In der Schul hat sie nicht viel hergemacht, so dünn war sie und ihre Schürzerln waren voller Flicken. Später hat sie sich zu einer ansehnlichen Dirn ausgewachsen. Eigentlich hätt ich die Lies heiraten wollen. Und dem Franz vom Lichter-Hof hat sie auch gefallen. Aber dann hat der Sepp sie uns weggeschnappt. Das erste Kind war ein Mäderl. Wie dann das zweite auch ein Mädchen war, ist wieder der Teufel in den Sepp hineingefahren und er hat die Lies und das Kleine abgestochen. Das ältere Mentsch ist bei der Großmutter. Die Leute sagen, dass sie das Kindl zu sehr verhätschelt, ist halt alles, was ihr von der Lies geblieben ist, gell.

Wie wir das von der Lies erfahren haben, hat die Mutter wieder geplärrt und die Kathi auch. Ich bin hinaus in den Stall und erst am nächsten Tag wieder raus. Deshalb hab ich es nicht gesehen. Der Vater ist zum Seebacher gegangen, und die zwei haben sich besoffen. Beim Heimgehen ist er gestolpert, weil er so betrunken war. Sonst hätte er ja nicht den oberen Hohlweg genommen bei der Finstern, wo doch jedes Kind weiß, dass da die Wurzeln herausstehen. Es hat ihn hingehaut und er hat sich den Fuß gebrochen. Den hat der Doktor wieder zurechtgebogen. Seither hatscht der Vater und wenn das Wetter umschlagt, tut ihm der Fuß weh. Die Mutter ist vor zwei Jahren an der Schwindsucht gestorben.

Mich hat die Geschichte mit der Lies so traurig gemacht, dass ich lang keine mehr angeschaut hab und jetzt wollen mich die Weiber nicht mehr. Ich hätt solln ein Pfarrer werden. Nach Lilienfeld zu den Zisterziensern wollten sie mich schicken. Ich hab gesagt, wenn sie mich hinbringen, lauf ich davon so wie Du. Da haben sie mich hier gelassen und jetzt helf ich dem Karl auf dem Hof, weil der Vater mit dem hinnigen Fuß nicht so kann. Der Bernhard ist Tischler geworden und wird die Werkstatt vom alten Pleininger übernehmen. Er ist fleißig auf Brautschau und tüchtig. Nur trinken tut er ein bissl viel. Die Kathi sagt, wenn er die Richtige gefunden hat, wird sie ihm das schon austreiben.

Wir täten uns freuen, wenn Du uns schreiben möchtst.

Dein Bruder Alois

Ich springe auf, der Brief entgleitet mir, segelt zu Boden. Die Lies hat für mich sterben müssen, der Sepp hat sie erstochen. Ich schreie, schreie, als wäre der Sepp jetzt hier bei mir mit dem Messer in der Hand! Ich bete zu Gott, sie haben dich gehenkt! Auf den höchsten Baum gehenkt. Hoffentlich hast du dir nicht das Genick gebrochen, sondern bist erstickt und hast dir in die Hose geseicht, bevor du gestorben bist. Und bist in die Hölle gefahren, wo dich der Teufel bis aufs Blut massakriert und dich in einem Kessel mit siedendem Öl brennen lässt und dir die Gliedmaßen einzeln abhackt!

Ich lasse mich fallen, nehme wieder den Brief, lese noch einmal, tränenblind. »... ist wieder der Teufel in den Sepp hineingefahren«. Sie haben es gewusst. Sie haben immer gewusst, dass er eine Ausgeburt des Satans ist. Mich friert, ich ziehe die Decke vom Bett, wickle mich ein. Den Alois hätte die Lies geheiratet. Nicht der Gescheiteste unter meinen Brüdern, aber ein netter Mann.

Einer, der vom Vater gelernt hat, dass man seine Frau nicht verdrischt. Ich heule, schreie, tobe, schlage mit den Fäusten auf den Boden, bis ich blute. Ich beiße mir in die Faust, reiße mir die Haare aus, schreie mir die Seele aus dem Leib. Die Lies ist tot und ihr Mädchen auch. Das unschuldige Lämmchen, das nichts getan hat, als dass es ein Mädchen war. Ich muss mich entschuldigen, sagen, wie leid mir das alles tut. Bei Alois, beim Vater, bei der Mutter von der Lies. Keiner ist da, ich bin allein.

»Die Mutter ist vor zwei Jahren an der Schwindsucht gestorben.« Mama. Bist du jetzt da oben und schaust herab auf dein elendes Kind? Dein einziges Mentsch, das jetzt auch ein Mann geworden ist.

Ein breites Gesicht mit einfältiger Miene, großer Nase, fleischigen Lippen schiebt sich in mein Zimmer. Ich brülle José an, er soll verschwinden. Er zieht erschrocken die Tür zu. Ich weiß, dass er da ist. Seit Tagen steht er auf der Straße und glotzt hinauf zu meinen Fenstern.

Jetzt geht Lampe auf leisen Sohlen durch mein Kabinett, hebt die Trümmer meiner Existenz auf, legt sie sorgsam auf Tisch und Bett. Schrank habe ich keinen, nicht einmal einen Haken. Nur eine Apfelsteige ohne Deckel.

Ich erkenne, was Herhausen an Lampe hat. Er ist ein Schemen. Seine Geisterhand ordnet und sortiert, ich höre mich atmen, so still ist es. Ich sage ihm, er möge gehen. Lampe redet über die Gesetze der Seele und die göttliche Ordnung. Ich sage spöttisch, er sei ein Philosoph. Lampe sagt, dass sein Name nicht Lampe ist. Herhausen nennt ihn so, weil Kants Diener Lampe heißt.

Ich wische Rotz und Schleim in mein Leintuch, während Nicht-Lampe ungeachtet meines Hinauswurfs meine Kleidung mustert. Er holt den lindgrünen Anzug aus einem Leinenbeutel, legt ihn auf meine Studentenhose, strichelt mit weißer Schneiderkreide auf dem Anzug herum. Ich ziehe die Beine zum Körper, lege den Kopf auf die Knie und wippe nach vorn und zurück.

»Das kommt dann weg, wenn der Anzug umgenäht ist.«

»Lass nur«, sage ich. »Ich mag die Striche.«

Lampe stellt einen Teller auf den Tisch. Während ich kalte Gurkensuppe löffle, vermodert die Lies im feuchten Boden in Neulengbach.

Alle Welt redet davon, Zeit zu sparen. Auch Herhausen, der alte Geck, folgt der Mode wie ein Hund seinem Knochen. Wie das gehen möchte, das Zeitsparen frage ich. Er erwidert nichts, klebt einen schwarzen Punkt auf seine Wange, ist gereizt, hat wieder getrunken. Ich mache mich davon, bevor mich Nicht-Lampe tadelt. Seit Wochen habe ich keine Vorlesung besucht, bin zu keinem Examen angetreten. Ich habe Zeit im Überfluss, so viel, dass ich erwäge, nach Italien zu reisen und sie den lombardischen Banken zum Sparen zu überantworten. Man möge mir einen Kreditbrief ausstellen, einen Wechsel, den ich einzulösen gedenke, wenn Gevatter Tod mit der Sense winkt.

Auf meinem Schreibtisch türmen sich die Bögen meiner Gefühle, einzeln kartiert und vermessen. Meine Seele ist eine dünne Linie, fad und grau. Kann die Seele bunt sein, da sie im Inneren haust, ungesehen und lichtlos? Farben entstehen durch Licht. Mühselig habe ich Newtons Werke über die Optik studiert. Vor Wochen noch hätte ich mich durch die Seiten gewühlt wie ein Maulwurf durch frische Erde. Jetzt ist mir das Umblättern zur Last worden.

Jeden Morgen erwäge ich, mein Leben mutwillig zu enden. Nicht mit einem Sprung von einem hohen Turm oder durch den Strang. Ich denke an Krankheit. Was, wenn ich in die Armenviertel ginge und die Kranken und Siechen pflegte? Freilich bin ich kein Arzt, aber von Torres habe ich Erkleckliches gelernt über Kräuter und Pillen und ihre Effekte. Ich könnte den Schmuck zum Pfandleiher bringen, Medizin kaufen und mich unter die Armen mischen. Den Armen eignet die Krankheit wie dem Regenhimmel die Wolken. Hauchen sie mich mit ihrem Pestilenzatem an und greifen mit ihren Gichtfingern nach mir, wird sich auch in mir die Krankheit ausbreiten, wird mich das Fieber überfallen wie damals, als ich den Scharlach hatte und die Kräutermirl der Mutter geraten hat, mich sterben zu lassen, weil ich doch nicht mehr gesunden würde.

Was mich vom Sterben abhält? Die Angst vor der ewigen Verdammnis. Wohl könnte es gelingen, die Menschen zu täuschen. Wohl würde man mich in geweihte Erde legen, die junge Frau, die sich für die Armen geopfert hat. Wunder, wird es heißen, hat sie keine gewirkt, es wurde niemand geheilt. Und die Wunden an Armen und Beinen sind keine Stigmata, bloß Kratzer von Flöhen. Wie schwer aber wird meine Seele sein, wenn sie dereinst beim Jüngsten Gericht gewogen wird? Die Rechnung ist einfach. Wandere ich noch fünfzig Jahre im Jammertale, sind diese Jahre nicht einmal ein Wimpernschlag gegen die Ewigkeit. Sollten aber die frechen Atheisten rund um Denis Diderot recht haben, es keinen Gott geben, dann ist mein Gärtlein schlecht bestellt, überwuchert das Unglück das bisschen Glück, das mir im Leben beschieden.

Adam! Jetzt kommst du. Ich habe dich gerufen, gerufen, du hast nichts gehört. Jetzt, da ich dich nicht sehen will, bist du da, steif und unnahbar. Siehst dich um, stellst meinen Sessel auf, rückst ihn an den Tisch.

Bleib stehen! Bleib, wo du bist. Ich brauche dich nicht. Dich nicht und Herhausen nicht und Lampe schon gar nicht. Apotheker Torres, den könnte ich brauchen. Ihn und sein Laudanum. Noch aber muss ich meinen Verstand beisammenhalten. Ich muss Alois schreiben, wie leid mir alles tut.

»José hat gesagt, dass du jetzt nicht einmal mehr die Suppe isst, die er dir vor die Tür stellt.«

José? Ich dachte, Lampe ...

»Du hast noch nie erkannt, wer deine Freunde sind«, sagt Adam mit bebenden Lippen.

Er rennt hinaus, ich höre seine Schritte auf den steinernen Stufen. Mein Geist schreit mich an hierzubleiben, während mein Körper schon an der Tür ist. Mein Lebtag lang bin ich vor jemandem davongelaufen, jetzt laufe ich jemandem nach. »Adam, Adam! Warte, so warte doch, ich bitte dich ...«

Wo ist er? Die Straße ist leer, ich rufe ihn wieder, soll doch die ganze Stadt erfahren, dass ich ihn liebe. Jetzt packt er mich am Arm, zieht mich zurück in mein Zimmer, im Vorbeieilen sehe ich die Nasenspitze der Wirtin im Türspalt. Adam stößt mich hinein. Wir stehen da, begossene Pudel. Er nimmt mein Gesicht in seine Hände, sieht mich an. Das Vierschrötige ist von ihm abgefallen wie die durchsichtig-harte Schale der Zikade. Er lächelt, ich lächle. Leicht, vorsichtig, zart berühren seine Lippen die meinen, ich öffne sie, lasse seine Zunge in meinen Mund gleiten. Behutsam streift er meine Kleidung ab, trägt mich wie eine Porzellanpuppe zum Bett. Seine Hände sind jetzt überall, ertasten die geheimsten Stellen, so fein und langsam, als hielte Adam die Zeiger der Uhr, auf dass sie sich nicht weiterdrehten. Es tut weh, weh, weh, und dann ist wieder alles schön und weich, und mit einem Mal sind die Farben in die Welt zurückgekehrt, das Grau der Wände weicht Adams hellem Apricot. Ich fühle, wie der Schlaf über mich kommt, tief und traumlos – endlich nach Wochen quälender Wachheit.

32. Jesus bleibet meine Freude

»Wer in zu großen Schuhen geht, stolpert.«
Fei Lipu, »Baumland«, Abschnitt 28.46

Was sollte ich tun? Julius erklärte zum x-ten Mal: Es galt, Ziegen über einen Fluss zu bringen, ohne dass der Löwe eine davon erlegt. Während ich auf eine Lösung sann, beorderte mich der Präfekt zu sich. Der arme Sünder saß auf dem samtbezogenen Stuhl vor einem überladenen Schreibtisch.

»Du weißt, welches Rätsel du mir erhellen sollst.« Der Präfekt schob Bücher über die Römische Liturgie und Biographien verdienstvoller Jesuiten zur Seite, putzte seine Brille, sah mich an. Damals unter dem Bett hatte ich mir geschworen, nichts zu verraten. Unter dem Bett war ich eine Heldin. Im Büro des Präfekten war ich eine elende Verräterin.

»So, so, die Söhne des Abdeckers. Wie haben sie es gemacht?«

Ich erzählte, wie der Abdecker die Buben lehrte, an Fassaden hinaufzuklettern, Fenster mit dünnen Stäben, die sie durch undichte Fensterrahmen schoben, von innen zu öffnen. Auf eine Leiter zu steigen und mit einem Brecheisen einen Engel abzumontieren war kaum mehr als eine Fingerübung für diese Artisten der Lüfte. Der Präfekt kaute an seiner Lippe. Als Bub in Klosterneuburg hatte er zwei Freunde. Der eine trat bei den Chorherren ein und ist heute der Abt des Stifts. Der andere stahl den Bauern auf dem Wochenmarkt Wurst und Käse und wurde erwischt. Was aus ihm geworden ist? Der Präfekt weiß es nicht. Besser werden die Menschen im Gefängnis nicht. Ich schlich auf mein Zimmer, schämte mich krumm und bucklig.

Pater Rohrer wurde aus Linz geholt, damit er uns zum Abschluss führe. Hat sich ein Verdacht einmal eingenistet, verschwindet er nicht, als wäre er nie da gewesen. Ich wurde nie mehr befragt, aber gemieden. Selbst der gutmütige Anselm war beschäftigt, kaum dass ich die Küche betrat. Hatte er nichts zu kochen, begann er, saubere Näpfe zu schrubben und blanke Töpfe zu polieren. Das Gerücht über mich wurde von einem schlimmeren übertönt. In den Gängen und auf dem Hof des Konvikts wurde gewispert: Die Societas Jesu werde es bald nicht mehr geben.

Julius war auch beim Abschlussexamen Klassenbester, ich war dicht hinter ihm. Der Präfekt ließ mich rufen. Er sah müde aus, die Wangen eingefallen, die Lippen blutleer. Ein böses Geschwür fresse ihn von innen auf, ein paar Monate weile er noch hier, dann würde ihn Gott zu sich holen.

»Gibt es keine Hilfe?«

»Nein. Aber vielleicht findest du in fernen Tagen eine.«

Er wedelte mit einem gesiegelten Schriftstück. Es war ein Empfehlungsschreiben für das Collegium Romanum. Ich brauchte es nicht. Als ich in Rom ankam, war das alte Collegium ein Institut für den örtlichen Klerus. Ich studierte an der Universität La Sapienza.

33. Das Veilchen

> *»Der schwere Wein löscht den Durst nicht.«*
> Fei Lipu, »Baumland«, Abschnitt 38.45

Liebe Stanzi!

Längst hätte ich Dir schreiben wollen, doch als ich in Not war, schien es mir schäbig, Dir meinen Kummer auf den Buckel zu schnallen. Und als mein Herz zersprang vor Freude, war ich so angefüllt mit allem, was ist, dass ich kaum die Zeit wähnte, meine täglichen Verrichtungen zu erledigen. Viele Jahre habe ich mich bemüht auszureißen, was an das Zuhause gemahnt. Doch dieser Tage denke ich oft an Euch. Du weißt, dass mir Alois geschrieben hat. Es reut mich, dass ich nicht länger Eure Wege gegangen bin. Alois schreibt, Du hättest einen klugen Mann gefunden. Drei gesunde Kinder hast du geboren. Und eines, das nicht geht und steht.
    Stanzi, wie gern trüge mit Dir das lahme Kind!

Wir können nicht alle retten, hat Adam gesagt. Ich weiß. Aber manche! Gerade genügt mir eine. Ich habe sie einmal behandelt, ein zweites Mal wäre fatal. José kommt widerwillig mit, ich bringe ihn zu Adam. Auf dem Weg offenbare ich mein Geheimnis, er möge sich nicht wundern, wenn Adam mich küsst. Er wundert sich aber doch. Schön bin ich nämlich nicht, findet er.

»Was ist schön?«, frage ich. José malt Busen mit seinen Händen.

Maria Anna ist eine dralle junge Frau. Sie sitzt im einzigen Raum der Kate. Adam muss sich bücken, als wir eintreten. Das winzige Fenster ist ein Loch in der Mauer, durch das kaum Luft und noch weniger Licht hereinkommt. Es riecht nach Kohl und Exkrementen. Mit uns vieren ist das Haus überfüllt. Maria Anna sieht uns unstet an, Adam fragt, wie es ihr geht. Schlecht geht es ihr, sie kotzt den ganzen Tag. José starrt auf den Busen des Mädchens. Adam schickt uns hinaus. Ich zeichne mit den Händen Busen, wie José es vorhin getan hat, frage, ob Maria Anna schön sei. »Wunderschön«, sagt José.

»Sie braucht einen Mann. Willst du ihr Mann werden?«

Josés Augen kullern beinah aus ihren Höhlen. Er nickt, schluckt, nickt wieder, redet ganz schnell, ich kann ihm nicht folgen. Wenn der Kerl doch Latein könnte.

Adam kommt heraus. Maria Anna ist einverstanden, José zu heiraten. Adam ist verärgert. Ihre Eltern verlangen hundert Reís. Sie sollten froh sein, dass ihre Tochter eine gute Partie macht. Ich lächle, Adam ist ein Bürgerlicher, weiß nicht, wie die Bauern handeln.

»Viel Geld«, sage ich. »Aber Josés Mutter wird bezahlen.«

Das ist das Schönste, das Beste, das Köstlichste. Ich schiebe meine Füße zwischen die seinen, Adam reibt sie, bis sie rot und heiß werden. Meine Arme umfassen seine Brust, der Atem wird ruhiger, unser beider Atem im gleichen Rhythmus. So selig bin ich, dass ich in den Himmel springen, jauchzen und singen, jeden Engel umarmen und küssen möchte und allen danken für die Gnade der Blindheit, die uns die Liebe beschert. Es ist nicht das Eigentliche, das mich berauscht, sondern dass Adam solch unbändige Freude an mir hat. Eine Träne rutscht mir aus den Augen und netzt das Haar seiner Achsel. Er hebt mein Gesicht.

»Du bist nicht schuld! Hör auf, darüber nachzudenken!«

Ich entwinde mich seinem Griff.

»Du weißt nicht, was geschehen wäre, wärst du geblieben. Vielleicht hätte es sich der Seppl vor der Hochzeit überlegt und an deiner Stelle die Lies geheiratet. Sagtest du nicht, dein Bruder Karl hatte die Blattern? Die Seuche löscht ganze Familien aus, leicht hätte sie dir das Leben nehmen können. Auch dann hätte der Seppl die Lies geheiratet. Alles wäre gekommen, wie es gekommen ist.«

Stundenlang könnte ich ihm zuhören. Und vergessen, was ist. Ich bin schuld, dass die Lies und ihr Lämmchen haben sterben müssen. Der Sepp hat gekriegt, was er wollte, sogar wenn er es später nicht mehr wollte. Die Lies hat er sich genommen, weil er bemerkt hat, dass es andere gibt, die auf sie spitzen. Sie war eine bessere Bäuerin, als ich es je hätte sein können. Und hübscher obendrein. Aber mich hat er nicht geheiratet, obwohl ich ihm versprochen war. Das hat ihn zornig gemacht. Die Wut hat sich ihren Weg gebahnt. Mag sein, dass er die Verlobung mit mir gelöst und die Lies geheiratet hätte.

Frauen, die ihre Nase in Buchstaben und Zahlen stecken statt in den Kochtopf, mochte er nicht. Dann wäre er es gewesen, der mich weggestoßen hat, nicht umgekehrt. So hätte er sich ein wenig mehr an der Lies erfreuen können. Sieh nur, wie hübsch sie ist in ihrem neuen Kleid. Sieh nur, wie sich ihr Bauch wölbt, das vierte, fünfte Mal schon, während du noch immer keinen Mann hast. Wäre ich geblieben, würde die Lies noch leben. Ich weiß es.

Wo die Sonne aufgeht

— **In der Flaute**

Ich stehe an Deck, winke zum Hafen. Es ist der 20. April 1778. Ich träume nicht, ich bin hellwach. Er steht nicht mehr da, hat die Pier längst verlassen. Wir sind noch nicht auf hoher See, dennoch: Jetzt ist der Moment. Ich möge den Brief erst aufmachen, wenn es kein Zurück mehr gibt, hat Adam gesagt. José würde darüber wachen. Die Anker sind gelichtet, die Wellen haben ihre Farbe gewechselt, das Meer ist dunkelgrün, fast schwarz.

Adam hat mich bedrängt. Ich würde es bereuen, ergriffe ich nicht die Gelegenheit, sie käme nicht wieder. Er hatte recht, ich wusste es. Mein schwarzer Vogel krächzte mir ins Ohr: Er will dich loswerden, dir den Laufpass geben. Ich zerbreche das Siegel, rase über die ersten Zeilen, meine Augen füllen sich mit heißen Tränen. Adam bewundert meinen Mut, dass ich es nun wirklich getan, das Schiff ins Reich der Mitte bestiegen habe. Er wünscht mir Glück und guten Wind. Aber zwei oder gar drei Jahre könne er nicht auf mich warten. Der Brief wird zu schwer für meine kleinen Hände. Hat er Anna wiedergetroffen? Ist sie nun doch mit ihm auf und davon? Ich halte mir den Mund zu, das Schluchzen dringt durch die geschlossenen Lippen, Adams schnörkellose Schrift verblasst hinter einem Vorhang. Ich ziehe ein Tuch aus meinem Ärmel, der Stoff saugt sich voll mit meinen Tränen. Meine wunden Augen bleiben hängen, mein Blick ankert an einem Wort, einem einzigen Wort: Ostindien-Kompanie. Die scharf geschnittenen Buchstaben stechen mir ins Auge, doch mein Gehirn ist in zähen Dunst gehüllt, der Sinn der Worte bleibt an der Nebelwand hängen. Contenance! Ich richte mich auf. Philippine Moosleitner, tu, als wäre dies kein Brief eines Verflossenen, vielmehr die Schrift, die die großen Rätsel der Menschheit löste, Fermats letzten Satz zu deuten wüsste, erklärte, wie die Triangulation anzustellen sei, um die Höhe jener Berge zu ermitteln, deren Gipfel in den Wolken steckten. Ich schnäuze mich in das nasse Tuch, stampfe mit dem Fuß auf, mahne Disziplin an, langsam hebt sich der Vorhang, Buchstaben, Wörter, Sätze lösen sich von dem Papier und fluten die Kanäle meiner Nerven.

Adam hat einen Onkel, der in Lübeck lebt, der alten Hansestadt. Seine und die Familie des Oheims hätten lang schon gebrochen, die Vorfahren Gevatter Meinrads seien in die Fehde um den Schmalkaldischen Bund, der sich gegen Kaiser Karl V. verschworen hat, verwickelt gewesen. Angeber! Dieser Oheim habe beste Verbindungen zur Britischen Ostindien-Kompanie, die wiederum Handelsschiffe in das Tatarenreich schickt, Tee und das neue Wunderheilmittel Ginseng holt und dafür englische Schwertklingen, Töpferei und verbotenes Opium hinbringt. Solch ein Schiff will Adam in London besteigen und in die Nördliche Hauptstadt kommen, sobald er sein Examen als Medicus bestanden hat – in drei Monaten. Ich heule und heule und José fragt, ob Adam gestorben sei. Nein und Herhausen und Pater Alfonso auch nicht. Sie sind alle wohlauf. Ich umarme José, wirble mit ihm im Kreis. Mein Traum ist wahr geworden und mehr noch, er wird wahr mit Adam dem Großartigen.

Es ist Flaute. Vor der Küste des schier unendlichen Afrika weht kein Lüftchen, das Schiff ist stecken geblieben wie einst Agamemnons Flotte, als Artemis den Winden Einhalt gebot. Ich bin an Land gegangen, habe Gräser und Stauden ausgerupft, mir die Finger an scharfen Kanten zerschnitten. Ob Moser noch lebt? Ob sein Herbarium noch leere Seiten für meine afrikanischen Schönheiten hat? Uralt muss er sein, siebzig gar. Von Waiglein jedenfalls hat die Unwahrheit erzählt. Afrikanische Säuglinge sind dunkel wie ihre Mütter. Nicht dass er mich belogen hat, ärgert mich, sondern dass ich keinen Augenblick gezweifelt, ihm blind geglaubt hatte. Als ich ihn bei Auenbruggers eingeführt habe, war ich so daran gewöhnt, mich zu ducken, dass ich selbst da noch den elenden Wicht hinter der dicken Schicht Bleiweißcreme und den Pappkartonbrustmuskeln übersehen habe. Wie vielen von Waigleins bin ich seither auf den Leim gegangen?

Flaute und Sonne versengen die Stimmung. Die Seeleute hängen in den Wanten, das ganze Schiff hängt, keiner hat Antrieb, etwas zu tun, und sei es, den blauen Himmel zu verfluchen. Sogar Josés heiliger Zorn ist erloschen. Die Matrosen brauchen Abwechslung, brauchen Zerstreuung, Zeitvertreib. Sie brauchen Aufregung. Für die sorge ich. Einer hat mich beobachtet, ein alter, brummiger Seemann. Er hat gesehen, wie ich ein Kind gewiegt, ihm ein Liedchen gesummt habe. Da hat er verstanden. Sie binden mir die Arme, sie brüllen mich an. Stünde nicht José, der alte Getreue, in der Kajüte, sie hätten mich längst geschändet.

Der Kapitän hört sich die Geschichte an. Kielholen? Nein, zu milde. Der Kapitän ist wütend über die Blamage. Er lässt mich über Bord gehen. Heute noch. Ein letztes Gebet, ein letzter Wunsch, Henkersmahlzeit gibt es keine, die Vorräte sind knapp. Jetzt muss ein Wunder geschehen, plötzlicher Wind einsetzen, die Wolken müssen sich teilen und Gottes Hand herniederschießen. Der Himmel ist klar und blau, es bleibt still. Sie binden mich an ein Brett, ein Matrose läuft um mich herum, das feste Tau schnürt mir die Luft ab. Über die Reling werden sie mich schieben, zuschauen, wie ich in den Wellen verschwinde, gegen den Tod kämpfe, bis meine Lungen platzen und ich tief einatme. Die Sonne versinkt am Horizont und mit ihr meine Hoffnung. Und dann bleibt der Mann mit dem Tau stehen. Und die anderen bleiben stehen, horchen. Jemand spielt Klavier, auch ich höre es, die Töne dringen aus den Planken, auf denen wir stehen. Es gibt kein Piano an Bord, alle sind da, sogar der Koch und der Schiffsjunge. Keiner ist da unten, außer dem tumben José, der seinen Rausch ausschläft. Sie haben ihn abgefüllt, um mich ungestört richten zu können. Das Klavierspiel hat aufgehört, jetzt setzt es wieder ein. Die gleiche Melodie, fröhlich und schnell. Die Luke öffnet sich. Ein Knabe kommt empor, schwebend fast. Er spielt Flöte, schrill klingt ihr Gesang und aufgeregt. Ein Geist. Es gibt keine Gespenster! Der Kapitän flüstert es, doch selbst er sieht den Knaben und hört ihn spielen. Und wieder das Klavier, eine Kakophonie, die Matrosen sinken zu Boden, beginnen zu beten, der Kapitän lässt seinen Säbel fallen. Der Knabe schwankt, gleich wird er kommen. Das Brett fällt mit einem Knall zu Boden, ich löse die Taue von meiner Brust, gehe zu dem bleichen Jungen. Wie beschwört man Geister? Was hat van Swieten getan, als er die Vampire in Transsylvanien besiegt hat? Ich hebe die Arme, befehle dem Knaben auf Latein, sich zu trollen. Er versinkt in der Luke. Ich schließe sie, steige mit dem rechten Fuß dreimal drauf, hebe wieder die Arme, wechsle ins Altgriechische, erzähle, weil mir nichts anderes einfällt, Aesops Fabeln.

Der Kapitän hat die Sprache wiedergefunden, sein Gesicht ist so mehlig wie seine Perücke. Ich sage, dass solche Erscheinungen auf Schiffen nicht selten seien, dass Geister die Flaute nützten, um sich sichtbar zu machen. Er nickt matt. Ich behaupte, ich wäre Dr. van Swietens Assistent bei den Vampiren gewesen, ergo mit Gelichter, das dem Grab entsteigt, bewandert, ich wüsste solcherlei Erscheinung im Keim zu ersticken. Der Kapitän nickt wieder. Ich wanke nach unten, falle José um den Hals, er drückt mich so fest, dass ich kaum atmen kann. Wir dürfen nicht lachen, jedenfalls nicht laut. Schnell schieben wir die Klavierspielerin in ihre Kiste zurück und sperren den Knaben ein. Danke, Herhausen, danke, ihr Constructeurs aus Dresden, ihr versteht euer Handwerk!

Es hätte auch ein anderes Spektakel gegeben, mein Leben zu retten. Noch auf der Pier hat mir Adam eine

Phiole zugesteckt: Serum der Kuhpocken für das Inokulieren. Ich hätte behaupten können, es wäre ein Gift, das ausströme, sobald ich die Phiole öffnete. Es ist mir nicht eingefallen.

二 Königsberger Klopse und Merlot

Wir haben Glück. Die Dschunke, die die Küste von Guangzhou nach Norden fahren wird, hat Platz für zwei Leute mit viel Gepäck. Auch die anderen Passagiere schleifen Kisten und Koffer über die Planken in den Schiffsbauch. Es ist eine Hochzeitsgesellschaft. Die Braut wird in eine südliche Küstenstadt gebracht, wo sie die Familie ihres Mannes empfangen wird. Dort soll sie den zweiten Sohn des Kreisamtmanns heiraten. Tränenreich hat sie von ihren Eltern Abschied genommen, drei Zofen sind mitgekommen und Musiker begleiten die Hochzeitsfahrt mit stetem Tuten und Blasen. Adam Schall von Bell hat beschrieben, wie Kaiser Kangxi seine Konkubinen im Cembalospiel unterrichten ließ. Der Kaiser hat gut daran getan. Das Trommelfell ist eine zarte Membran, die leicht reißt. Man gewöhne sich daran, hat Alfonso einst in Coimbra gesagt, an das und an vieles andere.

Die wendigen chinesischen Schiffe bleiben so nah am Land, dass wir die Menschen in den Dörfern und Städten beobachten können. In den Reisfeldern stehen Frauen und Männer in blauem Kattun, die Hosen bis zu den Knien hinaufgeschoppt, mit Strohhüten, die sie vor der gleißenden Sonne schützen. Gebückt setzen sie Büschel für Büschel in knöchelhohen Morast. Das Wasser wird in hölzernen Rohren zu den Feldern geleitet, an den Rädern stehen Männer und treten Holzbrettchen in rasendem Tempo – Sklavenarbeit.

Die Braut steht jetzt an Deck, sie ist dick wie unsere Kaiserin. Fat Lady haben sie die Mamelucken auf den Märkten in Kairo despektierlich genannt. Aber haben wollten sie meine Maria-Theresien-Taler dann doch, und zwar lieber als alle anderen Währungen. Ich habe sie gegen weite Hosen, einen Turban, einen krummen Dolch getauscht. Und gegen süße Datteln und Milch. Die Braut aber ist keine Fat Lady, die Handgelenke, die aus den Ärmeln hervorlugen, sind schmäler als meine, ihr Hals ist lang und schlank wie der eines Schwans. Sie ist eingesponnen in Hunderte Schichten bunter Seide. Die Stoffe wurden vom Bräutigam geschickt, erzählt mir ein Trommler. Die Braut trägt abwechselnd eine Schicht Kleider, die aus der Seide des Bräutigams genäht wurden, und eine Schicht aus ihrer eigenen Familie. So wie sich die Fäden aneinanderschmiegen, werden auch die Brautleute eins. Die Frau atmet schwer. Selbst die großen Baldachine und der mit einem Phönix und einer Chrysantheme bestickte Rundfächer vermögen nichts gegen die Kraft der Sonne auszurichten. Die Braut verschmachtet.

José bestaunt die fremden Instrumente. Die Musiker lassen ihn probieren, er klatscht in die Hände. Es gibt eine erstaunliche gemischte Banda mit noch erstaunlicherer Musik. Wir umrunden die Insel Hainan, auf die aufsässige Beamte verbannt werden, wie man mir sagt. Jetzt drehen wir nach Norden, gleiten zwischen der Insel Taiwan und dem Festland hindurch. Diese Insel war einst Zufluchtsort für Aufständische gegen die Dynastie der Tataren und ist nicht beliebt. Der Wind ist günstig, wir kommen zügig voran. Dann heißt es umladen. Unser Schiff ist zu groß, um bis nach Tianjin zu fahren. José steht mit verschränkten Armen neben der Reling und sieht zu, wie sich die chinesischen Seeleute mit unserer Klavierspielerin plagen. Ich will zupacken, er hält mich zurück. Wer von klein auf gelernt hat, beim Arbeiten zuzusehen, bleibt ruhig, selbst wenn die Fracht zu kippen droht. Die Männer schreien herum, es kommen Kulis vom Land und packen mit an. José hatte recht, sie können das besser als wir. In Tianjin wird wieder umgeladen, diesmal in die bereitstehenden Pferdewagen. Wir erreichen die Nördliche Hauptstadt am späten Nachmittag. Vor fünfzehn Monaten sind wir von Lissabon losgesegelt, es scheint mir ein ganzes Leben dazwischenzuliegen.

Unser Gepäck bleibt am Hafen, ein Mann passt darauf auf. Ich habe bezahlt, José hat ihn eingeschüchtert, ich hoffe, wir bekommen alles wieder. Die Straßen der Nördlichen Hauptstadt sind lang und laufen exakt in Nord-Süd- und Ost-West-Richtung. In der Südstadt wohnen die Armen, je weiter wir nach Norden vordringen, desto größer und schöner werden die Gebäude, aus den Hütten der Vorstadt sind gemauerte Häuser geworden. Neben den Flöten und Tamburinen sind es die geschwungenen Dächer mit den farbig glänzenden Rundziegeln, die José erfreuen. Er steht davor, schwingt die Arme gen Himmel, ja, so sehen die Dächer hier aus. Er macht sich keine Gedanken, wo wir schlafen werden, ich schon. Zumindest verstehe ich in Beijing, was die Menschen mir sagen, sie sprechen jenen Dialekt, den ich bei Pater Alfonso gelernt habe. Wenn ich sie anrede, lachen sie, aber dann bekomme ich Antwort. Schlafen? Vielleicht im Tempel?

Tempel! Ecce! Wo ist die Missionsstation? Ach, die ist noch weit. Wir sollten einen Tragstuhl mieten. Die Träger schleppen uns durch die Gassen, in denen die Menschen hierhin und dahin streben wie in einem Bienenstock. José genießt die Reise. Er weiß nicht, wohin er seinen Kopf zuerst wenden soll, winkt den Menschen, sie bleiben stehen und kichern. Am besten gefallen ihnen seine Füße. So große Füße haben sie noch nie gesehen. Mitten im Staunen ist José eingeschlafen. Ich wecke ihn, setze ihn in ein Teehaus. Er hebt den Kopf, über uns schaukeln Käfige mit Pirolen. José schlürft Tee, wundert sich, dass er nicht betrunken wird. Ist kein Schnaps, José, macht nur ein wenig munter.

Die Mission ist ein kleines, verfallenes Vierkant-Häuschen. Neben dem Eingang hängt ein verwittertes Schild, auf dem zu lesen ist, dass die Mission unter dem Schutz des Kaisers steht. Ich trete über die Dämonenschwelle. In dieses Haus wird sich keiner verirren, was hoffte er zu finden? Ein überdachter Gang verbindet die vier Seiten, im Innenhof ist das Gras kniehoch, in einer Ecke steht ein alter Baum mit hübschen fächerartigen Blättern. In den Fenstern fehlt das Papier, der Kaiser braucht hier niemanden mehr zu schützen. Dann gibt es doch Bewegung, eine Tür öffnet sich, intensiver Kohlgeruch wabert durch den Hof. Ich lege die Hand über die Augen. Da steht einer, der aussieht wie ich, nur älter. Er kommt mit ausgebreiteten Armen auf mich zu, fragt, von welcher

Station ich komme, Tianjin oder südlicher, Hangzhou gar. Ich sage, ich bin aus Europa angereist. Wir umarmen uns, Europa, so was, woher genau? Aus Österreich. Nein! Der alte Mönch ist aus Frankfurt. Wir reden Deutsch. So lang hat er seine Muttersprache nicht benutzt, dass er sie fast vergessen hat. Wir setzen uns in den Hof, ich frage, wo wir nächtigen können. Wir? Ja, wir. Ich zeige auf José. Es gibt genug Platz in der Mission, man muss nur ein wenig fegen.

»Seit wann reisen Jesuiten mit Dienerschaft?«, fragt Pater Reginald belustigt.

»José ist nicht mein Diener, er ist zu meinem Schutz mitgekommen«, sage ich. »Ich bin nicht sehr kräftig, meine Familie hatte Angst, mir könnte etwas zustoßen.«

»Kann er kochen?«, fragt Reginald.

»Kann er nicht. Wie gesagt, er ist nicht mein Diener. Ich kann kochen. Was soll es denn sein?«

»Königsberger Klopse«, sagt Reginald mit verklärtem Blick.

»Lebt Ignaz Sichelbarth noch?«

»Lebt noch, kann aber kaum mehr gehen, die Knie!«

Pater Reginald wird Alfonsos Grüße ausrichten. An den cholerischen Alfonso erinnern sich alle gut.

»Hier sollte gemäht werden«, sage ich.

Reginald seufzt, erzählt vom Wein, der vor hundert Jahren gepflanzt wurde. Ein richtig schöner Merlot sei es gewesen, die Stöcke sind längst zu Staub zerfallen. Schade, auf einen richtig schönen Merlot hätte ich Lust.

三 Ein Vogelschwarm beim Kaiser

In stockfinsterer Nach rüttelt jemand an meiner Schulter, es ist Reginald. Aufstehen, es geht auf drei, die Audienz beim Kaiser beginnt um fünf. Ich wasche Gesicht und Hände. Munter bin ich erst, als Reginald und ich durch das Mittagstor treten. Plötzlich ist die stockfinstere Nacht nicht mehr finster. Beamte gehen mit Fackeln herum und dirigieren die zur Audienz Angetretenen an die richtige Stelle. Andere verharren still und halten ein Schild, »Sperling, Unterer Rang« oder »Pfau, Oberer Rang«. In sechzehn Abteilungen stehen sich die Mandarine die Füße in den Bauch. Auf Reginalds Amtsrobe prangt ein quadratisches Emblem mit einem Silberfasan, wir traben an diversen Vögeln vorbei zum Oberen Rang der Silberfasane. Vor uns schlagen die Pfaue ihre Räder. Unser Platzanweiser bugsiert uns in die Mitte des Fasanenschwarms, Reginald protestiert, der Aufseher lässt nicht mit sich reden. Ich drehe mich um, sehe verwundert, wie die Reihe hinter uns länger und länger wird. Lass nur, Reginald, wir sind bald dran.

Die Sonne verdrängt das Morgengrau, jetzt erst werde ich der Pracht der Verbotenen Stadt gewahr. Die großen Hallen liegen auf der Nord-Süd-Achse, die größte davon, die Halle zur höchsten Harmonie, ist die, auf die wir zusteuern. Wir steigen die drei Stufen hinauf, der Kaiser sitzt noch einmal erhöht auf einer Rampe. Wir werfen uns zum Kotau auf den Boden, warten, bis wir uns erheben dürfen. Der Kaiser trägt heute Veilchenblau, darunter weite Hosen in Kaisergelb. Das Symbol auf seiner Brust ist ein güldener Drache, der sich in einem Oval auf der Brust des Kaisers ringelt. Qianlongs linker Fuß ruht auf einem Schemel mit geschwungenen, blattgoldverzierten Beinen. Ein solches Möbel hätte Herhausen gefallen. Die schwarzen Stoffstiefel mit weißer Sohle wären weniger nach seiner Façon gewesen.

Weitschweifig erzählt Reginald, welche Geschenke ich mitbringe, dass ich in die Dienste des Kaisers treten will. Automaten? Die kaiserlichen Schatzkammern sind voll davon, und wenn dem Herrscher auf dem Drachenthron nach Musik ist, erfreuen ihn seine Konkubinen mit Gesang und Flöte oder spielen die chinesische Zither. Ich sage, ich könnte einen Automaten nach seinem Belieben bauen. Der Kaiser zieht seinen dürren Schnauzbart lang. Was ich glaube, was ihm fehlen könne? Eine Flugmaschine. Im Saal ist es jetzt still. Einer der Berater neigt sich stirnrunzelnd zu seiner Majestät.

»Zu welchem Zweck soll das Reich der Mitte eine solche Maschine benötigen?«

Ich verneige mich tief. Der Kaiser sei bekannt dafür, dass er seinem Volk im ganzen Reich regelmäßige Besuche abstatte. Eine Flugmaschine könnte Zeit sparen. Der Kaiser setzt sich aufrecht, starrt mich mit zusammengekniffenen Augen an. Seine Exzellenz muss nicht sparen, es ist von allem in Fülle da. Wie es aber zugehen möge, dass man Zeit spare, das habe er in keiner Schrift der Alten gefunden. Ich sage, der Kaiser könne sich selbst auf die Flugmaschine setzen und wäre in wenigen Doppelstunden an einem entfernten Ort des Reiches, etwa in Hangzhou oder Suzhou, was derzeit Monate benötige. Der Kaiser lacht. Die Beamten lachen. Der Kaiser lässt etwas holen. Es ist ein Bild. Die Eunuchen, die es ausrollen, gehen viele Schritte auseinander, das Bild überspannt die Breite der Halle. Der kaiserliche Tross marschiert in Suzhou ein. Diese ist nur eine von zwölf Rollen. Ich habe verstanden. Es geht nicht um das Ankommen, sondern um den Weg. So prächtig und groß ist das kaiserliche Gefolge, dass die vorderste Abordnung wohl schon in der einstigen Reichshauptstadt Xi'an durch das Stadttor marschiert, während der Kaiser erst in der Nördlichen Hauptstadt die Sänfte besteigt. Bis er in Xi'an eingelangt ist, haben seine Beamten schon sämtliches verfügbares Reispapier mit Kohlenstaub geschwärzt, es auf die Stelen mit den Texten von Konfuzius und seinen Schülern appliziert und einen Abklatsch gezogen.

Auch im kartographischen Amt wird niemand gebraucht. »Er soll wieder nach Hause fahren«, sagt der Kaiser müde zu Pater Reginald. Ich will noch etwas einwenden, Reginald zieht mich weg. Dem Kaiser von China widerspricht man nicht.

Ich sitze in meiner kleinen Zelle, halte Adams Brief in meinen Händen, weiß nicht ein noch aus. Längst ist er auf einem englischen Handelsschiff auf dem Weg nach Canton. Bis ich dort bin, weilt Adam in einer Dschunke. Wer soll ihm sagen, dass ich hier nicht geduldet bin? Pater Reginald klopft an meine Tür, er hält Zinnbecher, hat eine alte Flasche Wein gefunden, platscht sich auf mein Bett. Mir ist es hier zu stickig. Wir setzen uns unter das Dach des Gangs.

»Was soll ich tun?«

»Füg dich in dein Schicksal. Der Kaiser hat dich abgewiesen, da ist nichts zu machen.«

Ich starre auf das Elixier in meinem Becher, wische eine Träne aus meinem Augenwinkel. Pater Reginald legt seine Hand auf meinen Arm. »Du bist nicht der Einzige, jüngst hat der Kaiser alle zurückgeschickt.«

Ich schluchze, erzähle von meinem Lebenstraum. Reginald redet über Gott und seine Wege und ob ich denn wüsste, was Er noch mit mir vorhat. Er blickt versonnen zu dem Ginko-Baum. »Dort drüben«, sein Zeigefinger deutet auf die Ostecke des Hofs, »ist früher ein Birnbaum gestanden. Als ich kam, trug er keine Birnen mehr. Dann ist der Gärtner gekommen – den gab es damals noch – und hat den Baum gefällt.«

Ich weiß nicht, was ich mit dem Bild des toten Baums anfangen soll.

»Seine Wurzeln stecken noch in der Erde«, sagt Reginald. »Es ist nicht, als wäre er nie da gewesen.«

Reginald schlürft seinen Wein, lässt ihn im Mund kreisen. Haben es die Alten verlernt, Nahrung still zu sich zu nehmen?

»Ich will hierbleiben«, sage ich trotzig.

»Was hat dich Alfonso, der Schlawiner, gelehrt? Ihr habt wohl zu viel Konfuzius gelesen. Du solltest dich mehr an das hier halten!« Er zieht ein Büchlein aus seinem Sack und schwenkt es in der Hand. Es ist das Daodejing des Laozi.

»Da steht alles drin«, sagt er. »Wenn wir jung sind, sind wir biegsam wie Weiden. Dann aber glauben wir, wir wüssten es besser, und zwingen dem Schicksal unseren Willen auf. Nicht wir folgen Seinen Wegen, Er möge unseren folgen. So werden wir starr und alt und sterben in Bitternis. Nur wenn es gelingt, im Fluss zu bleiben, finden wir das Glück.«

Ich höre mir das nicht länger an, springe auf, bleibe stehen, weiß nicht, wohin ich mich wenden soll. Wäre ich in meinem Fluss geblieben, der in Neulengbach ein lächerliches Rinnsal ist, läge ich längst im kühlen Grab. Jetzt steht Reginald neben mir, legt mir seine Hand auf die Schulter. »So ist's gut«, sagt er väterlich. »Tief ausatmen!«

Ich atme nicht, ich schnaufe, hechle, keuche. Reginald klopft mir begütigend auf den Rücken, der Atem will sich nicht beruhigen.

»Kannst du das denn? Bist du im Fluss des Dao?«

Er wiegt den Kopf. »Ich wache morgens auf und warte, was der Tag bringt.«

»Das genügt dir?«

»Das und mein schönes Mädchen«, sagt er lächelnd.

Das schöne Mädchen, Meiying, war einst eine Kurtisane und hat mit den Klugen und Reichen der Hauptstadt Gedichte geschrieben und die traurigen Lieder der Dichterin Li Qingzhao gesungen. Jetzt betet sie in unserer Kirche, geht zu den Armen und kocht für Pater Reginald.

»Ich muss bleiben!«, sage ich beschwörend. »Ich warte auf jemanden.«

»Dann geh zu Heshen.«

Reginald weckt mich wieder früh. »Husch, husch, die Unterminister und Sekretäre haben nicht den ganzen Tag Zeit!«

Wir trappeln zum Tausend-Schritte-Korridor, der in den Platz des Himmlischen Friedens mündet. Rechts und links sind die Ministerien aufgereiht wie Perlen an einer Kette, sechs an der Zahl. Der Gäste-Empfangseunuch führt uns zum Büro eines Sekretärs am Ende eines langen Ganges. Nur um einen glücksverheißenden Tag zur Überreichung der Geschenke auszumachen, brauchen weder der Minister, ein Goldfasan-Mandarin des Oberen Rangs, noch der Vizeminister – Pfauenmandarin – gestört zu werden, dafür genügt ein Mandarinenten-Mandarin des Oberen Rangs.

Wir trinken Tee aus blauweißen Schalen, wir plaudern über das Wetter, wir studieren den Kalender. Der glückverheißende Tag zur Überreichung der Geschenke ist der 4. August. Noch fast einen Monat Zeit, den Kaiser umzustimmen. Das kann nur einer: Heshen, Günstling des Kaisers, ein selten unangenehmer Schönling. Weshalb ihn der Kaiser so sehr schätzt, o-ho, darüber wird gemunkelt. Als genügten 42 Konkubinen nicht. Großvater Kangxi hätte keine Freude, er war stolz darauf, sein qi stets nur an das yin verschwendet zu haben. Wie werde ich an Heshen herankommen? Ich habe keine Referenzen. Heshen ist der Einzige außer dem Kaiser, der in der

Verbotenen Stadt reiten darf. Er genießt sein Privileg zur Stunde des Hahns, wenn der Abend noch jung und sanft ist, das Yang der Sonne seine Kraft noch nicht ganz eingebüßt hat, während der Mond blass und kühl hinter den Wolken harrt.

José ist traurig. Er umarmt die Luft, schmiegt sich an seinen Arm, der ist jetzt Maria Anna und wird tausendmal geküsst und gekost. Aus Fadesse hat er am Morgen mit seinem Degen das Gras gemäht. Wie ein tanzender Derwisch ist er den Säbel schwingend durch die Wiese gewirbelt, hat die Halme zerschnitten oder niedergetrampelt. Reginald verschwindet, wir hören ihn kramen. Die Puppe hat einen kleinen Kopf aus Porzellan, die Stirn ist rasiert, ein schwarzes Zöpfchen hängt schlaff herab. Es ist ein Junge, Reginald hat die Puppe um die Brust herum mit Baumwolle staffiert. José herzt die Puppe.

»Was soll ich Heshen sagen?«

Reginald schlürft Suppe mit langen Nudeln, die wir bei einer Garküche mitgenommen haben. Nudelsuppe und diese am Boden der Pfanne klebenden Teigtäschchen mit Fleischfüllung schmecken mir.

»Es gibt ein chinesisches Sprichwort. Eine Rute anbieten und um eine Tracht Prügel bitten«, sagt er kauend. »Gemeint ist, einen Irrtum einzugestehen und sich für etwas zu entschuldigen.«

»Welchen Irrtum soll ich eingestehen und wofür soll ich mich entschuldigen?«

Reginald setzt die Schüssel an die Lippen, trinkt die Suppe, wie es die Chinesen machen, er ist wirklich akkommodiert. »Gestehe dein Vergehen, dem Kaiser etwas zu schenken, was er längst hat und nicht braucht. Und entschuldige dich dafür, seinem weisen Ratschluss nicht Folge zu leisten.«

»Und dann?«

»Wirst du sehen.«

Am vierten Tag des siebten Monats ist es so heiß wie am dritten und am fünften wird auch kein Regen kommen. Ein halbes Dutzend Tributpflichtiger steht mit mir am Eingang der Schatzkammer. Vor mir überreicht ein Kirgise Felle und goldene Trinkbecher. Umständlich erklärt er seine toten Tiere, ich verstehe kaum ein Wort. Ein dicker Russe mit langem Bart flüstert mir zu: »See, you chave to learrrn the bloody tones.«

Die Klavierspielerin und der Flötenknabe verschwinden in den Weiten der Schatzkammer. Der Schatzkammer-Eunuch trägt die Spieluhren in eine Liste ein. Die schönste ist ein überdimensionales güldenes Ei. Klappt man es auf, fährt ein römischer Streitwagen rund um den Circus Maximus.

»Welcher Vogel vermag ein solch riesiges Ei zu legen?«

»Kein Vogel«, sage ich. »Es ist ein Drachenei.«

Der Eunuch öffnet es, der Streitwagen fährt im Kreis, der Eunuch ist enttäuscht. Hat sich wohl gewünscht, dem Ei entschlüpfe ein Drache. Ich schenke ihm ein Dutzend Fat Ladies. Er lacht so sehr, dass er vergisst, das Silber zu wiegen.

四 Vogelnestsuppe, Orangenkuchen,
Regenmantelbiskuit

Die Stunde des Hahns beginnt am späten Nachmittag. Ich habe mir einen fleckigen braunen Habit angezogen, der in einer verstaubten Kiste der Missionsstation herumgekugelt ist. Meine Füße stecken in Strohsandalen, eine Kordel hält den Stoff zusammen. Bescheidenheit ist die Tugend jener, die um Gnade flehen. Heshen würdigt mich keines Blickes, reitet an mir vorbei. Ich bleibe, wo ich bin, stelle mich auf den Weg, als er wiederkommt, Hände gefaltet, verneige mich tief, fast bis zum Kotau. Heshen zieht ärgerlich am Zügel des Hengsts.

»Bittsteller zur Stunde der Schlange am siebten Tag des Monats«, sagt er unfreundlich.

»Ich habe keine Bitte«, sage ich, »ich biete etwas an.«

»Was bietet er mir an?«

»Ich will in Eure Dienste treten«, sage ich. »Ich beherrsche mehrere Sprachen, Arithmetik, Astronomie, Kartographie.«

Heshen reitet an, wirft seinen linken Arm in die Höhe. Mein Herz sinkt in die Hose, ich wandle halbblind zum Tor der Mitte. Dort drückt mir ein nach Urin stinkender Eunuch eine Karte in die Hand. Ich möge mich am zwölften Tag des Monats zur Stunde des Hundes in Heshens Residenz einfinden. Ich lese die Karte dreimal, überlege bei jedem Zeichen, ob es nicht auch noch einen anderen, geheimen Sinn birgt, laufe zurück in die Missionsstation, flatternden Herzens.

Im Hof sitzt eine Grauhaarige, die Füße in bestickten Stoffschuhen, die aussehen wie winzige Boote, auf einen Stuhl gelegt. Ihr Gesicht ist eine Landschaft aus Furchen und Gräben, die Haut ungewöhnlich gebräunt für eine Dame, die Finger sind knotig verdickt mit langen gelben Nägeln: das schöne Mädchen. Ich zeige ihr die Karte.

»A ya! Eine Einladung zu einem Bankett bei Heshen!«

José hat mich gebeten, einen Brief an Pater Alfonso zu schicken. Jetzt bin ich in der Stimmung für solch ein Schreiben. Alfonso wird es Josés Frau vorlesen und für sie antworten. Die Feder fliegt über den Bogen, ich erzähle, wie es José geglückt ist, eine Schiffsmannschaft samt Offizieren und Kapitän zu täuschen, wie er die Station hier auf Vordermann bringt. Er steht mit vollen Körben im Türrahmen, hat Gemüse und einen großen Vogel gekauft, heute gibt es feinen Gänsebraten. Ich lese ihm den Brief vor, er ist nicht zufrieden. Das Wichtigste habe ich vergessen. Dass José täglich den Gong schlägt und damit die Gläubigen zur Messe ruft und dass die Dächer der großen Häuser hier nicht zu Boden weisen, sondern wieder in den Himmel schwingen und dass sie mit bunten, runden Ziegeln in Grün, Blau und Rot gedeckt sind. Herrje, wie unüberlegt. Für das Briefeschreiben sollte ich mir Zeit nehmen!

Heshens Residenz liegt in der Nordstadt gleich hinter dem Kaiserpalast, der nobelsten Gegend in Beijing.

Es ist ein kurzer Weg, dennoch lassen wir uns tragen, zu Heshen kommt man nicht zu Fuß. Wir werden am Tor abgeholt, schlendern auf gewundenem Pfad vorbei an einem Teich mit Goldfischen, die unter den großen Blättern der Lotosblüten den Mond erwarten. Ein anderer Eunuch geleitet uns von der Empfangshalle in den mittleren Pavillon. Heshen sitzt in der Mitte der Tafel, ich werde ihm gegenüber platziert, Pater Reginald glücklicherweise neben mir. Den Ehrenplatz am Kopfende nimmt ein Kranichmandarin ein, er ist der Präsident der Pinselwald-Akademie und berühmter Kalligraph. Gut möglich, dass eine der Kalligraphien, die die Wände zieren, aus seinem Pinsel stammt. Heshens Konkubinen tuscheln am Nachbartisch. Sie quasseln durcheinander und ignorieren den Tisch der Männer. Verirrt sich ein Blick zu uns, trifft er mich. Eine von ihnen, die mit den hübsch geschwungenen Augenbrauen, scheint mir direkt ins Herz zu schauen. Mottengleich nennen die Chinesen diese Art, die Brauen zu zupfen und zu tuschen. Ihr Blick ruht auf meiner Brust. Hat sie den Busen unter meinem Mantel detektiert? Es sind meist die Frauen, die mir gefährlich werden. Die Damen klappen ihre Fächer auf und zu, halten sie in der linken, dann in der rechten Hand. In Europa, wird gemunkelt, würden Damen über ihre Fächer Botschaften senden. Mottes Fächer ist fleckig beige und mit Päonien und Bambus bemalt, einfache Schlichtheit, das Papier ist vergilbt, antik, der ganze Fächer zehnmal so teuer wie jener, mit dem sich José kühlt. Sofern auch in China die Fächer sprechen, will mir Motte etwas sagen. Mehrmals schon hat sie den ihren zusammengeklappt, jetzt hält sie ihn an die Mundwinkel der linken Wange. Sollte ich raten, hießen ihre Gesten: Sei vorsichtig.

Eine Heerschar an Dienern serviert das Essen, Huhn, Schwein, Fisch, Tintenfisch und Garnelen. Ich lange beim rot gekochten Fisch zu, er ist scharf und würzig. Das Gemüse hat viel Knoblauch und natürlich ist dieses grüne Blattkraut daran, das nach Seifenlauge schmeckt. Man gewöhnt sich daran, hat Alfonso gesagt. Nein, daran werde ich mich nie gewöhnen. Anders als José, der ganz besessen ist vom Koriander. Ein Streit, seit wir in Macao angelandet sind. Die hohen Herren schmatzen und spucken, dass der ketzerische Luther seine Freude gehabt hätte. Gräten, Knöchelchen und anderes, was die Mandarine nicht schlucken wollen, liegt verstreut auf dem Damasttischtuch. Die Reste werden an die Armen verschenkt, die draußen auf die Brosamen vom Tische der Reichen warten.

»Iss langsam«, raunt mir Reginald zu.
»Warum?«
»Wenn wir fertig sind, stehen wir auf und gehen.«
»Aber ...«
»Nicht aber, das gebietet die Höflichkeit.«

Ich verringere das Tempo auf die Hälfte, kaue jeden Bissen hundertmal nach der neuen Methode. Motte hat ihren Fächer neben ihr Schälchen gelegt und steckt sich einen Bissen vom Schwein in den Mund. Auch mir wird gerade nachgelegt.

»Was ist das nun wieder für ein Tier?«, frage ich.

Pater Reginald weiß es nicht, es ist alles in stäbchengerechte Stücke geschnitten, nicht zu erkennen, welche Form das Tier einst hatte.

»Was isst man in China?«, frage ich.

»Alles, was kreucht, fleucht, fliegt und schwimmt«, sagt Reginald. »Sieh dir den Zensus an. Die Bevölkerung steigt und steigt. Die Menschen in China können es sich nicht leisten, etwas zu verschwenden oder Nahrung zu verschmähen.«

Heshen hingegen kann sich alles leisten. Zum Schluss gibt es eine Delikatesse: Vogelnestsuppe. Nun ruhen alle Blicke auf mir, auch die der Männer. Ich nehme den Löffel, die Suppe ist dickflüssig, Breiig-Gallertiges kleidet meinem Mund aus und wird mehr und mehr. Zu Kaiser Josephs Hochzeit mit Maria Josepha Antonia wurde auch solch eine Suppe kredenzt. Hat sie Euch gemundet, Majestät? Oder war sie Euch auch zu quammig-quappig? Warum dürfen alle spucken, nur ich nicht? Ich schlucke tapfer, einen Löffel für Adam, einen Löffel für Herhausen, einen Löffel für Pater Alfonso ...

Ich werde mit Orangenkuchen, Regenmantelbiskuit und Sesamkeksen versöhnt. Noch ist kein Wort darüber gefallen, was Heshen mit mir vorhat. Er wischt sich den Mund ab, neigt sich über den Tisch. Ob ich von der großen Sammlung an Schriften des Kaisers gehört habe. Natürlich habe ich das. In der Hauptstadt wird von nichts anderem geredet. Was aufgenommen werden darf, was vernichtet wird. Die größte Kompilation an Texten – das ganze Wissen des Reiches soll erfasst werden: si ku quan shu – »Vollständige Schriften der Vier Schatzkammern«. Es wird Personal gesucht. Ein Zensor ist kürzlich einem Herzleiden erlegen, eines anderen Vater ist gestorben, er wird sich zurückziehen, um die Trauerzeit von drei Jahren einzuhalten. Neben mir pfeift Reginald leise durch die Zähne.

In der Sänfte schüttelt der Pater wieder und wieder den Kopf. Wie das möglich ist, nein, wie das möglich ist. »Jetzt müssen wir dich durch die Prüfungen schleusen«, sagt er am Schild des Kaisers Kangxi. Als hätte ich nicht genug Prüfungen gemacht in meinem Leben! Der Abendwind hat aufgefrischt, treibt den Staub der Straßen vor sich her. Ich bin zu aufgeregt, um ins Bett zu gehen. Muss mir einen Namen überlegen, muss lernen und üben. José ist auch noch wach, wir trinken chinesischen Schnaps. José hat schon einen Namen. Sie nennen ihn Da Bizi auf dem Markt und in den Weinstuben.

»Schöner Name«, sage ich. Das ist nicht ganz gelogen, wenn ich vorbeigehe, flüstern sie mir Yang guizi – »ausländischer Teufel« – hinterher. Da bizi heißt nur »große Nase«. Wie werden sie hier erst zu Adam sagen? Als ausländischer Teufel kann ich nicht zu den Examina antreten, ich brauch was Richtiges.

Die Morgensonne ist so unbarmherzig wie überall. Sie leuchtet jede Stelle meines verkaterten Inneren und des dazugehörigen Außen aus. Meine Augen sind gerötet, die Haut fahl und grau. Ich fühle mich elend. Jetzt kommt auch noch Reginald herein und klatscht einen Stapel

Bücher auf meinen Schreibtisch: sishu wujing, die Vier Bücher und Fünf Klassiker, Standardwerke des konfuzianischen Kanons, eine conditio sine qua non, will ich die Prüfungen bestehen.

»Und das hier?«, frage ich und schiebe den Kopf ein kleines Stück Richtung seiner Rocktasche, aus der das Daodejing hervorlugt.

»Das darfst du nach den Prüfungen lesen. Zur Erholung. Ich denke, wir nennen dich Mo Lei. Zweisilbige Namen sind wieder sehr erwünscht. Mo Lei von Moosleitner, was sagst du?«

Will ich nicht. Ich habe mir selbst einen Namen gesucht: Fei Lipu. Fei, das heißt fliegen. Damit ist der alte Pater nicht einverstanden, es klinge nicht chinesisch und wer immer den seltsamen Namen lese, frage sich, ob dieser Name einen Mann oder eine Frau bezeichnet. Ich bin nicht geneigt zu debattieren, Fei Lipu, dabei bleibt es.

Die neun Bücher sind erst der Anfang, es folgen Kommentare, Werke der Schüler des großen Kongzi und das Wichtigste: Musteraufsätze. Am besten alles auswendig lernen, so wie es die Chinesen seit der Han-Zeit machen. Der achtfüßige Aufsatz folgt strengen Regeln. Auch auswendig lernen, und zwar bis Mittag, Reginald wird sie abfragen. Jessas! Die Musteraufsätze beantworten staatstragende Fragen: Wie kann der Kaiser hungern, wenn das Volk reich ist. Oder: Regiert man durch Erlässe und Strafen, hat das Volk kein Gewissen. Wie soll man das Volk leiten?

Ich durchforste die Traktate des Neokonfuzianers Zhuxi, kopiere, was mir wichtig scheint, krame in meinen Listen zu den einzelnen Vokabeln und Schriftzeichen. José reißt die Tür auf, er geht auf den Markt, wir brauchen Koriander. Oh, den brauchen wir dringend. José drängt sich durch die Menge in den engen Straßen, teilt wie Moses das Meer. Der nächstgelegene Markt ist jener auf dem Weißturmplatz, die Stände sind themenmäßig geordnet, da die Geflügelhändler, dort die Gemüsestände, es quakt, gackert und grunzt von allen Seiten, dazwischen schwirren Sätze von hüben nach drüben. José schleust uns an den Körben vorbei, in denen Kröten zusammengepresst bis unter den Rand sitzen, dann kommen die Fisch- und Meeresfrüchtehändler, auch hier sind die Tiere so eingepfercht, dass sie kaum atmen können. Auf den Tischen liegen Fische in allen Größen, ihre silbrigen Schuppen glänzen im Sonnenschein. José beherrscht die Fingerzahlen. Er dreht sich zu mir, spreizt Zeigefinger und Daumen ab: »Wie viel ist das?«

»Zwei«, sage ich.

»Acht«, sagt er und krümmt sich vor Lachen. So ansteckend ist seine Freude, dass bald auch die Händler und Käufer lachen, eine Welle des Frohsinns schwappt über den Markt. Um jede Stange Lauch, jede Zwiebel, jedes Hühnerflügelchen feilscht José, als ginge es um unser Leben. Der Salzhändler erzählt greinend von seinen sechs Kindern, José bleibt standhaft. Jetzt geht es um drei zerzauste Krautköpfe. Mit spitzen Fingern greift José nach dem angewelkten Deckblatt. Der Bauer zitiert ein altes Sprichwort von einer Melone mit glänzend grüner Schale und faulem Fruchtfleisch, das José so wenig versteht wie die rührselige Geschichte des Salzhändlers. Von Westen nähern sich die Büttel des Marktamts. »Lass gut sein«, raune ich José zu. Er tut, als habe er mich nicht verstanden. Ich höre ein Klopfen in meinem Rücken. In einer Kiste sitzen flauschige Kaninchen. Eines hat ein zerfetztes Ohr, eines eine blutige Pfote. Ich schiebe die verlangten dreihundert Käsch von der Schnur, bevor mich José ertappt, und lasse den mit dem Ohrschaden in einem Sack verschwinden. Jetzt sind die Büttel nur mehr einen Stand von uns entfernt. Die Kontrahenten haben die Fäuste geballt, schütteln sie, strecken Finger aus, zwei, drei, fünf. Schon auf dem Schiff hat José mit den Matrosen geknobelt. Ich weiß nicht, wie er es anstellt, aber meistens gewinnt er. Wir kaufen drei Krautköpfe zum Preis von einem.

五 Den Handan-Stil lernen

Ich habe bestanden, weiß die acht Teile des Aufsatzes zu benennen, ihre Bedeutung im Text zu erläutern. Erst jetzt gibt es Essen. Wir sitzen im Speisesaal an einem langen Tisch, der einst Platz für zehn, fünfzehn Mönche bot. Jetzt sind wir zu viert, Reginald, José, Meiying und ich. Die Zofe des schönen Mädchens trägt die Speisen auf, es gibt Kohl in verschiedenen Zubereitungsarten und ein wenig Huhn. Ich hätte gern Garnelen gegessen. Reginald protestiert. Meine Prüfungen werden den Orden eine schöne Stange Silbergeld kosten, da wird kein Geld für teures Essen verschwendet. Er hat sich erkundigt, wo die nächsten Prüfungen abgehalten werden. Zuerst gilt es, die Vorprüfung zu bestehen, um von allen Seiten gut zu duften, wie man sagt. Dann kann ich zur Kreisprüfung und zu den Provinzexamina antreten, ohne die ich kaum in das Büro zur Kompilation der Vier Schätze berufen werde.

»Du wirst den Handan-Gang lernen«, sagt Reginald. Er dreht sich zu Meiying und wiederholt den Satz auf Chinesisch. Das schöne Mädchen lacht fröhlich, ihre Fältchen zittern, ihre Augen glänzen wie die Venus in der jungen Nacht, fürwahr ein schönes Mädchen. Ich hingegen verstehe den Spaß nicht. Es ist wieder eines dieser Sprichwörter, die eine Parabel auf vier Zeichen verkürzen und alle kennen. Meiying weiß meinen Blick zu deuten, sie hat Erfahrung mit ungebildeten Ausländern. Handan war berühmt dafür, dass die Menschen besonders elegant gingen, sodass sich, so erzählt man, ein junger Mann in die Kreisstadt begab, um die Art des Gehens zu lernen. So ungeschickt stellte er es an, dass er am Ende nur noch kriechen konnte. Eine aufmunternde Geschichte. Ich muss den Handan-Stil in wenigen Monaten beherrschen, Reginald hat mich als Sonderkandidat für das Examen angemeldet, als Fei Lipu. Siebenhundert Unzen Silber. Ich esse meinen Kohl.

»Fei Lipu«, ruft mir Pater Reginald nach, »ist vielleicht gar nicht so schlecht. Fei, das heißt fliegen. Das wird sich der Kaiser merken: Herr Fei, der eine Flugmaschine bauen will.«

Die Schneider der Nordstadt sind teuer, ich lasse mir von einem alten Mann im Süden eine Tracht nähen, die mich als Studenten ausweist, weiter, hellblauer Mantel mit wenig Stickerei. Darunter die üblichen weiten Hosen und eine Jacke mit Stoffknöpfen. Die Schuhe sind auch aus Stoff und damit sie nicht gleich durchgelaufen sind, trägt der modisch versierte Galan dicke Baumwollstrümpfe darunter. Ich habe Reginalds Rat befolgt, meine letzten Fat Ladies eingeschmolzen und eine kurze Perlenkette verkauft und mir dafür eine gute Geldwaage besorgt, damit mich die Kaufleute und Handwerker nicht übers Ohr hauen. Ganz werde ich dem nicht entgehen, hat mir Reginald prophezeit und natürlich recht behalten. Ich habe ein paar Unzen Silber in Schnüre mit Kupferkäsch getauscht und während mir der Geldwechsler die Schnüre vorgezählt hat, hat er sich unbemerkt drei wieder abgezweigt, so schnell konnte ich nicht schauen. José ist auch hier hilfreich. Wenn er die Arme schwingt und die Zunge herausstreckt, ist er ein Gott oder ein Unsterblicher. Solch einen Heiligen betrügt man nicht. José stopft meine neuen Kleider in einen Leinensack, wir steigen in einen Tragstuhl. Beim Vordertor, das in die Stadtmauer zur Nordstadt eingelassen ist und einem Stadttor alle Ehre macht, müssen wir aussteigen. Die Distrikte sind unter den Sänftenträgern streng aufgeteilt. Ich zähle die Kupferkäsch von meiner Schnur, finde das dann wenig für vier Mann und reiche dem Anführer die ganze Schnur. Das Vordertor ist ein mächtiger rechteckiger Turm. Von oben überblickt man die ganze Stadt. Wir umrunden den Wachturm, nur dem Kaiser ist es erlaubt, das Mitteltor zu passieren. José ist hungrig, er kennt die besten Teehäuser, ich folge ihm durch die Stadt, auf dem Boulevard des Langen Friedens warten Kulis auf Kunden und Weinstuben auf hungrige Gäste, aber José ist streng, zieht mich in die hinteren Gassen. Aus dem Teehaus zum hohen Bambus winkt man uns zu, José winkt zurück, es gibt Wachteleier und kalten Spinat in dunkler Sesamsauce zur Vorspeise.

Ich brüte über den Musteraufsätzen berühmter Professoren und Doktoren. Der Lärm auf den Straßen schwillt zu einem Brausen an, Tschinellen und Gongs werden geschlagen, Trommeln gewirbelt, dazwischen knallen Böller. Jessas, jetzt haben die Mongolen die Stadt überrannt. Die Tür zu meiner Zelle fliegt auf, José zerrt mich am Ärmel nach draußen. »Der Drache«, schreit er.

Ein halbes Dutzend Männer hebt und senkt Stöcke, das Papiertier windet sich durch die Gasse, wackelt bedrohlich mit dem massigen Schädel, aus dessen Maul die Zunge hängt. Wir folgen dem lauten Zug bis zum Platz des Himmlischen Friedens. Ein Equilibrist balanciert kreisende Teller auf Bambusstöcken, drei in jeder Hand. Acht oder zehn Chinesen in wehenden Hosen stapeln sich zu einem menschlichen Turm, zwei andere heben einen Schild in die Höhe, auf dem sich eine junge Frau verbiegt, als hätte sie keine Knochen im Leib. Ich kaufe ein Säckchen sauer-salzige Mandeln, José starrt mit offenem Mund auf die Schlangenfrau. Ich zeige ihm die purpurroten Laternen, die am Mittagstor schaukeln, kurz wendet er den Blick dahin, dann wieder zu dem Mädchen. Reginald wird mich schelten, ich habe keine Zeit zu vertrödeln. Widerwillig löse ich mich von dem Spektakel, umrunde die Verbotene Stadt, passiere Heshens Palast. Seine Diener schmücken den Garten. Ein Lampion ist wie eine Schildkröte geformt, ein anderer wie ein dicker Fisch. Grüne und blaue Seepferdchen bewundern seine fleischigen Lippen.

Reginald und Meiying sind nicht da. Auf meinem Schreibtisch steht eine Schale mit kleinen weißen Bällchen. Auf dem Zettel steht: »Die musst du kosten, die gibt es nur zum Laternenfest.« Ich spüre einen süßlich-salzigen Hauch, dann ist alles vergangen, als hätte ich bloß geträumt, in das Bällchen zu beißen. Ich nehme drei, vier, dann zehn Bällchen, der Geschmack bleibt flüchtig wie das brennende Gas, das den Sümpfen entsteigt.

»Was war das, was du mir gestern in meine Zelle gestellt hast?«, frage ich beim Frühstück.

»Kandidierte Fischblasen«, sagt Reginald schmunzelnd.

六 Durch die Dörfer

Pater Reginald hat einen Wagen gemietet. Ich steige murrend ein. Ob mir ein Ochsengespann lieber gewesen wäre. Gleich wird er mir auch noch mit seinen Ratschlägen auf die Pelle rücken, mich noch einmal die acht Teile des Aufsatzes prüfen. Nicht vergessen, die Zeilen müssen sich reimen, alle acht Teile zusammen dürfen die Länge von siebenhundert Zeichen nicht überschreiten. Verständlich, meint Reginald, müssen die Prüfer doch tausende Texte beurteilen. Und auch nicht vergessen: You Ruo zitieren, auf jeden Fall You Ruo, jenen Schüler des alten Konfuzius, der ihm so ähnlich sah, dass die anderen einundsiebzig nach dem Tod des Meisters ihn als seinen Nachfolger wählen wollten. You Ruo war zu bescheiden. Und geriet beinah in Vergessenheit. Erst unter Qianlong, unserem großen Kaiser, bekam er wieder einen Ehrenplatz im Tempel.

Wir schweigen, ich kaue an meiner Nagelhaut, Reginald legt seine Hand auf meine.

»Ruh dich aus«, sagt er. »Schau hinaus auf die Landschaft, denk an anderes als die Prüfung.«

Die Felder sind noch braun, ein Bauer zieht einen Ochsenpflug durch die dunkle Scholle. Hier im Norden wird Weizen angebaut. Die Menschen in den Dörfern bleiben stehen, wenn wir vorbeifahren, die Kinder fassen nach den Türen, der Kutscher beschleunigt. Hier sehen die Häuser aus wie in Europa, die Dächer sind mit Schilf gedeckt, kleine Fenster lassen wenig Licht ein. Jetzt rennt uns ein Mann nach, der uns Süßigkeiten verkaufen will, kandierte Früchte an langen Stangen. Reginald schaut mich fragend an. Bei dem Gedanken an Süßes hebt sich mein Magen. Ich winke den Menschen am Straßenrand zu. Wie auf Kommando schwenken plötzlich alle Köpfe nach Westen. Ein grauer Teppich segelt durch die Lüfte. Elegant schiebt der Graureiher seine Beine nach vorn und landet am Ufer eines Bächleins. Gerade habe ich mich beruhigt, jetzt rast der Puls. Solch ein grauer Vogel ist im Frühling am Laabenbach herumgestakst und hat das Schilf nach Fröschen abgesucht. Dem majestätischen Vogel habe ich die Frösche gegönnt. Ob das ein gutes Omen ist?

Die Prüfung beginnt am frühen Morgen. Ich zitiere, schreibe, gebe meine Bögen ab. Nach dem Examen bin ich immer noch aufgekratzt. Ich laufe durch die Straßen. Je mehr Zeit vergeht, desto weniger glaube ich, dass ich diese Prüfung bestanden habe. In zehn Tagen werde ich es wissen.

Reginald schleppt mich durch die Dörfer, redet mit den Menschen, wir brauchen Ablenkung. Eine Frau bittet uns, ihr Kind zu retten. Es hat die Blattern. Der Kleine fiebert, die eitrigen Pusteln platzen auf, der Kleine trinkt nicht, wird sterben. Die Frau hat noch einen Sohn, er ist bei seinem Onkel, wird bald nach Hause kommen. Wir schicken einen Boten zurück in die Hauptstadt. Ich ritze den Arm des jüngeren Bruders, träufle die Flüssigkeit hinein, gebe Anweisungen. Die Frau wirft sich auf den

Boden. Stürbe auch ihr zweiter Sohn, bliebe ihr nur, ihren Schwager zu heiraten, einen tyrannischen alten Mann mit schlechten Zähnen.

Reginald hat eine Magenverstimmung, ich esse allein zu Abend. Hinter mir sitzen zwei Männer in Amtsroben.

»Ach, diese Sonderkandidaten«, sagt der eine.

»Hat guten Grund, weshalb sie so viel bezahlen, zugelassen zu werden. Allesamt gebricht es ihnen nicht bloß an Eleganz, nein, schon ein simples Satzpaar in tonaler Harmonie zu schreiben, ist ihnen nicht gegeben.«

Der Erste lacht. »Heute habe ich einen Aufsatz zur Bewertung bekommen: ein Musterbeispiel schlechten Brauchs, ein wüstes Gemisch aus allzu blumigem Stil und Zitaten der Philosophen. Keine Durchdringung des Themas, kein Aufbau, keine gelungene Schlussfolgerung.«

Ich spüre, wie ich bis unter die Stirn erröte.

Reginald hat sich erbötig gemacht, die Aushänge zu studieren. Mir ist es recht. Jetzt betritt er den Gasthof, ich gehe ihm entgegen, er hält sich die Nase zu. Es ist mir nicht gelungen, nach allen Seiten gut zu duften.

»Für die eigentlichen Prüfungen – die auf Kreisebene – wird das nicht reichen«, sagt er.

Ich schaue ihn verwirrt an. »Bin ich nicht durchgefallen?«

»Als Vorvorletzter bestanden«, sagt er grummelig.

Ich falle ihm um den Hals. Wir trinken bis spät in der Nacht, am Morgen ist Reginald wieder ganz blass um die Nase, der Reiswein gehört zu den schmutzigen Nahrungsmitteln.

Auf der Heimfahrt stehen noch viel mehr Menschen an der Straße und jubeln. Ich bin ein Held, habe den Sohn einer armen Witwe vor dem Tod bewahrt. Wer wird in Jahrhunderten noch über den eleganten Gang in Handan reden, wenn es doch ein viel größeres Wunder gibt: das Einimpfen.

Reginald ist nicht so gut gelaunt, seine Stirn ist faltenzerfurcht. Er hat Erkundigungen eingezogen. Jener Zensor, der aus Trauer seinen Dienst quittiert hat, soll Streit mit Heshen gehabt haben. Nun bin ich dran mit Stirnrunzeln: »Du meinst, Heshen hat den Vater töten lassen?«

Reginald schaut sich ängstlich um. Kein Grund zur Sorge, wir reden Deutsch. Dennoch: Allein für diese Frage – käme sie einem Spitzel zu Ohren – würde mich der Kaiser bei vollem Bewusstsein zerstückeln lassen.

»Ich weiß bloß, dass Heshen dem Zensor angeraten hat, die Trauer einzuhalten.«

»Ist die denn nicht immer vorgeschrieben?«

»Doch, aber für hohe Beamte in wichtiger Funktion gibt es Dispens.«

七 Acht Füße müssen gehen

Langfang liegt auf halber Strecke nach Tianjin. Der Sommer schickt erste Hitzewellen voraus, die Straßen nach Tianjin sind breit und eben, es gibt kaum Schlaglöcher und die Menschen sind an Fremde gewöhnt. Diesmal werde ich You Ruo ganz sicher zitieren. Bei der Vorprüfung ist mir, angekränkelt von des Gedankens Blässe, nur ein Shakespeare-Zitat eingefallen: »Wir sind aus solchem Stoff, wie Träume sind, und unser kleines Leben ist von Schlaf umringt.«

Das Prüfungsgelände ist so groß wie das gesamte Universitätsgelände in Coimbra. In der Halle thront der Oberste Prüfer auf einer Empore und teilt die Rollen mit den Themen aus. Im Gänsemarsch trotten wir zu unseren Zellen. Mein Nachbar zur Linken hat einen dünnen weißen Bart. Bereits zum achten Mal versucht er sein Glück. Nein, es ist keine Schande, das Examen nicht gleich zu bestehen, viele berühmte Männer haben es nie geschafft. Die Zellen sind nummeriert, ich bin 387. Ich schiebe den Vorhang zur Seite. Die Zelle ist gerade so groß, dass ich mich einmal um mich selbst drehen kann. Steckte man einen Verbrecher in solch ein Verlies, wäre es schwere Folter. Ich schiebe mein Nachtgeschirr unter das Sitzbrett, lege behutsam die Rolle auf das Schreibbrett und zähle meine Bögen. Jeder davon muss rot gestempelt sein, sonst gilt er nicht. Ich schwinge meine Beine über das Brett, frage mich, wie sich die Alten setzen. Wer nicht fleißig sein

Morgen-Taiji gemacht hat, bricht sich die Knochen. Ha! Glück gehabt. Das Thema ist ein mir bekanntes Zitat. Es stammt aus Zhu Xis Kompilation der Analekten. Diesmal – ich schwöre – werde ich den unvollkommenen Spruch in meiner Conclusio vollenden, ganz so, wie es die Alten geschrieben. Mein Pinsel fliegt über die Bögen, so rasch will es mir von der Hand gehen, dass ich kaum Zeit habe, Atem zu schöpfen. Ich schiele aus dem Fensterschlitz über meinem Schreibbrett, die Sonne hat sich gen Süden verkrochen, ich muss essen, bevor ich die Reinschrift beginne. Ein einziger Tintenklecks macht alles zunichte, ein Fettfleck ist der Todesstoß. Ich schwinge die Beine über das Brett, der Wind bläht meinen Vorhang. Einst mag er weiß gewesen sein, jetzt ist er grau wie der Reiher, der mich vor der Vorprüfung erschreckt hat. Ich trinke kalten Jasmintee, nicht zu viel, mein Nachtgeschirr fasst nur wenig. Und esse ein gefülltes Bambusblatt. José hat es gut mit mir gemeint. Ich zupfe grüne Korianderstängel aus dem Reis, klebe den Stängel an die Unterseite der Bank. Jetzt hat es aufgefrischt, der Wind zieht den Vorhang zur Seite. Schnell drehe ich mich um, schnappe meine Seiten, herrje, eine ist hinausgeflogen, liegt auf dem Gang zwischen den Zellen. Ich muss den Bogen holen, es ist genau der mit dem Mittelteil, jenem Fuß, ohne den dieser Aufsatz nicht geht. Ich darf nicht hinaus, jeder Verstoß wird mit Ausschluss geahndet. Soll ich jenen Teil noch einmal schreiben? Wird er mir wieder leicht von der Hand gehen? Was habe ich mir gemerkt? Nichts. Zur Reinschrift wird keine Zeit bleiben. Ich muss mich entscheiden. Hinausstürzen, hoffen, dass mich keiner sieht, oder neu schreiben. Der Wind wirbelt mein Blatt in den Himmel. Ich stürze hinaus, ohne nachzudenken, so wie die Katze nach der Maus schnappt, wenn sie im Kornspeicher an ihr vorbeihuscht. Jetzt stelle ich die Teeflasche auf meine beschriebenen Bögen, noch einmal werde ich meinen Aufsatz nicht in den Wind schreiben.

Die Reinschrift zerrt an meinen Nerven. Li, die Etikette, ist verrutscht, yan, sich dehnen, dehnt sich zu sehr, stört die Harmonie durch zu viel Unterlänge, zu wenig Schwung in den Rundungen. Ich höre, wie die Vorhänge links und rechts zur Seite geschoben werden, sehe Stiefel mit weißen Sohlen auf hellem Kies. Nur beim Abgeben ist es gestattet hinauszutreten. Ich blase die Tinte trocken, einmal verwischt, heißt neu schreiben. Endlich habe ich meine Siebensachen beisammen, gebe sie dem Unterbeamten. Seine Blicke sind die erste Hürde. Hält die Form stand? Er belohnt die Mühen mit dem richtigen Stempel, dem für »Eingereicht«. Jetzt bin ich in der Hand des Prüfers.

八 Langbeinige Kraniche

Bei den Provinzprüfungen steht Fei Lipu nicht unter den erfolgreichen Kandidaten. Als einfacher Bakkalaureus werde ich nicht in das Büro der Herausgeber aufgenommen. Erst in Monaten finden neuerlich Provinzprüfungen statt. Habe ich Pech, findet Heshen einen besseren Kandidaten und setzt mich auf eine Dschunke, die den Kaiserkanal hinunterfährt. Ich sollte lernen, von den Acht Großen Meistern der Song-Zeit habe ich nur drei gelesen, die Schriften der Daoisten kenne ich auszugsweise, das Diamantsutra vom Hörensagen. Ist nicht gefragt, ich weiß, vielleicht reizt es mich deshalb mehr als ein Traktat des großen Han Yu. Mein Rezept gegen den Überdruss? Ich verfasse meine eigenen »alten chinesischen Weisheiten«. Sie sind so weise wie mein linker Schuh. Und ich habe eine alte Gewohnheit wieder aufgenommen, schreibe Briefe, die ich nicht abschicke. In Coimbra ist er längst nicht mehr, wo Adam in London logiert hat, war mir nie bekannt. Inzwischen sollte er eine Brigg bestiegen haben und bei steifer Brise zum Kap der Guten Hoffnung segeln. Ich erzähle ihm vom Laternenfest, von den strengen Prüfern, von der chinesischen Medizin und wie sehr es seine Forschungen bereichern wird, die hiesige Kräuterkunde zu studieren.

»Erinnerst du dich an die Küchengifte der heiligen Hildegard? Lauch war eines davon. Stell dir vor, auch hier im

Reich der Tataren gilt der Lauch als schmutziges Gemüse. Es wird nur zu bestimmten Speisen …«

Manche Briefe werden beantwortet, ohne dass sie geschrieben wurden. Meiyings Zofe hat mir das Kuvert unter der Tür durchgeschoben. Ich laufe damit zu Reginald. Der Brief ist aus Heshens Anwesen. Ich kenne nur eine Person, die mir schreiben würde. Es ist nicht Motte, sondern Heshens Erste. Aber es geht um Motte. Die dritte Frau reist zu ihren Verwandten an den Westsee. Dort grassieren die Blattern. Heshens Erste ist besorgt, Motte könnte nicht zurückkehren.

»Woher weiß ich, dass der Brief echt ist?«

Reginald legt ihn unter sein Brevier. »Die meisten Palastspitzel unterstehen Heshen. Es ist unwahrscheinlich, dass sie ihn geschrieben haben.«

»Weshalb sorgt sich die Hauptfrau um eine Konkubine?«

Reginald putzt seine Brille mit einem seidenen Taschentuch. »In den großen Häusern ist es wie in den Ministerien: Es gibt Allianzen. Heshens Erste fürchtet die Zweite offenbar mehr, deine Freundin ist ihre Verbündete. Verliert sie sie, bleibt die Erste allein mit den anderen vieren.«

Der Sommer hat uns getäuscht, es regnet in Schnüren. Die Kulis sind durchnässt, als wir bei Heshens Tor halten. Wenn ich nur lang genug grabe, finde ich sicher ein Sprichwort, das sagt, dass die Sänftenträger immer nass sind, im Winter vom Schnee, im Frühling und Herbst vom Regen und im Sommer vom Schweiß. Gemeint ist, dass wir unserem Schicksal nicht entkommen, egal, wie wir es anstellen.

Motte sitzt in der Empfangshalle, umgeben von drei Zofen. Der Gäste-Empfangseunuch steht beiläufig in der Ostecke und inspiziert die Arbeit des Gärtners. Ich mache ein wenig Pulsmessbrimborium an Mottes Händen, Fußgelenken und am Hals, bevor ich mein Besteck auspacke und die gelblich-ölige Flüssigkeit in die kleine Wunde appliziere. Mottes Augenbrauen bleiben ruhig wie die fettgefressenen Larven des Seidenspinners, die sich im Kokon nicht mehr rühren können. Der Gäste-Empfangseunuch fördert ein Päckchen Silber zutage. Ich schiebe das Silber von mir, es war mir eine Ehre, dem Hause Heshen gedient zu haben.

Zurück zur Missionsstation laufe ich. Heute, heute ist der Tag, ich spüre es. Seit drei Monaten wartet José um drei Uhr nachmittags am ausgemachten Treffpunkt vor dem runden Himmelstempel. Längst habe ich alle Vorkehrungen getroffen, eine Herberge im Süden der Stadt ausfindig gemacht, in der Verschwiegenheit weniger kostet als anderswo. Einen Brief für Pater Reginald habe ich parat, er liegt fertig in meinem Kopf, ihn zu schreiben, wage ich nicht, aus Angst, er könnte mich enttarnen. Heute ist nicht der Tag.

Es finden Provinzprüfungen im weit entfernten Shanxi statt, die Palastprüfungen sind dann nur mehr Formsache. Erstaunlich, wie viele Menschen sich freuen, Heshen zu Diensten zu sein. Wieder bin ich zu einem Bankett eingeladen. Ich komme nur, wenn ich keine Vogelnestsuppe essen muss. Reginald schubst mich in die Sänfte, ich solle keinen Unsinn reden. Diesmal bin ich würdig gekleidet, habe meine Festrobe angezogen und meine rechteckige Akademikerkappe über den Kopf gestülpt. In Neulengbach hielten sie sich die Bäuche, sähen sie mich in diesem Hut. Das Bankett ist in der Empfangshalle. Vizeminister Ji huldigt dem buddhistischen Ideal der Bescheidenheit. Sein brauner Kittel hängt formlos herab, seine Wangen zeugen von strenger Askese oder schlechten Zähnen. Der Vizeminister wünscht einfache Speisen, kein Fleisch, nur gedämpftes Gemüse und ein Schälchen Reis, für mich bitte das Gleiche. Die Frauen am Nebentisch lächeln. Wir plaudern über die Kunst der Novelle, die Hierarchie des Traktats, die Angst vor dem weißen Bogen.

»Unser Freund hat einen wachen Verstand«, sagt Ji zu Heshen. »Wach und unruhig.«

Er weiß nicht, wie recht er hat. Die Müdigkeit zieht mich hinab, kaum vermag ich, mich aufrechtzuhalten. Seit Wochen rauben mir die Dämonen den Schlaf, träufeln mir ihr Gift ins Ohr, gaukeln mir Schiffe in Seenot, Stürme auf hoher See, im Wasser treibende Leichen vor. Oder sie schleifen mich durch die breiten Boulevards in London, wo schöne Frauen mit Wespentaillen und vollen Lippen flanieren. Dann wieder ziehen sie mich nach Afrika, in Dörfer mit runden Hütten und halbnackten Menschen, mit kranken Kindern, um deren Mund die Fliegen surren. Mittendrin steht Adam und horcht in die kleinen Leiber hinein, horcht auf rasselnden Atem und schnellen Herzschlag, tastet nach Geschwüren und

Furunkeln. Legt kalte Tücher auf heiße Füße und fiebernde Stirnen. Hundert Gefahren, tausend Verlockungen halten meinen Liebsten von mir fern.

Vizeminister Ji klatscht in die Hände, als Heshen ihm vorschlägt, mich bei der umfassendsten Kompilation chinesischer Werke hinzuziehen. Jetzt muss ich noch einmal zum Kaiser. Der Vizeminister legt mir die Hand auf den Unterarm. Er wird mich begleiten, der Kaiser liebt seine Gedichte.

Qianlong erholt sich im Sommerpalast von Jehol von den Strapazen des Regierens. Wir reiten bis zu der kleinen Stadt Gubeikou und hätte mich Pater Reginald nicht gewarnt, ich könnte kaum dem Impuls widerstehen, die Gerte des Vizeministers wegzuschlagen, während er sich angelegentlich den Spaß macht, mein Pferd anzutreiben. Ein Zeichen der Freundschaft, sagte Reginald, der uns bis zum Stadttor das Geleit gegeben hatte. Wir passieren die beiden gewaltigen Türme und reiten über die Brücke gleich hinter der Hauptstadt. Vizeminister Ji deutet auf die Große Mauer, die so viele Jahrhunderte Tataren und Mongolen ferngehalten hat und nun doch nicht stark genug war, die neue Dynastie zu verhindern. Die Wachtürme sind verwaist, sie werden nicht mehr gebraucht.

Der Sommerpalast in Jehol ist ein Wunder. Jedem chinesischen Stil ist ein Palast zugeeignet. Staunend trabe ich an einer Miniaturversion des runden Himmelstempels vorbei, und erst jetzt merke ich, dass er gar nicht so viel kleiner ist als jener in der Hauptstadt. Der Vizeminister ist vom Pferd gestiegen und hat sich vor einem anderen

Gebäude auf den Boden geworfen. Es ist ein Nachbau des Potala in Lhasa, alldorten der oberste Lama des mongolischen Buddhismus haust.

Der Kaiser sitzt zwanglos in seiner Halle, nur eine kniehohe Rampe und etwa ein halbes Dutzend hoher Beamter trennen mich von ihm. Wir werfen uns zu Boden, vollziehen den Kotau, bis meine Stirn gefühllos wird. Qianlong wedelt mit der Linken, die Berater flüstern. Ach richtig, Herr Fei, der eine Flugmaschine bauen will. Der Vizeminister preist meine Kenntnisse der Klassiker und rühmt meinen Scharfblick.

Der Kaiser richtet sich an mich: »Du wirst mit einer heiklen Aufgabe betraut. Dafür bedarf es nicht nur des kühlen Intellekts, sondern auch eines reinen Herzens.«

Ich sage, dass ich als Mönch sowohl Geist als auch Körper reinhalte. Der Kaiser brummt, es sei ihm anderes zu Ohren gekommen über meine Freunde des Ordens.

»Wie entsagst du dem Verlangen?«

Ich sehe zum Vizeminister. Er schweigt.

»Körper und Geist sind nach einem Stufenplan geordnet. Die nicht stoffliche Seele steuert das Stoffliche, die weichen Organe, die härteren Muskeln, die ganz harten Knochen. Wer das Stoffliche gesund erhalten will, muss das Nichtstoffliche reinigen.«

Der Kaiser leuchtet in mich hinein, schaut in meine nichtstoffliche Seele, die nicht ganz unbefleckte. »Weiter?«

Ich stottere vom Entsagen, vom Harten und Weichen und wie das Harte durch das Weiche gezähmt würde.

»Hört, hört, ein Schüler des Prinzen von Huainan.«

Jetzt schiebt sich einer der Berater nach vorn, es ist Heshen. Ich fühle, dass mein Schiff in die falsche Richtung segelt.

»A ya! Schon Han Feizi, der große Legalist, hat gemeint, das Herz sei die Wohnstatt des Dao«, sage ich schnell. Die Wolken über des Kaisers Kopf lichten sich.

Unser Pavillon ist schlicht, ein Tisch, ein Stuhl, ein Wasserkrug und ein Kohlebecken und zwei Bambushocker. Auf dem Boden liegen dicke Schilfmatten.

»Wer ist der Prinz von Huainan«, frage ich, nachdem sich unser Diener zurückgezogen hat.

»Er war der Enkel des Gründers der Han-Dynastie und wurde eines Komplotts gegen den Kaiser beschuldigt. Sein ältester Sohn hat ihn verklagt, der Prinz nahm sich das Leben.«

Jessas!

Die Reise hat mich einen guten Monat gekostet, viele Tage, die ich José nicht nach Adam fragen konnte. Er ist noch immer nicht da, mein Herz sackt durch die weiten Hosen in einen tiefen Schlund. Ich schlüpfe in meine Zelle, schütze Müdigkeit vor, ehe mich Reginald nach der Ursache meiner Traurigkeit fragt.

Für meine Arbeit hat der Vizeminister ein Studio in der Akademie des Pinselwalds eingerichtet. Der schmale Raum öffnet sich in den Innenhof. Die Bücher liegen auf einem Tisch mit grünem Seidentischtuch, das bis zum Boden reicht. Die Türen sind weit geöffnet, langbeinige Kraniche stolzieren zwischen knorrigen Kiefern hin und her. Sie können nicht fliegen, die Gärtner haben ihre Flügel gestutzt. Ich durchforste chinesische Literatur und bestimme, was es wert ist, späteren Generationen weiterzugeben. Jeden Tag brennen die Feuer, Seiten und Seiten verschwinden in großen Öfen, dabei weiß jeder, dass Papier nicht wärmt.

Die Zeit ist gekommen, mir selbst die Wahrheit zu sagen: Ich werde allein bleiben. Abend für Abend laufe ich im Kreis, erschöpfe mich, um in den Schlaf zu finden, meine Gedanken in andere Bahnen zu lenken. Sie kehren zurück, wo sie waren, immer und immer.

Der Vizeminister sitzt lächelnd in seinem Büro. Ich frage, was ihn so glücklich macht. Er hebt sein Tässchen Wu-Long-Tee, fragt, weshalb ich verzagt bin.

»Seid Ihr denn nie mutlos? Jeden Tag kommen neue Werke aus allen Teilen des Reiches, die wir prüfen und kopieren müssen. Ist die Sammlung nicht ein Unterfangen, das über die Kräfte eines Menschen hinausgeht?«

»Oh, aber gewiss.«

»Der Kaiser will ein Druckwerk sehen, vorher wird er sich nicht zufriedengeben. Qianlong wird Euch schwer bestrafen, wenn Ihr das Werk nicht vollendet.«

»Das wird er. Deshalb trinke ich täglich den besten Tee, den ich kriegen kann. Denn eines habe ich erfahren: In der Verbannung ist der Tee bitter, der Reis verschimmelt und der Boden karg.«

»Man sagt, Ihr hättet nie den Glauben an das gute Ende verloren.«

»Die Vorsehung hat mir zur rechten Zeit unseren erhabenen Sohn des Himmels geschickt.«

Ich senke beschämt den Blick. Welche Nichtigkeit lässt mich verzweifeln.

»Unser Verstand leitet uns in die Irre«, sagt der Vizeminister. »Jeden Tag sinnt er auf neue Fallen, in die er uns lockt. Und jeden Tag fallen wir hinein, so sicher, wie morgens die Sonne Himmel und Erde erleuchtet.«

»Was soll ich tun?«

»Beten.«

Beten? So einfach ist es?

»Geduld und Ruhe besiegen das Unglück«, sagt der Vizeminister. Er gießt sich ein letztes Tässchen Tee ein, zeigt auf eine Matte neben dem Büchertisch. Wir setzen uns mit gekreuzten Beinen, so wie es nicht nur die Türken tun. Ich muss leer werden und so glatt wie die Oberfläche eines stillen Sees, mich aller Gedanken entledigen.

»Diese beiden Bilder an der Wand haben es mich gelehrt.«

Ich versenke mich in die zwei Tuschzeichnungen, studiere das Vogelpaar, der eine hockt auf dem Zweig eines abgestorbenen Baums, der andere auf einem Hügel, es könnte auch ein Misthaufen sein. Das rechte Bild zeigt Enten neben langen Halmen, hingeworfen, als wäre der Maler ein Maurer, der Mörtel an die Ziegel schmeißt. Die Augen der Vögel sind einfache Kleckse und wenn das das ist, was man hier »nach der Natur malen« nennt, dann haben die chinesischen Künstler die Natur nicht gesehen.

Vizeminister Ji zupft mich am Ärmel. »Du schaust auf das Falsche, junger Freund«, sagt er höflich. »Beim Meditieren oder Beten, wie ihr christlichen Mönche es nennt, versenken wir uns in das, was zwischen den Bildern ist.«

Zwischen den Bildern ist nichts.

Beim Hinausgehen werfe ich einen Blick auf das einzig Rote in den Zeichnungen, den Stempel des Künstlers. Es ist Bada Shanren, der Acht-große-Berge-Mensch. Als ich den Namen erwähne, zischt Reginald, ich möge still sein, kein Wort mehr verlieren. Die Mauern sind nicht dick genug, um nicht doch etwas nach außen zu tragen. Der Maler, dessen Namen wir nicht sagen, war ein Verrückter. Er stammte aus der Familie der verflossenen Dynastie und zog sich in die Berge zurück, um in Ruhe zu arbeiten. Er war ein schwerer Trinker und wenn er kalligraphierte, krächzte er wie ein Rabe oder grunzte wie ein Schwein. Irgendwann hörte er auf zu sprechen. Der Vizeminister ist ein mutiger Mann.

Ich hänge zwei Landschaftsmalereien in meiner Zelle auf und starre auf die leere Wand. Ob sie mich lehren wird, meine Mitte zu finden, weiß ich nicht, immerhin schlafe ich seit Tagen für wenige Stunden. Im Fluss bleiben, hat Pater Reginald gesagt, ich mühe mich, das Schwimmen zu lernen, während ich José den Brief vorlese, den Pater Alfonso im Namen von Josés Frau geschrieben hat.

Auf den Straßen schieben sich die Menschen zwischen den Läden hin und her. Morgen ist Drachenbootfest, heute müssen noch Haarnadeln, Gürtel, Stiefel erstanden werden, um die Ruderer in entsprechender Adjustierung anzufeuern. Ich werde es ruhig haben in der Mission, auch Reginald und Meiying werden sich Drachenboot-Reisknödel schmecken lassen.

Ich habe es nicht ruhig, José hüpft in meiner Zelle herum, als habe er eine Sprungfeder verschluckt. Ich soll mitkommen, jetzt sofort. Widerwillig nehme ich meine Jacke, es ist der fünfte Tag des fünften Monats, da kann es noch frisch werden, wenn der Mond aufgeht. José hat sich verlaufen, wir müssten nach Norden, er zerrt mich nach Süden, die große Rotunde des Himmelstempels ragt empor. Ich frage, wohin wir eilen, José bleibt nicht einmal stehen. Wir betreten eine Weinstube, sie ist leer. Nur ein Mann sitzt drin: Adam.

九 Bärtiger Dämon, wütender Gott

Wir könnten uns in Canton niederlassen, der einzigen Stadt im Reich der Mitte, die der Kaiser den Fremden geöffnet hat. Hier in der Hauptstadt ist Adam nicht wohlgelitten. Täglich wandert eine Schnur Käsch über den Tisch und verschwindet in der Kassa des Wirts. Adam wohnt nördlich der äußeren Stadtmauer, sein Bart streift die Brust und die Fellmütze reicht über die Ohren. Seine Füße stecken in Lederstiefeln und wenn es sein muss, tanzt er einen Kasatschok. Ich habe zwei Bärenfelle und einen silbernen Samowar gekauft. Die Bärenfelle muffeln.

»Dir müssen sie nicht gefallen«, sage ich. »Und ob sie der Kaiser je zu Gesicht bekommt, ist ungewiss. Der Schatzkammer-Eunuch muss deinen Tribut annehmen.«

Insgeheim hoffe ich, wir werden die List nicht brauchen, doch Adam will nicht den ganzen Tag in seiner schummrigen Kammer sitzen und warten, dass ich komme. So viele Kranke ersehnen Hilfe, und wenn sie von einem bärtigen Dämon kommt. Wer Schmerzen hat, fragt nicht nach dem Aussehen des Arztes.

Ich habe die Pater-Alfonso-Methode des Chinesisch-Lehrens über Bord geworfen. Adam wird keine philosophischen Schriften lesen, sich nicht an den Gedichten der Tang delektieren, keine Sutren zitieren und keine Traktate schreiben. Er will mit den Menschen reden. Leider ist er über die Maßen unmusikalisch. Hundert Mal spreche ich ihm Wörter des zweiten und dritten

Tons vor: im zweiten gleich die Stimme nach oben ziehen, im dritten erst ein wenig absenken, bevor die Linie nach oben moduliert. Adam wird bockig, will, dass ich ihn nur die Wörter lehre, die Betonung sei nicht so wichtig.

»Komm mit«, sage ich. Wir betreten einen Teeladen hinter der Stadtmauer. »Kauf ein Viertelpfund Jasmintee.«

Der Teehändler zeigt auf einen Leinensack mit schwarzem Tee. Gut kombiniert. Die westlichen Teufel mit den Fellmützen trinken Schwarztee.

»See? You chave to learrrn the bloody tones«, raune ich Adam zu.

»In Canton sprechen die Menschen ganz anders«, sagt Adam aufgebracht. »Was nützt mir die Sprache der Hauptstadt?«

Auch wahr.

Wann immer ich kann, begleite ich ihn durch Dörfer und Vorstädte. Die wichtigsten Wörter für Körperteile spricht er inzwischen so, dass er nicht mehr auf Arme, Beine, Herz oder Kopf zeigen oder husten muss, als hätte sein letztes Stündlein geschlagen. Bald wird er meiner Hilfe nicht mehr bedürfen.

Himmel, was für ein Aufruhr! Der Seidenreiher-Mandarin, der im gleichen Pavillon nur eine Papierwand von mir entfernt Bücher katalogisiert, rüttelt meine Schulter. »Großzensor Ji macht eine Inspektionsrunde, schnell, setz dich gerade hin.«

Ich hebe den Kopf von den Armen, blinzle den Schlaf

aus den Augen. Der Vizeminister schaut mir nicht in die Augen, sondern dazwischen, der rote Fleck wird dunkler statt zu verblassen.

»Vielleicht sollte man diesen Schund nicht verbrennen, sondern in der Apotheke als Schlafmittel verkaufen.«

Der Vizeminister geht mit am Rücken verschränkten Armen weiter. Sobald wir in Canton sind, werde ich drei Jahre lang schlafen. Allzu lang darf es nicht mehr dauern. Seit einer Woche liegen die Grasrollen unberührt im Schrank. Auf der Reise war es nicht ungewöhnlich, dass das Geblüt auf sich warten ließ, seit einem Jahr aber hat es sich auf den üblichen Mondmonat eingependelt. Die weite Drachenrobe wird mich noch ein Weilchen schützen, Adam aber werde ich es bald offenbaren. Ich muss mich mehr eilen mit dem Kopieren.

José wird sich auf dem Kaiserkanal einschiffen, ich begleite ihn zur Anlegestelle. Den Esel mit dem Gepäck ziehe ich hinter mir her. »Diese Kisten und diese zwei Rollen! Die sind das Wertvollste! Darauf musst du aufpassen wie auf einen Edelstein!« In den beiden Rollen stecken Zeichnungen vom Acht-große-Berge-Menschen: zwei Fische, die im Nichts neben einer Trauerweide schwimmen, und Affen, die sich von Ast zu Ast schwingen. Es sind die traurigsten Fische und die fröhlichsten Affen, deren ich in meinem Leben ansichtig wurde. José ist so freundlich, nicht mit den Augen zu rollen, ich habe es ihm schon tausend Mal eingeschärft. »Wenn jemand an diese Kisten will, machst du deine Grimassen, schwingst die Arme, trommelst auf die Brust.«

José macht den wütenden Gott. Ich umarme ihn, küsse ihn herzhaft. Was soll einem Unsterblichen zustoßen?

Adam blättert durch meine Übersetzungen, runzelt die Stirn. Die Originale habe ich vor dem Feuer gerettet, jetzt fahren sie über den Kanal und das Meer in den fernen Westen.

»Das sind Erotica«, sagt Adam überrascht.

»Das sind Erotica«, sage ich. »Die schönsten und elegantesten, die je geschrieben wurden.«

Dank

Ein indischer Philosoph, dessen Namen ich mir nicht gemerkt habe, hat gesagt: Nicht alle glücklichen Menschen sind dankbare Menschen. Aber alle dankbaren Menschen sind glückliche Menschen.

Als Allererstes bedanke ich mich bei Leykam: Ich freue mich noch immer, dass ich den Roman hier veröffentlichen durfte, namentlich bei Rainer Höltschl, Tanja Raich und der ausgezeichneten Lektorin Gundi Jungmeier.

Dankbar bin ich auch Familie Gans zu Putlitz, die mir für mehrere Wochen ein Haus in Mansfeld/Putzlitz in Norddeutschland zur Verfügung gestellt hat. Dort konnte ich in Ruhe arbeiten, und ein nicht unbeträchtlicher Teil des Texts ist dort entstanden. Vor Kurzem ist Gebhard zu Putzlitz verstorben – er hat viel für die Literatur getan.

Ein anderer Teil und das Gros der Überarbeitung sind in diesem Jahr 2020 entstanden – mit den bekannten Einschränkungen. Vieles ist digital zugänglich, das hilft. Die Topografie von Niederösterreich zwischen Neulengbach und Wien habe ich der Josephinischen Landesaufnahme entnommen. Es wurde mir gestattet, die entsprechenden Abschnitte in der Nationalbibliothek selbst anzuschauen.

Und wie immer bedanke ich mich bei meiner Familie, meinem Mann, Helmut, meinen Zwillingen, Josefine und Antonin. In diesem Roman geht es auch um Identität. Was wäre ich ohne euch?

© www.detailsinn.at

Clementine Skorpil

Geboren in Graz, Studium der Sinologie und Geschichte an der Universität Wien. Auslandssemester in Taiwan, Shifan-Universität, Taipei. Lektoriert und schreibt für die Tageszeitung *Die Presse* und ist Lehrbeauftragte an der FH Wien. Skorpil lebt in Neulengbach, Niederösterreich. Zuletzt erschienen ihre Romane »Max Leitner – Ausbrecherkönig« (2019), »Langer Marsch« (2017), »Guter Mohn, du schenkst mir Träume« (2015) und »Gefallene Blüten« (2013).